L'évolution de l'évaluation des acquis des élèves en France
— *Entre la culture et la compétence* —

フランスでは学力を
どう評価してきたか

教養とコンピテンシーのあいだ

細尾萌子
[著]

ミネルヴァ書房

はしがき

　学習指導要領改訂に向けて，コンピテンシーに基づく教育改革の世界的潮流をふまえた検討が行われている。そこでは，従来のように各教科の知識の伝達を中心とするのではなく，知識を活用して実践する資質・能力（コンピテンシーなど）を育成・評価する教育課程へと転換することが謳われている。

　コンピテンシーに代表される「資質・能力」の育成・評価をめぐっては，次の4点が論点として指摘されている[1]。

　①経済的な利益の追求となり，学習者の権利としての教育の保障が疎かにならないか

　②「資質・能力」の育成は家庭での教育的環境に大きく依存するのではないか

　③「資質・能力」の評価が視野に入ってきた場合，学校が息苦しい空間となるのではないか

　④教科内容が十分扱われなくなるのではないか

　コンピテンシー・アプローチに関して，アメリカなどの英語圏やOECDの動向はよく紹介されるものの，フランスの理論や実践はほとんど紹介されていない。しかしながら，これらの論点は，フランスの議論でも問題とされてきた。エリート主義的な教養教育・階層社会の長い伝統をもつフランスでは，コンピテンシー・アプローチをめぐり，どんな子どもにも一定の学力を保障することで教育の民主化につながるという可能性とともに，学習の断片化や，知識習得の軽視，学力格差の拡大といった問題点も指摘されている。

　したがって，コンピテンシー・アプローチがフランスになぜ導入され，学力

（1）　白水始「『21世紀型能力』の整理を通した学習論と学力論の関係再考」『カリキュラム研究』第25号，2016年，pp. 100-101.

評価の従来の制度や実践がいかに変わろうとしているのか，また，教養を軸とした教育の伝統とコンピテンシー・アプローチとのあいだでどのような議論が展開されてきたのかを知ることで，日本のコンピテンシー・アプローチがより多層的で確実なものになると考えている。学校教育で育成すべきコンピテンシーをいかに定義し，どのように評価すべきか，という，日仏共通の喫緊の課題をめぐるフランスの対峙の仕方を見ることで，日本の対峙の仕方とは異なるオルターナティブな選択肢を検討することができるからである。

本書は，1920年代から現代までの，フランスの中等教育における学力評価の展開を，理論と制度と実践の三層から明らかにすることにより，日本の学力評価への示唆を示すことを目的としている。

フランスの中等教育の伝統的な学力観は，教養を中心にすえてきた。断片的な知識の集積ではなく，非職業的・一般的な知識の構造・ネットワークを，体系的な学習で会得することに大きな比重がおかれている。学力評価でも，一問一答式ではなく，論述試験や口述試験が非常に重要視されているのが特徴的である。しかし，国内外の先行研究が指摘していないことであるが，じつは，この伝統はつねに自明視されてきたわけではない。1920年代にアメリカの影響が衝撃を与えたのを皮切りに，OECDやEUといった機関も，フランスの伝統的な学力・評価観を揺さぶり続けてきた。

そこで本書では，1920年代以降において，アメリカやOECD，EUの学力評価論がフランスにいかに受容され，中等教育の学力評価の制度や実践として具体化されてきたのかを歴史的に検討し，フランスの中等教育の学力・評価観がどのように変化してきたのかを描き出した。第Ⅰ部では，1920～1930年代と1960～1970年代に栄えた「ドシモロジー」と，1970～1980年代に展開された「目標に基づいた教育学（PPO）」というフランスの学力評価論を検討し，この二つの評価論に影響を与えたアメリカの学力評価論が，フランスの伝統的な学力・評価観をいかに揺るがしたかを分析した。第Ⅱ部では，OECDやEUの影響を受けて1980年代から興隆している「コンピテンシー」に基づくアプローチと，フランスの伝統的な学力・評価観との間で，いかなる相克が生じている

はしがき

かを検討した。さらに，補章として，日本の学力評価への示唆について述べた。

　本書が，コンピテンシー・アプローチを一時の流行に終わらせず，日本の学力評価をより豊かなものにすべく活かすための一助となることを願う。どうか，読者の方々には，忌憚のないご意見，ご批正をいただければ幸いである。

目 次

はしがき

序　章　フランスの学力評価の特徴 …………………………………………… 1
　1　本書の対象 ………………………………………………………………… 1
　　（1）中等教育の定義……1
　　（2）学力観と評価観の定義……7
　　（3）中等教育の伝統的な学力観──教養・エスプリ……11
　　（4）中等教育の伝統的な評価観──評価の象徴としてのバカロレア試験……16
　2　先行研究の整理 ………………………………………………………… 24
　　（1）日本の先行研究における本書の位置づけ……24
　　（2）フランスの先行研究における本書の位置づけ……30
　3　本書の目的と方法 ……………………………………………………… 33
　　（1）本書の目的……33
　　（2）研究の方法……35
　　（3）章構成……36

第Ⅰ部　伝統的な学力・評価観の揺らぎ

第1章　「ドシモロジー」の展開
　　　　　──1920〜1930年代・1960〜1970年代 ……………………… 41
　1　ドシモロジーの成立の背景 …………………………………………… 42
　　（1）ビネーとトゥールーズの適性観の影響……42
　　（2）選抜の公正性に対する歴史的要請……44
　2　1930年代までの初期ドシモロジーをめぐる論点 …………………… 48

（１）　初期ドシモロジーの特徴……48
　（２）　標準テスト vs. 論述試験論争……50
　3　1960〜1970年代のドシロモジーの展開とその批判……………………52
　（１）　展開①——採点の信頼性を高める測定法の提案……52
　（２）　展開②——修正版ドシモロジーの提唱……54
　（３）　ドシモロジー批判の論点……57
　4　ドシモロジーが担った歴史的役割………………………………………60
　5　ドシモロジーと「メジャメント」運動の比較…………………………62
　（１）　教育制度・実践への限定的影響……62
　（２）　テストによる能力別編成への抵抗……63
　（３）　ドシモロジーと「エバリュエーション」の融合……65
　6　まとめ……………………………………………………………………68

第2章　「目標に基づいた教育学」の展開——1970〜1980年代…71
　1　「目標に基づいた教育学」の理論枠組み………………………………72
　2　「目標に基づいた教育学」の導入・展開………………………………75
　（１）　教育政策への導入の背景……75
　（２）　学校現場への普及と理論的発展……78
　3　「目標に基づいた教育学」をめぐる論争………………………………82
　4　「目標に基づいた教育学」の歴史・地理の実践例……………………84
　5　「目標に基づいた教育学」とマスタリー・ラーニングの比較………88
　（１）　教育目標の設定規準……89
　（２）　目標観……90
　（３）　評価方法……91
　6　まとめ……………………………………………………………………92

第Ⅱ部　教養とコンピテンシーの相克

第3章　コンピテンシーという新しい能力概念
──1980年代以降………97
1　コンピテンシー概念の導入の背景………97
　（1）コンピテンシーに基づいた教育制度……97
　（2）経営・職業教育への導入……99
　（3）普通教育への普及……100
2　フランスのコンピテンシー概念の内実………103
　（1）コンピテンシーの定義……103
　（2）コンピテンシーと技能や「能力」との違い……108
　（3）compétence をどのように訳すべきか……112
　（4）コンピテンシーと教養・エスプリの違い……116
3　まとめ………121

第4章　「コンピテンシー個人簿」に見る新しい評価観………127
1　「コンピテンシー個人簿」の制度枠組み………127
2　「コンピテンシー個人簿」の実践モデル………131
　（1）コンピテンシーの評価方法……131
　（2）数学の実践モデル……133
3　「コンピテンシー個人簿」の活用の実際………139
　（1）「コンピテンシー個人簿」の活用の難しさ……140
　（2）「コンピテンシー個人簿」が十分に活用されない理由……141
4　まとめ………144

第5章　コンピテンシーをめぐる基礎学力論争 ………………… 149
1　「知識とコンピテンシーの共通基礎」制定まで ………………… 150
（1）　学習指導要領憲章でのコンピテンシーの公認……150
（2）　国民討論による共通基礎の社会的認知……153
（3）　教育基本法による共通基礎の制定……158
（4）　政令による共通基礎の具体化……161
2　共通基礎に対する教員の反発と賛同 ………………… 165
（1）　反対派教員の意見……165
（2）　賛成派教員の意見……167
3　共通基礎の再定義に向けた国会の議論 ………………… 172
（1）　下院——共通基礎への教養の追加……172
（2）　上院——下院の修正案の検討……174
4　まとめ ………………… 176

第6章　コンピテンシーを育むポートフォリオ法の実践 ……… 181
1　制度としての「個別学習支援」 ………………… 182
2　ポートフォリオ法の導入の契機 ………………… 183
（1）　ポートフォリオ法の定義と目的……185
（2）　ポートフォリオ法の開発研究……186
3　ポートフォリオ法の独自性 ………………… 191
（1）　「個別学習支援」の実践……191
（2）　ポートフォリオを使わないポートフォリオ法……194
（3）　デジタル・ポートフォリオ……196
（4）　「個別学習支援」とポートフォリオ法との違い……202
4　まとめ ………………… 203

終　章　フランスの学力・評価観の変遷
　　　　──本書で得られた知見……205
　1　本書の結論……205
　　（1）　アメリカの影響に対する伝統的な学力・評価観の根強さ……205
　　（2）　教養ベースの伝統とコンピテンシー・ベースの潮流のせめぎ合い……209
　　（3）　本書で明らかになった点……212
　2　今後の課題……213

補　章　日本への示唆……217
　1　日本の学力評価の特徴……217
　　（1）　断片的な知識が評価対象……218
　　（2）　認知面だけではなく情意面も評価対象……218
　　（3）　相対評価へのこだわり……219
　2　日本の学力評価の現状……221
　　（1）　資質・能力をふまえた目標・内容……221
　　（2）　汎用的な能力というコンピテンシーの捉え方……224
　　（3）　資質・能力を育む学力評価……227
　3　フランスを鏡とした学力評価の三つの論点……229
　　（1）　知識と汎用的な能力（資質・能力）は二項対立か……229
　　（2）　汎用的なコンピテンシーは育成できるのか……232
　　（3）　汎用的なコンピテンシーを育成・評価すべきか……234

引用・参考文献
あとがき
人名索引
事項索引

序　章
フランスの学力評価の特徴

1　本書の対象

　本書では，1920年代から現在にいたるまでの，フランスの中等教育における学力評価（évaluation des acquis）論の展開を，理論と制度と実践の三層から明らかにする。1920年代以降を扱った理由は，ドシモロジー（docimologie）という，フランスでははじめての体系的な学力評価論が1927年に生まれたからである。本書では，学力評価論の展開を検討することにより，フランスの中等教育の学力・評価観がいかに変化してきたのかを描き出す。そして，このフランスの歩みから，日本の学力評価は何を学べるのかを示したい。

　まず序章では，フランスの学力評価の特徴と関連づけながら，本書の検討対象と，それに関する日仏の先行研究，本書の目的・方法，章構成を述べる。

　なお，フランスでは，évaluation des acquis よりは，生徒評価（évaluation des élèves）という表現の方が一般的である。しかしながら，生徒評価という言葉は，生徒の行動面も評価対象であるような印象を与えるものの，実際には生徒の学習成果に焦点を合わせた評価のことを指している。したがって本書では，生徒評価のことを学力評価と読み替えて論じる。

（1）　中等教育の定義

　ここで，基本的な概念の説明をしておこう。はじめに，本書におけるフランスの中等教育について定義する。

	年齢		学校種別				学習期
高等教育	25歳	大学	博士3年				各種学校
	24歳		博士2年				
	23歳		博士1年	グラン・ゼコール	（4年）		
	22歳		修士2年		3年		
	21歳		修士1年		2年		
	20歳		学士3年		1年	職業学士 1年	
	19歳		学士2年	グラン・ゼコール準備級	2年	技術短期大学部・上級技術者課程 2年	
	18歳		学士1年		1年	1年	
中等教育	17歳	リセ	最終級（terminale）				最終期
	16歳		第1級（1 ère）				
	15歳		第2級（2 e）				決定期
	14歳	コレージュ	第3級（3 e）				進路指導期
	13歳		第4級（4 e）				中間期
	12歳		第5級（5 e）				
	11歳		第6級（6 e）				観察・適応期
初等教育	10歳	小学校	中級2年（CM 2）				第3学習期 深化学習期
	9歳		中級1年（CM 1）				
	8歳		初級2年（CE 2）				
	7歳		初級1年（CE 1）				第2学習期 基礎学習期
	6歳		準備級（CP）				
	5歳	幼稚園	年長組（GS）				
	4歳		年中組（MS）				第1学習期 初歩学習期
	2／3歳		年少組（PS）				

図1　フランスの学校階梯図

（注）　■は義務教育期間を示す。学習期の区切りは，2016年度から変更され，現在，義務教育期間は，第2学習期（小学校1〜3年生），第3学習期（小学校4〜5年生とコレージュ1年生），第4学習期（コレージュ2〜4年生）として編成されている。

（出典）　Ministère de l'Éducation nationale, *Repères et références statistiques*, 2014をもとに筆者が作成。

①フランスの教育制度

　フランスの現在の中等教育は，6歳で就学する5年制の小学校を修了した生

徒（élève）が進む4年制のコレージュ（collège：日本での中学校）と，その後に続く3年制のリセ（lycée：日本での高等学校）の教育を指す[(1)]。詳しくは図1の通りである。フランスでは，小学生のことも，コレージュやリセの生徒と同様に生徒と表記する[(2)]。コレージュとリセともに，公立校が中心である（コレージュの74.7％，リセの59.5％：2013年[(3)]）。

義務教育は6～16歳の10年間である。そのため，通常ではリセ1年生までが義務教育に相当するものの，小学校から落第がある課程主義が取られているため，義務教育はコレージュ終了までを意味することも多い。小学校入学時から一度も落第せず，16歳時点でリセに在学している生徒は62％に過ぎない[(4)]。

なお，本書では，所定の課程を履修して，目標に関して一定の成果をあげて認定を得ることを「修了」，（修了認定を得ているか得ていないかにかかわらず）所定の在学期間が終わることを「終了」と表記している。

②フランスの中等教育の成立

フランスの代表的な辞典である『ラルース大辞典』で，中等教育は，「初等教育と高等教育の中間の第2段教育[(5)]」と定義されている。同じく代表的な辞典である『フランス語宝典』でも，中等教育は，「初等教育と高等教育の中間の，第6級から最終級までの教育[(6)]」であると示されている（第6級はコレージュ1年生，最終級はリセ3年生）。

（1） 後期中等教育のリセは，普通科と技術科，職業科という三つのコースに分かれている。普通科では，普通教育を行う。技術科では，一般的な職業教育と普通教育を行う。ここでの職業教育は，特定の仕事に就くための教育ではない。職業科では，特定の仕事に就くための専門的な職業教育と普通教育を行う。

（2） フランスで生徒（élève）は，2歳から始まる初等教育と中等教育の対象者の総称を意味する。日本のように幼児・児童・生徒という段階ごとに区別された表現はあまり用いられない。

（3） Ministère de l'Éducation nationale, *Repères et références statistiques*, 2014, p. 43.

（4） Ministère de l'Éducation nationale, *Repères et références statistiques*, 2008, p. 141.

（5） «Secondaire», *in* Guilbert L., Lagane R. et Niobey G. (dir.), *Grand Larousse de la langue française*, Paris: Larousse, 1971-1978, 7 vol., t. 6, p. 5421.

フランスの中等教育の歴史は，フランス革命後に遡る。フランスの教育史学者のシェルヴェル（A. Chervel）によると，国家の管理の下で運営される初等・中等・高等教育という3段階の教育制度の2番目の段階という今日の中等教育の概念は，1815年ごろから使われるようになったという。高等教育の付随物ではなく，初等教育に連なりつつ高等教育から独立した教育として中等教育が理解されるまでには，ナポレオン（B. Napoléon）が，小学校，コレージュ，リセ，学部（高等教育機関）という教育制度を1806・1808年に編成してから，しばらくの時間が必要であった。シェルヴェルは，「ようやく1815年ごろになってはじめて，『中等（secondaire）』という語が，今日の意味で使われるようになった。それは，リセやコレージュという公立校であれ，私塾や寄宿学校，小神学校といった私立校であれ，文法学級から修辞学級，哲学級へと生徒を導く古典教育を施す，すべての学校という意味である」と述べている。

③フランスの中等教育の萌芽

　ただし，初等教育よりも発展的な内容を教える場，あるいは高等教育の前段階という意味での中等教育は，もっと以前からなされていた。

　フランスの社会学者であるデュルケーム（É. Durkheim）は，中等教育の萌芽は，中世の中央教会学校にあると述べている。4世紀以降，ゲルマン民族，

（6）《Secondaire», in Imbs P.（dir.）, *Trésor de la langue française : dictionnaire de la langue du XIXe et du XXe siècle（1789-1960）*, Paris: Éditions du Centre National de la Recherche Scientifique, 1971-1994, 16 vol., t.15, p. 229.

（7）Chervel A., *La culture scolaire. Une approche historique*, Paris: Belin, 1998, p. 149. ナポレオンは，フランスの思想家コンドルセ（N. de Condorcet）の実現しえなかった案を制度化し，初等教育と中等教育を区別した。復古王政（1814～1830年）はその区別を引き継ぐとともに，中等教育と「専門学校（école spécialisée）」および法・医学部の教育とを区分けした。ギゾー（F. Guizot）文相は王政復古当時，専門学校と法・医学部の教育のことを「専科学校（école spéciale）」と呼んでいたが，後に，「高等教育（instruction supérieure）」と述べるようになる。このころから，3段階の2番目としての中等教育という概念が広まるようになった（*Ibid.*, p. 149, pp. 154-155）。

なかでもフランク族がローマ帝国に侵攻し，ローマは混乱に陥っていた。ローマの国教であったキリスト教の教徒たちは，ゲルマン人をキリスト教に改宗して世を救済すべく，聖職志望者だけではなく世俗者も対象として，中央教会学校や修道院学校を次々と開校した。

　8世紀末になると，フランク族がローマ帝国から独立して建設したフランク王国（分裂して後にフランスが誕生）において，シャルルマーニュ大帝（Charlemagne）の支持のもと，教会の学校が発展した。

　教会の学校は，次の三つの段階で構成されていた。まず，教区の教会による小規模な学校で，初歩的な学科が教えられた。次の段階は，中央教会や修道院の学校であった。そして，聖職志望者や宮廷に仕える人，上流社会の人など選良のための最上級の段階が宮廷学校であった。ただし，中央教会学校は宮廷学校に模して作られたものであり，教育内容はほとんど同じであった。[8]中央教会学校は，中等教育と高等教育が未分化な教育機関であったと解釈できよう。

　さらにデュルケームは，中世の大学の人文学部も，中等教育の起源であると述べている。12世紀には，フランスの首都となったパリに来る学生数が急増し，教会の学校だけでは学びの場が不足するようになった。そこで，教師たちが教会の外で，教会から独立した学校を開くようになった。そして教師たちは，教会に対抗して自分たちの地位を守るべく，同業組合である教員組合を設立した。この教員組合の運営する学校が，大学となる。

　大学には，神学部，法学部，医学部，人文学部という四つの学部があった。上級学部である神学部・法学部・医学部は，一定の職業への準備をする機関であった。これに対して，人文学部は，職業的利益とは関係のない，論理学中心の一般教養（culture générale）を授ける機関であった。学生は，上級学部の講義を受講するためには，人文学部の教育を一定期間受けておく必要があった。そして，人文学部に入学するためには，文法学校という教会の初等学校で，読

（8）　Durkheim É., *L'évolution pédagogique en France*, Paris: PUF, 1938, pp. 31-32, p. 41, pp. 54-55（デュルケーム É.（小関藤一郎訳）『フランス教育思想史』行路社，1981年，pp. 58-60, p. 74, pp. 98-100）．

み書きとラテン語の初歩を学んでいなければならなかった。このように人文学部は，初等学校と大学上級学部の中間段階であり，高等教育の予備教育的性格を有していたという[9]。

デュルケームは以上のように指摘しているものの，中央教会学校や修道院学校は教会が管理していた学校であり，国家が管理する今日の中等教育とは異なっているといえる。また，初等教育と高等教育の中間にあり，両者と接続している点からすると，中世の人文学部は現在の中等教育につながってはいる。しかしながら，人文学部は，初等・中等・高等教育という3段階の教育制度の二つ目という独立した位置づけではなく，大学上級学部の準備教育機関という，高等教育の副次的なものであったに過ぎない。ゆえに，人文学部と，制度としてそれ自体完結している現在の中等教育との間には，断絶があると考えられる。

教育史学者の長尾十三二も，中世やルネッサンス期に始まる教養教育（大学予備門的教育）の歴史としての中等教育史と，第2段教育としての中等教育史とは区別して考えなくてはならないと述べている。第2段教育としての中等教育という概念は，古典語学習中心の教養教育とは対概念である，古典語学習を欠く実務的・実学的教育を含みこんで成立してきたものだからである[10]。

④本書における中等教育の定義と対象

以上をふまえて，本書では，中等教育を，1815年ごろから始まった，国家の管理下に置かれた3段階の教育制度（初等・中等・高等）の第2段教育という意味での中等教育を指すものとして用いる。

さらに本書ではとくに，中等教育のメインストリームであった普通教育コースを検討する。本書での普通教育は，全民衆を対象とする教育という教育対象の意味ではなく，非実利的かつ全体的，総合的な一般教育という教育内容面での意味である[11]。

---

(9) Durkheim, *op. cit.*, pp. 93-97, p. 114, pp. 118-120, p. 123（デュルケーム，前掲書，pp. 169-175, p. 203, pp. 211-214, p. 220）.

(10) 長尾十三二「2章　中等教育の2つの型」吉田昇・長尾十三二・柴田義松編『中等教育原理〔新版〕』有斐閣双書，1986年（初版は1980年），pp. 28-29, pp. 33-34。

フランスの文脈でいえば、中等教育の普通教育コースとは、小学校系統の職業教育コースではなく、リセ系統の古典教育中心コースのことを指している。フランスの学校体系は長らく、小学校に高等初等段階がつけ加えられた大衆子弟のための体系と、リセ・コレージュとその初等科というエリートのための体系の複線型であった。主に上層中産階級の子弟が通っていたリセでは、ギリシャ語・ラテン語の古典学習を中心とした人文系のカリキュラムが長らく主流であった。それは、科学・工業の発展とともに、科学教育や近代語教育も少しずつリセに導入されてきたものの、宗教関係者などの保守派が激しく抵抗したからである。保守派にとって、物質を研究する学問は唯物論を意味し、古典語学習の放棄は知性と精神の堕落につながると受け止められたのである。[12]

(2) 学力観と評価観の定義

続いて、本書のキーワードである学力観と評価観の定義を示す。[13]

①学力観の定義

まず、本書での学力（acquis）観は、中等教育全体を通してどのような学力を獲得すべきかに関する考え方を指している。

フランス語のacquisは、『ラルース大辞典』で、「学問研究や経験の結果として身につけた知識や技能」と定義されている。[14]『フランス語宝典』では、「学習や研究、習慣によって獲得したもので、生まれつきの生得的なものではないもの」[15]と定義されている。また、2007年の国民教育中央視学官報告書では、学力評価で対象となる学力という意味でacquisが使われており、「Ⅰ.生徒の学

---

(11) 普通教育の二つの意味に関しては、同上論文, pp. 25-26を参照した。
(12) 渡辺和行「近代フランス中等教育におけるエリートの養成―リセについて―」橋本伸也他『エリート教育』ミネルヴァ書房, 2001年, p. 78, pp. 81-83。
(13) 本書での学力観・評価観の定義については、次の文献を参照した。田中耕治『教育評価』岩波書店, 2008年。
(14) «Acquis», in Guilbert, Lagane et Niobey, op. cit., t. 1, pp. 559-560.
(15) «Acquis», in Imbs, op. cit., t. 1, p. 45.

力(acquis)を評価する。なぜ？　何のため？」という章で，acquisの定義が述べられている。その定義とは，「学校は〔中略〕，学校に委ねられた生徒を変革する一定数の活動を行うために存在する。〔中略〕この変革活動の成果を『学力(acquis)』と呼ぶ」というものである。つまりacquisは，学習活動や教育活動によって生徒が後天的に獲得した知識や技能を意味している。

　一方，日本語の学力は，論者によって多義的に用いられる。教育学における一般的な定義として，学力は，意図的・計画的・系統的な教授＝学習活動を通して後天的に獲得される人間的能力として理解されている。代表的な論者である教育学者の中内敏夫は，学力について，「目標内容の教授の結果として期待されている学力」「一定化された条件下で集中的かつ系統的に制作された〔中略〕知的能力」「モノやモノゴトの世界に処する心の力のうち子ども当人の納得や能動性を介してわかち伝えられた部分」と定義している。すなわち学力は，物や物事に対処する心の力である能力のうち，教師の意識的な働きかけである教授活動によって子どもに分かち伝えられた部分であるという。

　以上から，能力のうち学校教育によって意図的に育成された部分という点で，フランス語のacquisと日本語の学力は重なると考えられる。

　なお，本書では，上述した知的能力一般という意味での広義の能力は能力と括弧に入れずに表し，第3章第2節第2項で詳述するフランス語のcapacitéに対応する狭義の能力は「能力」と括弧に入れて表記する。Capacitéは知的能力一般とは異なる特殊な意味を持つからである。

　また，学力観には本来，どのような内容を教えるべきかという教育内容論も

---

(16) Inspection Générale de l'Éducation Nationale, *Les livrets de compétences: nouveaux outils pour l'évaluation des acquis*, Rapport no. 2007-048, juin 2007, p. 5.

(17) 木下繁彌「学力」安彦忠彦・新井邦男・飯長喜一郎・井口磯夫・木原孝博・児島邦宏・堀口秀嗣編『新版　現代学校教育大事典』ぎょうせい，2002年，pp. 374-375。

(18) 中内敏夫『中内敏夫著作集Ⅰ　「教室」をひらく―新・教育原論―』藤原書店，1998年，p. 79, p. 103, p. 107。

含まれるが，本書では学力の認知・行動面（記憶する，分析するなど，教育内容を頭の中でいかに機能させるか）に焦点を合わせる。フランスの学力評価論の歴史的展開においては，教育内容より認知・行動面の方が論点になったためである。

②評価観の定義

次に本書での評価（évaluation）観は，生徒の学力を対象とする学力評価における，評価の主体・目的・機能・対象・基準（規準）・方法に関する考え方を意味している。評価の主体とは，評価行為を行う主体とみなされる人を指す。評価の機能とは，指導改善に活かすために指導の前や途中に評価が行われるのか，それとも選抜や成績づけのために指導後に評価が行われるのか，を意味する。評価の対象とは，学力のどのような要素を評価しているか，を意味している。評価規準は教育目標に基づいて評価を行う際の評価の観点を，評価基準は評価規準で求められる学力の質の違いを段階的に具体化して示したものを指している。

フランス語の évaluation について，『ラルース大辞典』は，「ものごとの価値や重要性を決定する行為[19]」と定義している。『フランス語宝典』は，「（ものごとの）価値を評価し，重要性を認める行為[20]」と定義している。そして評価には，①価値を決定するために見積もり，判断するという意味と，②（測定可能なものの量や大きさを）見積もり，測定するという意味の，二つの意味があるという[21]。ここから，フランスの一般的な用法として，評価は，物事の価値や重要性を見積もり，判断し，決定する行為という意味であることがわかる。

さらに，フランスの代表的な教育学事典である『教育・養成教育百科事典』では，学校で用いられる狭義の「評価」は，アメリカを主とするアングロサクソン圏からもたらされた概念であり，学校の体制や指導法を改善するためのフィードバック情報を提供することだと示されている。すなわち，「ある方法

---

(19) «Évaluation», in Guilbert, Lagane et Niobey, op. cit., t. 3, p. 1791.
(20) «Évaluation», in Imbs, op. cit., t. 8, p. 331.
(21) «Évaluer», in ibid., pp. 332–333.

は実際,到達すべき目標をつねに持ち,その成果に跳ね返ってきた情報(フィードバック (*feedback*))を受け取る。得られた結果とめざされていた結果とのずれが修正手続きを決定する。このように,調整の環は,評価的フィードバックに基づいている」(イタリックは原文)という。ボグレー(J. Vogler)によると,この狭義の「評価」概念は,1960年代から使われ出した。

日本においてもまた,教育評価研究者の田中耕治が,アメリカの「『エバリュエーション』としての教育評価の目的とは,子どもたちをネブミして序列・選別することではなく,教育実践それ自体に反省を加えて,修正・改善することである」と論じている。この説明は,フランスの狭義の「評価」概念に関する説明と類似している。

そこで本書では,物事の価値や重要性を見積もり,判断し,決定する行為を指す広義の〈評価〉はそのままで記述する。一方,教育実践を修正・改善するためのフィードバック情報を提供する行為を指す,歴史的概念としての狭義の〈評価〉は,「エバリュエーション」(アメリカ)や「エバリュアシオン」(フランス)と,カタカナ用語にして括弧に入れて表記する。

---

(22) Cardinet J., «Évaluation», *in* P. Champy, C. Étévé, J.-C. Forquin et A. D. Robert, *Dictionnaire encyclopédique de l'éducation et de la formation*, 3e éd., Paris: Retz, 2005 (1994), pp. 391-392. この狭義の「評価」の定義を説明した代表例として,パリ第8大学のアードワノ(J. Ardoino)の論文が挙げられている。Ardoino J., «Préface. Au filigrance d'un discours: la question du contrôle et de l'évaluation», *in* M. Morin (dir.), *L' imaginaire dans l' éducation permanente. Analyse du discours des formateurs*, Paris: Gauthier-Villars, 1976, pp. 9 -39. この論文では,狭義の「評価」の定義に関して,測定論と評価論を融合した北米の著作が多数引用されている。Gerberich J. R., Greene H. A. and Jorgensen A. N., *Measurement and evaluation in the modern school*, New York: McKay, 1962などである。ジョージェンセン(A. N. Jorgensen)について,田中耕治は,「エバリュエーション」論を併呑・修正したメジャメント派の一人であると紹介している(田中,前掲書,p. 33,p. 52)。

(23) Vogler J., *L'évaluation*, Paris: Hachette Éducation, 1996, p. 5.

(24) 田中,前掲書,p. 83。

（3） 中等教育の伝統的な学力観――教養・エスプリ

　以上をふまえ，フランスの中等教育では伝統的に，どのような学力・評価観が中心だったのかを見てみる。まず学力観から検討してみよう。

①中等教育における教養教育の伝統

　フランスの中等教育の創設期に重視されたのは，古典人文教養（humanités）の陶冶であった。古典人文教養とは，ギリシャ・ラテン古典文献の読解と古典語の表現練習を通して学ばれる，人間形成のための知識・思考方法のことである。これは，中等教育の普遍的・非専門的・反功利的性格を象徴するものであった。しかし，1871年の普仏戦争敗北を受け，この非実用的教育に批判の矛先が向けられることとなる。敗戦後の第三共和政（1870～1940年）の教育改革では，古典人文教養ではなく，一般教養（culture générale）の育成が謳われるようになった。一般教養とは，古典人文教養だけではなく，精神の所産と世界事象の全般に関する基本的な知識の総体である。こうして，科学や近代語の知識も教養に含まれるようになった。[25]

　このように，第三共和政以降の中等教育，とくに普通教育コースでは，知育（instruction）による教養（culture）の啓培を目的としてきた。[26]フランスの教育は，情意面の形成を含む徳育（éducation）と，客観的な知識・技能の伝授である知育，職業資格の所有者を育成する養成教育（formation）とに三区分され，徳育は親や教会や地域社会の仕事，知育は普通教育学校の任務，養成教育は職業学校や企業の担当という役割区分が確立されてきた。[27]学校でも公民教育は行われてきたものの，中等教育において中心的な位置づけは与えられてこなかっ

---

(25) 中野知律『プルーストと創造の時間』名古屋大学出版会，2013年，p. 40, pp. 43-47。古典人文教養をめぐる19世紀の論争に関しては，次の文献を参照。上垣豊「古典人文学による知的訓練―19世紀フランスにおける教養論争の一側面―」『龍谷紀要』第33巻，第2号，2012年，pp. 59-74。

(26) 桑原敏明「第1章　フランス教育の社会的基盤」原田種雄・手塚武彦・吉田正晴・桑原敏明編『現代フランスの教育―現状と改革動向―』早稲田大学出版部，1988年，p. 17。

たのである[28]。

　中等教育では，教養を伝授することにより，生徒の精神・知性としてのエスプリ（esprit）が育まれていくと考えられていた。そのため，学校の授業では，主に一斉学習の形態で，各教科の知識が体系だてて伝達された。教師が知識を提供し，生徒はそれを聞いてノートにまとめ，知識を反復する練習問題を解いた。生徒同士の相互学習や体験学習はあまり重視されていなかった。そして試験でも，翻訳や作文などの自由記述式の試験や口述試験が多いとはいうものの，生徒の独創的な考えを書いたり話したりすることが求められていたわけではなく，学習した知識を用いた標準的な解答が期待されていた[29]。

　ただし，断片的な知識の詰め込みではなく，学問的体系に沿った知識のネットワークの伝達がめざされていたことには注意が必要である。学習した知識を構造だて，論述や口述の形で表現することが求められていた。たとえばクーザン（V. Cousin）文相は，リセに関する1840年の通達で，「順序や説明もなしに細かく詳しい事実を詰め込む教育や，エスプリよりも記憶に頼るような教育からは距離を取らなければならない」と述べている[30]。

---

(27)　桑原敏明「序章　1989年教育基本法の基本原理─20世紀フランス教育改革の総決算─」小林順子編『21世紀を展望するフランス教育改革─1989年教育基本法の論理と展開─』東信堂，1997年，p. 11。

(28)　中等教育の普通教育コースでは，1814年から「宗教」という科目が置かれていたが，1880年に廃止された（小林順子「第3章　道徳・公民教育」原田・手塚・吉田・桑原編，前掲書，p. 266）。第二次世界大戦後に復活した公民教育では，政治制度や市民道徳に関する知識の伝達が長らく中心であった（大津尚志「第2部第7章　道徳・公民教育」フランス教育学会編『フランス教育の伝統と革新』大学教育出版，2009年，pp. 144-146）。

(29)　ヴィアル，J.（吉田正晴訳）「2 現代　第一部　教師中心主義」波多野完治・手塚武彦・滝沢武久監修『教育の歴史2（現代教育科学3）』白水社，1977年，pp. 81-103。

(30)　Piobetta J.-B., *Le baccalauréat*, Paris: J.-B. Baillière et Fils, 1937, p. 67.

②教養の定義

フランス語の culture は,14世紀ごろから,①「耕作」という意味で使われはじめた。culture は16世紀には,②「耕された土地」や,③「収穫物」という意味でも使われるようになった。この耕す行為や,耕作地・収穫物という耕作の成果のイメージが転じて,16〜17世紀には,④「学習によって知識や能力を豊かにする行為」や,⑤「学習によって獲得した知識や価値観の総体」という用例も見られるようになる。⑤の意味について,『フランス語宝典』では,「体系的に獲得した抽象的な知識・価値観の総体で,自己や世界について学ばせ,エスプリを豊かにし,人が進歩できるようにするもの」という定義がなされている。さらに18世紀になると,culture は,ドイツ語の Kultur の翻訳語として,共同体の知的共有財産になっている精神的な価値や生産物の総体を指す⑥「文化」の意味でも使われるようになった。[31]

このように culture は多義的な言葉であるが,本書での「教養（culture）」は,体系的な学習を通して身につけた知識や価値観の総体で人の発達を助けるものという⑤の意味を指している。[32]

フランスの教育科学者のフランソワ（L. François）も,1972年に,⑤の意味で教養を定義している。教養とは,「基本的で構造的であり,［筆者注：地に］しっかりと根を張り,かつつねに活用できる一定数の知識であり,それなくし

---

(31) «Culture», *in* Guilbert, Lagane et Niobey, *op. cit.*, t. 2, 1972, pp. 1093-1094. «Culture», *in* Imbs, *op. cit.*, t. 6, pp. 616-618.

(32) フランスにおける「教養」の用法について,綾井桜子は,「精神を鍛練する準備活動としての行動的意味合い」として捉えている（本書での④「学習によって知識や能力を豊かにする行為」に相当）。綾井は,「フランスにおいて教養（culture）は,『知的諸能力の発展』,『知性（精神）の働き』,『知性（精神）の一般的形成（formation générale de l'esprit)』と同義に用いられてきたのである」と述べている（綾井桜子「第7章 教養―ヨーロッパ的人間形成と知的文化―」森田尚人・森田伸子『教育思想史で読む現代教育』勁草書房,2013年,p. 142)。だが,本書で扱う制度や議論の中で,教養という言葉は明らかに,学習によって身につける対象（客体としての教養）という意味で用いられている。

ては人間が，より多くを知り，よりよく理解することができず，さらには，そうすることを望むことさえできなくなる知識」であり，「教養はもはや百科全書的な知識の積み重ねではなく，活用しうる知識の構造と行動能力である[33]」という。つまり，教養は，たんなる断片的な知識の集積ではなく，人間がよりよい行動を選択する規準となる知識の構造である。知識のネットワークとしての教養があることで，人は，ある状況に直面したときに，状況を理解し，必要な知識を活用して行動することができる。

　さらに，フランスの教育哲学者のルブール（O. Reboul）も，1976年に同様の定義をしている。教養には，全体性・一体化・駆使力・転移性という特性があると彼は述べる。すなわち，教養とは，互いに結びついて組織だった知識の集合で，自分の観念として血肉化されているものであり，新しい状況に対応したり，新しく起こってくる問題を解決したりすることを可能にするもので，他の知識の習得にも役立つものであるとされるのである[34]。

　また，近代ヨーロッパの教養を研究しているリンガー（F. K. Ringer）によると，フランスの教養は，ドイツの教養（Bildung）と同様に，職業的利害を伴わない一般的な知的諸能力という特徴を有しているという。ただ，ドイツの教養は知識や洗練性を人格化した個人の個性であり，多様性に富んでいるのに対して，フランスの教養は社会的紐帯を強化するための普遍的な諸観念であるという違いがある。フランスでは，古典作品を模倣しながら言語や思考の型を学ぶ古典教育によって，市民として共通のフランス的精神が生徒に浸透していくと考えられてきた。教育における過度の多様性や個人主義は，このフランス的

---

(33) François L., «L'enseignement secondaire», in M. Debesse et G. Mialaret (éd.), Traité des sciences pédagogiques 3 (pédagogie comparée), Paris: PUF, 1972, pp. 152-153（フランソワ L.（田﨑徳友訳）「中等教育」M. ドベス・G. ミアラレ編（波多野完治・手塚武彦・滝沢武久監訳）『現代教育科学4（世界の教育）』白水社，1977年，pp. 205-206）．原著を参照して訳を一部修正した。

(34) Reboul O., La philosophie de l'éducation, Paris: PUF, 1976 (1971), pp. 25-26.（ルブール O.（石堂常世訳）『教育は何のために―教育哲学入門―』勁草書房，1981年，pp. 37-38）．

精神を危機にさらす利己主義であるとして批判されるのである(35)。

デュルケームも，中等教育で伝達する教養は，特定の職業に就く準備を目的とするものではなく，一般的な思索的能力であり，それがあってこそ，各職業において適切な判断や行動を取ることのできるエスプリの発現につながると述べている。「中等教育は，職業的教養を与えないとしても，もっと後になって職業的教養を受け取ることのできるエスプリを身につけさせなくてはならない。〔中略〕中等教育は思索的能力を覚醒せしめ，これを一般的に訓練し，強化するが，決して特定の職業的任務のために応用せしめるのではない(36)」と。

③エスプリの定義

エスプリは，人の考えや感情を司るものを指す概念である。フランスでエスプリは，10世紀末ごろから①「魂」という意味で使われはじめ，12世紀には②「霊」や③「精神」，④「知性」という意味が加わり，16～17世紀には⑤「知的能力」や⑥「才気・機知」，⑦「気分」などの意味が加わった(37)。こうして意味が加わってきたのは，人間のあり方を決定する上位のものに対する理解が変わってきたからであると考えられる。すなわち，中世には身体に生命や動きを与えるのは魂や霊といった宗教的存在だと捉えられていたが，宗教観の変化や科学革命により，人間の主体的な思惟としての精神や知性，さらには，鋭い思考をしたり，創意工夫したりできるといった，才気や知的能力という個人の能力が人を動かしていると考えられるようになったのである。このようにエスプ

---

(35) Ringer F., *Fields of knowledge. French academic culture in comparative perspective. 1820-1920*, New York: Cambridge University Press, 1992, pp. 95-104, pp. 145-149（F. K. リンガー（筒井清忠・中島道男・田中紀行・小川伸彦・永谷健・北垣徹訳）『知の歴史社会学—フランスとドイツにおける教養1890〜1920—』名古屋大学出版会，1996年，pp. 94-101, pp. 141-144）.

(36) Durkheim, *op. cit.*, pp. 360-362（デュルケーム，前掲書，p. 624, p. 626）。原書を参照して訳を一部修正した。

(37) «Esprit», *in* Guilbert, Lagane et Niobey, *op. cit.*, t. 3, 1973, pp. 1740-1743. «Esprit», *in* Imbs, *op. cit.*, t. 8, pp. 144-152. 機知やウィットの意味で用いられているエスプリに関しては，次の文献を参照。河盛好蔵『エスプリとユーモア』岩波書店，1969年。

リもまた多義的な言葉であるものの，本書でのエスプリは，全人格的な③の「精神」や④の「知性」の意味で用いている。

　以上のようにフランスの中等教育では，断片的な知識ではなく，教養・エスプリが学力観の中心にすえられてきた。教養とは，体系的な学習を通して体得した非職業的・一般的な知識の構造・ネットワークであり，市民としての人の発達や問題解決を支えるものである。中等教育では，一斉学習で教養を伝達し，試験によってその習得を確認することにより，精神・知性としてのエスプリが自然に育まれていくと考えられていたのである。

（4）　中等教育の伝統的な評価観──評価の象徴としてのバカロレア試験
　続いて，フランスの中等教育における伝統的な評価観はどのようなものだったのかを見ていく。中等教育においては，1808年に創設されたバカロレア試験が，学力評価の象徴であった。

　バカロレア試験は，リセ最終学年末に全国一斉に実施される，中等教育の修了認定と大学入学資格の付与を兼ねる国家試験である。バカロレア試験の合格者は基本的にどの大学にも入学でき，各大学の選抜試験は行われていない。フランスは資格の種類と水準で職業的分化がなされる資格社会であるため，どの大学で取得した資格（学歴）も等価であり，大学間格差がほぼ存在しないためである。バカロレア試験では自由記述式の論述試験と口述試験（リセで学んだテキストに関して解釈したり説明したりする試験）が中心であり，選択肢問題はほぼ見られない。リセで履修したほとんどの教科の試験が出題され，全教科の平均点が，20点満点中10点以上で合格となる。2013年の合格率は86.9％であり，同一年齢層のバカロレア取得率は73.7％である。[39]

---

(38)　藤井佐知子「フランスの資格制度─特質と課題─」日本生涯教育学会年報編集委員会編『生涯学習と資格』日本生涯教育学会，1994年，pp. 105-110。

(39)　Ministère de l'Éducation nationale, *Repères et références statistiques*, 2014, p. 245, p. 249.

①創設期のバカロレア試験

　創設時のバカロレア試験では，大学教員が作問していた。大学教員はリセ教育に不慣れであったため，試験問題では，リセの教育内容を超える大量の知識が求められた。このような試験に合格させるために，リセでは，暗記偏重の受験準備教育が行われるようになった(40)。

　たとえば，1853年には，「寓話の『樫と葦』の筋をラテン語で物語りなさい」という題のラテン語作文が出題された(41)。イソップ寓話をもとにしたこの寓話（1668年）は，17世紀のフランスを代表する詩人のラ・フォンテーヌ（J. de La Fontaine）による古典作品である。この問題は，ラテン語の力があったとしても，『樫と葦』の話の筋を暗記していないと答えられない。この作品をリセで必ずしも学習するわけではないため，ラテン語はできるがまったく解答できないという生徒もいただろう。さらに，1852年の規定によると，当時のバカロレア試験の筆記試験では，ラテン語仏訳と，ラテン語作文またはフランス語作文という二つの試験があった。この作文試験については，題材となる作品があらかじめ公表されており，その中からくじ引きで選ばれた作品について実施されていた(42)。そのため，公表された作品リストの訳を暗記すれば，意味がわかっていなくても解答できるのである。

　こうした状況に対して歴代文相やリセ教員は，バカロレア試験がリセ教育を歪めていると非難した。リセでは，断片的で細かい知識の記憶力ではなく，知性や教養が重視されていたためである(43)。ルーラン（G. Rouland）文相は，1862年に，「バカロレア試験はしばしば記憶力の体操に留まっており，確固として規則正しいリセの学習を放棄させ，見せかけの性急な準備教育を促進してい

---

(40) Piobetta, *op. cit.*, p. 24, p. 69, p. 99.
(41) Mergnac M.-O. et Renaudin C., *Histoire du baccalauréat*, Paris: Archives & Culture, 2009, p. 35.
(42) 宮脇陽三『フランス大学入学資格試験制度史』風間書房，1981年，p. 120, pp. 140-141。
(43) Piobetta, *op. cit.*, p. 67, p. 93, p. 107, p. 138, p. 182.

> パキスタンには，1500km 離れ，互いを結ぶルートがない二つの領土からなるという不幸な特徴がある。東パキスタンはもっとも小さくもっとも人口密度が高い領土である（フランスの4分の1ほどの大きさで，人口はほぼ同じ）。
> 1. ベンガル地方の一部分
> 　東パキスタンの大半は，ガンジス川とブラマプトラ川の大三角州を中心とするベンガル地方の一部分にある。そのために水と土が混ざった沖積土の平原であり，増水によって肥沃な泥土がある。それにもかかわらず，耕地整理はまだなお不十分である。
> 　夏の季節風による雨量は2m近くにしばしば達し，北のアッサム州との国境に近づくにつれてより危険になる。また，密林の植生帯に属する。
> 2. 人口過密の領土
> 　米の耕作は優れた条件で行われている（少なくとも二毛作）。しかし人口は4400万人（平均人口密度は300人/km^2 以上）で，人口密度が1200人/km^2 に達する農村地帯もある。そのため，作物を輸入する必要がある。ただ幸運なことに，東パキスタンには世界中で評価されている三つの耕作物がある。茶とサトウキビ，そしてとくにジュートである。ベンガル地方はここしばらくの間，ジュートの供給を独占している。
> 3. 独立に関する問題
> 　かつてはジュートの大半はカルカッタで耕作されていた。しかし今日では政治的国境が引かれたことにより，生産国と加工国が分断された。東パキスタンは最大の都市であるダッカ（人口40万人）にジュートの加工工場を設置している。またヨーロッパやアメリカと直接貿易をできるようにするため，総力を注いでチッタゴンに近代的な港を建設している。

図2　バカロレア試験の小論文「東パキスタン」の模範解答

（出典）*Annales corrigées du baccalauréat. Histoire et géographie*, Paris: Vuibert, 1961, pp. 113-114より筆者が訳出。

る」と指摘している。

②バカロレア試験における評価主体の転換

　この準備教育の緩和をめざし，大学教員団体の中等教育問題研究会（Société pour l'étude des questions d'enseignement secondaire）が，バカロレア試験改革運動を展開した。研究会は，リセの教育内容の習得と大学教育への適性をともに測る試験とするために，大学教員に加えてリセ教員も作問に参加させることを主張した。その結果，1902年には，大学教員とリセ教員が試験委員会に召集されるようになる。

---

(44)　*Ibid.*, p. 113.
(45)　*Ibid.*, pp. 158-161, p. 246.

序　章　フランスの学力評価の特徴

　さらに第二次世界大戦後には，ベビーブームによる受験者の急増で人手不足となり，問題作成の主体が大学教員からリセ教員へと転換した[46]。ただし，レベルの高いリセの教員が中心であった[47]。

　当時のバカロレア試験問題の例として，1960年の地理の小論文を見てみる。小論文の題は「東パキスタン」(現在のバングラデシュ)である。受験生は，東パキスタンという題しか与えられない状況で，東パキスタンに関する小論文を書かなければならなかった。図2の模範解答が受験参考書に掲載されている[48]。

　この問題で問われた学力を整理してみよう。はじめに内容面を見てみる。当時のリセ地理3年生の学習指導要領(programmes)では，①世界の主要国の経済的役割と，②主要な原料，③国際輸送，④世界の経済活動におけるフランスとその植民地の位置，が教育内容として定められている[49]。模範解答で触れられている東パキスタンの経済状況と米の生産はこの教育内容に含まれているが，東パキスタンの地形や気候，人口はリセの教育内容の範囲外であるといえる。

　次いで認知・行動面では，「東パキスタンには夏の季節風が吹く」などの個別・具体的な知識を，「季節風は多量の雨をもたらす」などの一般・抽象的な概念と関連づけて説明する能力が期待されている。さらに，このような知識間の関係を記憶することも求められている。問題文は「東パキスタン」のみで資料はなく，東パキスタンに関連する知識やそれをつなぎ合わせる概念を暗記する必要があるためである。

　このように，バカロレア試験では依然として，リセの教育内容を超える知識の暗記が必要となる，過度に難しい問題が出題され続けた[50]。

---

(46)　宮脇，前掲書，p. 376。
(47)　Merle P., *Les notes. Secrets de fabrication*, Paris: PUF, 2007, pp. 117-118.
(48)　*Annales corrigées du baccalauréat. Histoire et géographie*, Paris: Vuibert, 1961, pp. 113-114.
(49)　Bulletin Officiel du Ministère de l'Éducation Nationale, *Horaires, programmes, méthodes de l'enseignement du second degré*, Paris: Centre National de Documentation Pédagogique, 1956, p. 122.

図3　問題作成の割り振り

そのため，暗記重視の受験準備教育は収まらなかった。歴史家プロスト（A. Prost）による，リセ改革に向けた1983年の報告書では，「バカロレア試験に向けた激しい準備勉強が，受験者のエネルギーの大半を動員している。同様の功利主義的な態度がリセ教育全体に影響を及ぼしている」と述べられている。[51]

批判が高まる中，1986年以降は，バカロレア試験問題を作成する問題選択委員会（commission de choix）の設置が，フランス本土を26に区分する各大学区に義務づけられた。委員会は，大学教員の委員長1名と大学区内の多様なリセの教員数名，中央視学官で構成された。[52]

この委員会は，1997年に，問題作成委員会（commission d'élaboration des sujets）に改組された。学習指導要領に詳しい視学官の権限を委員長へと格上げし，リセの教育内容の範囲内に試験問題を収めるためである。図3のように各教科の問題作成が大学区間で割り振られ，各大学区に委員会が設置される。視学官1名と大学教員1名が共同委員長を務め，委員は多様なリセの教員で組織される。試験実施の約9か月前に，委員はリセの学習指導要領に基づいて，協

---

(50)　数学の例については，次の文献を参照。«Le baccalauréat C, à quoi joue-t-on?», *Bulletin de l'Association des Professeurs de Mathématiques de l'Enseignement Public*, 316, 1978, pp. 877-885.

(51)　Prost A., *Les lycées et leurs études au seuil du XXIe siècle*, Pairs: Ministère de l'Éducation nationale, 1983, p. 135.

(52)　Note de service du 4 octobre 1985, *Bulletin officiel de l'èducation nationale*（以下 B. O.），no.35, du 10 octobre 1985.

序　章　フランスの学力評価の特徴

> アメリカは世界の金融流通の主な担い手である。とくに多国籍企業の生産投資（海外直接投資）で資金を得ている。世界中に投資しているが，消費者が多い西ヨーロッパとアメリカ大陸に主に投資している。一方，アフリカやアジアへの投資は活発ではない。他の方法で資金調達できるためである。また，広大な市場が海外の投資者を引きつけており，海外直接投資の受け手でもある。さらに，ドルは世界通貨という特色を強調しなければならない。そのおかげで，自国の貿易赤字を南半球の国々に払ってもらえている。

図 4　地理のバカロレア試験第 3 問の模範解答

（出典）Orientations pour la correction baccalauréat 2006. Consignes et indications de correction（académie de Rennes）（http://www2.ac-rennes.fr/crdp/doc/docadmin/sujets/examens/_1115161830_008.pdf, 2010年3月6日確認）を筆者が訳出。

議しながら問題を作成し，採点の方針を示す採点に関する勧告を策定する。各大学区で作られた問題と採点に関する勧告は，全国共通に使われる[53]。

　こうして多様なリセの教員が協働して問題を作る組織が成立したことにより，リセの教育目標に基づいてバカロレア試験の問題が作成されるようになった[54]。

　たとえば2006年の地理のバカロレア試験では，「アメリカの海外直接投資（出入）」（図）と「世界の金融システムにおけるアメリカの役割」（文章）という二つの資料をもとに，「アメリカの金融の流れを特色づけよ」という論述問題が出題された。採点に関する勧告には図4の模範解答が付されている[55]。この問題では以下の四つの能力が試されているといえる。第1に情報の取り出しである。アメリカは「西ヨーロッパとアメリカ大陸に主に投資している。一方，アフリカやアジアへの投資は活発ではない」ことを図から読み取り，世界通貨であるドルと貿易赤字の関係を文章から識別する。第2に，この資料内の情報と，海外直接投資の定義などの既有の知識を取捨選択する能力である。第3に，資金調達の方法に関する南北格差という概念に基づいて，選んだ資料内の情報と事実的知識の関連性を解釈する能力である。第4に，事象を海外直接投資の

---

(53)　Note de service du 19 mars 1996, *B. O.*, no.13, du 28 mars 1996.
(54)　Merle, *op. cit.*, pp. 118-119.
(55)　Orientations pour la correction baccalauréat 2006. Consignes et indications de correction（académie de Rennes），http://www2.ac-rennes.fr/crdp/doc/docadmin/sujets/examens/_1115161830_008.pdf，2010年3月6日確認。

実施と受入の二つにまとめ，その要因と結びつけて表現する能力である。

このように，問題作成委員会創立（1997年）後のバカロレア試験では，複数の種類の資料から取り出した情報と既有の知識を取捨選択し，その関連性を概念に基づいて解釈し，論理の構成や展開を工夫して文章で表現する力が求められている。こうして，バカロレア試験で問われる学力が，リセの教育目標としてめざされている学力と重なるようになったのである[56]。

以上のようにバカロレア試験では，試験で求められる学力のあり方がリセの教育実践を規定することから，試験問題の作成を多様なリセの教員で担うこととなった。教養・エスプリを重んじるリセの教育目標に沿った作問を行うためである。このバカロレア試験に代表されるように，中等教育の伝統的な評価観としては，評価が実践を害さないよう，実践者である教師が評価の主体になることが重視されてきた。そして，教養・エスプリを捉えることのできる論述試験が評価方法のスタンダードであり続けてきたのである。

③主体性の原理と総括的評価の伝統

教師が評価主体であることが尊重されるのは，フランスの学校が，「主知主義（知育中心）」と並んで「主体性（個性重視・自由主義）」を原理としていることに由来している。主体性とは，生徒の学習の自由と教師の教育の自由を指している。とくに公立学校では，教師は生徒の内面形成を侵してはならず，教育行政は教師の内面や専門職性を侵害してはならないとされている。また，教師の個性や専門的判断は最大限に尊重される。

そのため，教師の「教育方法の自由」は絶対的な原則であり，教育課程の国家基準である学習指導要領で定められた教育目標に到達する方法は，各教師の裁量に委ねられている。たとえば，教科書を使うか，使わないかは教師の自由であり，同一学校の同一学年でも教師が異なると，教材や指導方法，評価方法は異なる[57]。公平性を重んじる日本の感覚からすると，課程主義で落第があるに

---

(56) 細尾萌子「フランスのバカロレア試験で問われる学力と高校の教育目標との連続性—地理の試験問題と教科書の分析を通して—」『教育目標・評価学会紀要』第20号，2010年，pp. 29-38。

もかかわらず，指導方法や評価方法が教師によって異なることに対して，どの教師の担当になるかによって成績が変わりうるので不公平だと思えるかもしれない。しかしフランスでは，生徒や保護者がそのことを公然と非難することはほとんどないのである。教師は厳しい選抜試験に合格した各教科の専門家であり，教師以上に生徒の学力評価に適した者はいないと考えられているからである(58)。

また，バカロレア試験と同様，中等教育の学力評価は伝統的に，教育の成果として身についた学力を確認・認証するという総括的目的（visée sommative）で行われてきた。クラスの中で行われる評価であっても，進級を決める試験であっても，教育実践改善の契機を見つけるという教育的機能よりは，生徒の学力レベルを判定して進級や進路決定の材料とする調整機能が主とされていた(59)。ナント大学の学力評価研究者のギマール（P. Guimard）が指摘しているように，中等教育における学力評価の機能は長らく，生徒の選抜と序列化であったといえる(60)。

以上をふまえて本書では，1920年代以降のフランスの中等教育における学力評価論史を研究対象とする。そして，検討に際しては，学力評価論の展開が学力評価の制度や実践としてどのように表れ，「教養・エスプリ」「教師主体／教育実践の保護／総括的評価／論述試験や口述試験中心」を軸とする伝統的な学力・評価観をいかに揺さぶってきたのか，また揺さぶってこなかったのかを分析する。

---

(57) 桑原，前掲論文，1997年，p. 11, p. 13。
(58) Merle, *op. cit.*, p. 1.
(59) Peretti C., «Évaluation», *in* Champy, Étévé, Forquin et Robert, *op. cit.*, p. 394.
(60) Guimard P., *L'évaluation des compétences scolaires*, Rennes: Presses Universitaires de Rennes, 2010, p. 12.

2　先行研究の整理

（1）　日本の先行研究における本書の位置づけ

本節では，前節で述べた研究対象に関する日本の先行研究において，本書はどのように位置づけられるかを述べる。

①フランスの中等教育史・学力評価に関する先行研究

フランスの中等教育史に関して，日本では豊富な研究蓄積がある。総合的な研究としては，梅根悟の『世界教育史体系』[61]がある。その他，渡辺和行[62]や原田種雄他[63]，小林順子編[64]，フランス教育学会編[65]などの研究がある。しかしながら，これらの著作では，フランスの中等教育における学力評価はあまり着目されてこなかった。学力評価については，制度の簡単な紹介に留まっている。

フランスの中等教育における学力評価に関しては，主に評価の制度面の研究が行われてきた。宮脇陽三は，バカロレア試験の制度改革の政治的・社会的要因を検討している[66]。天野郁夫は，試験による競争選抜のメカニズムを明らかにしている[67]。小野田正利は，日本の指導要録に当たる「学習記録簿（livret scolaire）」の制度を紹介している[68]。田﨑徳友は，「学習記録簿」の前身である「指

---

(61)　梅根悟監修『フランス教育史Ⅰ（世界教育史体系9）』講談社，1975年。梅根悟監修『フランス教育史Ⅱ（世界教育史体系10）』講談社，1975年。梅根悟監修『中等教育史Ⅰ（世界教育史体系24）』講談社，1975年。梅根悟監修『中等教育史Ⅱ（世界教育史体系25）』講談社，1976年。
(62)　渡辺，前掲論文，pp. 69-109。
(63)　原田・手塚・吉田・桑原編，前掲書。
(64)　小林，前掲書。
(65)　フランス教育学会編，前掲書。
(66)　宮脇，前掲書。
(67)　天野郁夫『教育と選抜の社会史』ちくま学芸文庫，2006年。
(68)　小野田正利「フランスにおける教育評価①　20点満点の到達度評価と簡単な所見―生徒の学習評価―」『週刊教育資料』第694号，2000年，pp. 14-15。

導要録（dossier scolaire）」制度の変遷を説明している[69]。藤井佐知子は，全国学力テストの制度を紹介したり，落第など学校選抜のメカニズムの研究を行ったりしている[70]。上原秀一は，前期中等教育修了国家資格試験の成立と展開を説明している[71]。以上の研究では，評価制度の内容や制度と社会の動きとの関連に重点が置かれており，評価の理論，制度，実践のつながりはほとんど分析されておらず，各学力評価論の中身さえ明らかになっていない。

フランス中等教育における代表的な学力評価論としては，①「ドシモロジー（docimologie）」と，②「目標に基づいた教育学（pédagogie par objectifs：PPO）」，③「コンピテンシー（compétence）」に基づく評価論がある。ドシモロジーは，測定の客観化をめざす評価論である。PPOは，生徒の行動として目標を定め，継続的に評価して生徒の学習困難を捉え，困難に応じた支援を与えるという評価論である。コンピテンシーに基づく評価論は，複数の領域の知識を総合して特定の文脈の課題を解決する力であるコンピテンシーの育成・評価を志す理論である。

なお，松下佳代によると，フランス語のcompétenceに対応する語として，英語には，competenceとcompetencyという二つの語がある。両者の区別に

---

[69] 田﨑徳友「フランスの進路指導における生徒の『指導要録』」『福岡教育大学紀要』第35号第4分冊，1986年，pp. 39-63。

[70] 藤井佐知子「一九八九年から，児童・生徒の一人一人のつまずきを正確に把握する『全国調査』を実施」『週刊教育資料』第998号，2007年，pp. 14-15。藤井佐知子「『学校間競争を生じさせないこと』を基本理念とする各種の評価」『週刊教育資料』第999号，2007年，pp. 14-15。藤井佐知子「中等教育における選別構造―フランスの場合―」研究代表者：藤井佐知子『中等教育における選別のメカニズムに関する日仏比較研究（科研費補助金研究成果報告書）』2002年，pp. 24-42。藤井佐知子「フランスの選抜システム」『諸外国における高等学校入学者選抜方法に関する調査研究（平成10年度文部省教育方法の改善に関する調査研究委託研究報告書）』1999年，pp. 37-58。

[71] 上原秀一「前期中等教育の修了認定試験制度の成立と展開」研究代表者：古沢常雄『フランスにおける社会的排除のメカニズムと学校教育の再構築（平成19～21年度科学研究費補助金基盤研究（B）研究成果報告書）』2010年，pp. 13-26。

ついては，competence を総称的・理論的な概念として，competency を個別的・具体的な概念として使いわける方法が一般的である。ただし，複数形になると両者とも competencies という同じ表現になる場合があり，区別しにくいことから，邦訳では「コンピテンシー」で統一される傾向にある[72]。フランス語の compétence の場合，総称的・理論的な概念であっても，個別的・具体的な概念であっても，compétence という同じ語で表記されるため，意味の違いによって訳を変えられない。また，第3章第2節で後述するように，compétence は16世紀から使われている言葉であるものの，「コンピテンシー」と訳されることの多い OECD や EU の competency/competence の類概念として近年は使われている。したがって本書では，compétence を「コンピテンシー」と訳す。

②フランスの学力評価論に関する先行研究

さて，本論に戻ると，このようなフランスの学力評価論を扱った先行研究は少数である。学力評価論史の研究は存在せず，個別の学力評価論が断片的に紹介されている。

まず，先述した一つ目の学力評価論であるドシモロジーを検討した研究は，管見の限り日本では見られない。ただし，ドシモロジーに関するフランスの論稿が邦訳されている。湯川良三は，バシェ（F. Bacher）の論文を翻訳している。バシェは，ドシモロジー論者が採点者間・採点者内の採点の不一致を問題視し，この課題の解決方法を提案したことと，その問題点を論じている[73]。また石堂常世は，ミヤラレ（G. Mialaret）の著作を翻訳している。ミヤラレは，ドシモロジーが当初，伝統的な資格試験における採点のばらつきの批判に終始していた

---

(72) 松下佳代「〈新しい能力〉概念と教育―その背景と系譜―」松下佳代編著『〈新しい能力〉は教育を変えるか―学力・リテラシー・コンピテンシー―』ミネルヴァ書房，2010年，p. 36。

(73) バシェ F.（湯川良三訳）「ドシモロジー」M. ルクラン編（滝沢武久他訳）『現代応用心理学6』白水社，1975年，pp. 33-96（Bacher F., «La docimologie», *in* M. Reuchlin (éd.), *Traité de psychologie appliquée*, Paris: PUF, 1973, pp. 27-87）。

ものの，1970年ごろには客観的な測定法の開発や形成的評価（évaluation formative）の導入などの発達を遂げたことを指摘している[74]。しかしながら，これらの研究は，ドシモロジーがどのような必然性のもとで誕生したのかについて言及していない。その上，ドシモロジーが興隆し廃れていった歩みの内実も十分に検討されていない。

　次に，二つ目の学力評価論であるPPOに関する先行研究も，日本ではほとんど見られない。管見の限り，石堂・梅本洋が翻訳したルブールの著作の中で，PPOの簡単な紹介がなされているのが唯一の研究である[75]。ルブールは，自身が主張するコンピテンシーに基づく教育と比較するためにPPOを取り上げ，PPOの特徴と意義や課題を論じている。PPOは，生徒の観察可能な行動で表した教育目標とその評価基準を明示することを謳う理論であり，形成的評価を通してつまずきの原因を生徒が理解できるという長所があるという。一方，ルブールは，PPOに対して，行動目標として表すことが難しい創意や理解力，美的感覚は育成されず，コンピテンシーが涵養されないと批判している。ただ，PPOに関する記述は3頁の簡単なものであり，体系だった説明はなされていない（ルブールのコンピテンシー概念については第3章第2節第2項を参照）。

　そして，コンピテンシーに関しては，「知識とコンピテンシーの共通基礎（socle commun de connaissances et de compétences）（以下，共通基礎）」に関する先行研究が数多く見られる。共通基礎は，義務教育段階で生徒全員が獲得すべき基礎学力として，フランスの2005年の教育基本法で定められたものである。藤井穂高は，共通基礎制定の政策意図を検討し，教育の結果の平等という公正

---

(74) ミヤラレ G.（石堂常世訳）「評価学」『教育科学』白水社，1987年，pp. 109-113 (Mialaret G., *Les sciences de l'éducation*, Paris: PUF, «Que sais-je?» no. 1645, 3e éd., 1984 (1976))。

(75) ルブール O.（石堂常世・梅本洋訳）『学ぶとは何か―学校教育の哲学―』勁草書房，1984年，pp. 287-291 (Reboul O., *Qu'est-ce qu'apprendre? Pour une philosophie de l'enseignement*, Paris: PUF, 1980, pp. 191-193)。石堂・梅本は，PPOを，「目標設定方式による教授法」と訳している。

の理念のもとで、「基礎」の習得が義務教育の共通性として求められたことや、共通基礎の習得の保障ではなく習得のための手段の保障が定められたことを示している(76)。上原秀一は、共通基礎の特徴は、フランスの伝統的な学力観において重視されていた「知識」の他に、知識を活用するための「能力」と「態度」が設けられている点にあると指摘している(77)。共通基礎の第5の柱である「人文的教養」に関する飯田伸二の研究(78)や、共通基礎の第6の柱である「社会的公民的コンピテンシー」に関する仁科とし子の研究(79)もある（仁科はこの柱を「社会的公民的技能」と訳している）。しかしながら、以上の先行研究では、共通基礎のキーワードであるコンピテンシーという新しい能力概念は検討されていない。

　コンピテンシー概念に着目した研究としては、赤星まゆみの研究と田﨑徳友・金井裕美子の研究、三好美織の研究が挙げられる。赤星は、七つのコンピテンシーで構成されており、それぞれのコンピテンシーは通教科的な力であるという共通基礎の制度的枠組みを説明している(80)。田﨑・金井は、共通基礎の導入に従い、中等教育修了国家資格試験制度の構成や評価規準にコンピテンシー概念が反映されるようになったと指摘している(81)。また、田﨑・金井は、2008年

---

(76) 藤井穂高「フランスにおける義務教育の『共通基礎』の制定―その政策意図の検討―」『フランス教育学会紀要』第21号, 2009年, pp. 65-78。

(77) 上原秀一「フランスにおける『共通基礎』学力政策とPISA調査」『フランス教育学会紀要』第24号, 2012年, pp. 9-18。

(78) 飯田伸二「現代フランス義務教育課程におけるユマニテ―古代語学習なき時代の人文主義的教養とは―」『国際文化学部論集』第13巻, 第2号, 2012年, pp. 91-108。

(79) 仁科とし子「フランス公民教育の特性と課題―共通基礎知識技能　第6の柱に着目して―」『早稲田大学教育学会紀要』第13号, 2012年, pp. 183-190。

(80) 赤星まゆみ「第4章　フランスの教育改革と学力モデル」原田信之編著『確かな学力と豊かな学力―各国教育改革の実態と学力モデル―』ミネルヴァ書房, 2007年, pp. 122-123。

(81) 田﨑徳友・金井裕美子「フランスにおける『共通の基礎』学習成果の測定と評価」『中国四国教育学会教育学研究紀要（CD-ROM版）』第59巻, 2013年, pp. 450-451。

の中学校美術科の学習指導要領にコンピテンシー概念がどのように表れているかを分析している。さらに田﨑・金井は，共通基礎の指導方法について教員にインタビューを行っているものの，実践の具体像は述べられていない[82]。この点に関して三好は，共通基礎の「科学的技術的教養」（三好は「科学的テクノロジー的教養」と訳出）というコンピテンシーの学習指導要領への表れ方とともに，このコンピテンシーの育成・評価に向けた，コレージュの授業書や教科書の課題と学校での実践事例を紹介している[83]。しかし，各課題においてどのような知識や「能力」が指導・評価の対象となっているかは部分的に検討されているものの，それらの知識や「能力」がいかに統合されてコンピテンシーが獲得されているのか，また，コンピテンシーがどのような基準で評価されているのかはほとんど分析されていない。そのため，各課題・実践例においてコンピテンシーが実際に育まれ，評価されているのかどうかは不明瞭である。それは，三好が，主に科学教育の内容面の検討を重視しており，「能力」とコンピテンシーとの違いといったコンピテンシー概念の理論的特徴をふまえて課題・実践例を検討することに着目していないためと考えられる。

　以上のように日本の先行研究では，フランスの中等教育の学力評価に関する制度的研究や，個別の学力評価論に関する仏文献の翻訳，学力評価の実践を部分的に紹介する研究がなされてきた。しかし，フランスの中等教育における学力評価論史を体系だてて論じた研究は見られない。その上，学力評価の理論・制度・実践を結びつけるという発想は，先行研究にはあまり見出だせない。そのため，フランス中等教育における学力評価の全体性は明らかになっておらず，

---

(82)　田﨑徳友・金井裕美子「『コンピテンシー』とフランスの教育課程」『中国四国教育学会教育学研究紀要（CD-ROM 版）』第58巻，2012年，pp. 280-290。田﨑徳友・金井裕美子「フランスの教育課程」勝野頼彦（研究代表者）『諸外国の教育課程と資質・能力—重視する資質・能力に焦点を当てて—（教育課程の編成に関する基礎的研究　報告書6）』国立教育政策研究所，2013年，pp. 37-47。

(83)　三好美織『現代フランスの前期中等物理・化学教育改革に関する研究』渓水社，2014年，pp. 201-228。

フランスの学力評価の特徴についても制度に表れるレベルでしか知ることができない現状である。そこで本書では，フランス中等教育の学力評価について，理論・制度・実践の三者関係を構造的に分析しながらその歴史的な展開を検討することで，フランスの学力・評価観の特徴と変遷に具体的に迫りたい。

(2) フランスの先行研究における本書の位置づけ
　次に，フランスの先行研究における本書の位置づけについて述べる。
　①フランスの学力評価論に関する先行研究
　フランスでは，個別の学力評価論についての研究は豊富に見られる。ドシモロジーに関する主な先行研究としては，ドヴィジ（M.-C. Dauvisis）の博士論文[84]やアジ（C. Hadji）の著作[85]，パリゾ（J.-C. Parisot）の論文[86]が挙げられる。PPOに関する主な先行研究としては，アムリン（D. Hameline）の著作[87]やフォトソ（F. Fotso）の著作[88]，ヴィアル（M. Vial）の著作[89]がある。学校教育領域におけるコンピテンシーに基づく評価論の主な先行研究としては，ロペ（F. Ropé）・タンギー（L. Tanguy）編の著作[90]，ラヴァル（C. Laval）・ヴェルニュ（F. Vergne）・クレマン（P. Clément）・ドリュ（G. Dreux）の著作[91]，ルメートル

---

(84) Dauvisis M.-C., *Objectifs de l'enseignement des mathématiques et docimologie*, Thèse présentée à l'Université de Toulouse-le-mirail, 1982.
(85) Hadji C., *L'évaluation des actions éducatives*, Paris: PUF, 1992.
(86) Parisot J.-C., «Le paradigme docimologique: un frein aux recherches sur l'évaluation pédagogique?», in C. Délorme (éd.), *L'évaluation en question*, Paris: ESF, 1987, pp. 37-56.
(87) Hameline D., *Les objectifs pédagogiques. En formation initiale et en formation continue*, Paris: ESF, 1979.
(88) Fotso F., *De la pédagogie par objectifs à la pédagogie des compétences*, Paris: L'Harmattan, 2011.
(89) Vial M., *Organiser la formation. Le pari sur l'auto-évaluation*, Paris: L'Harmattan, 2000.
(90) Ropé F. et Tanguy L. (éd.), *Savoirs et compétences de l'usage. De ces notions dans l'école et l'entreprise*, Paris: L'Harmattan, 1994.

(D. Lemaître)・アタノ（M. Hatano）編の著作[92]，トゥッサン（R. M. J. Toussaint)・ジパ（C. Xypas）編の著作[93]がある。

しかしながら，学力評価論史として個々の学力評価論を歴史的に位置づけた研究はあまりない。数少ない研究としては，ギマールの著作[94]とメイヤー（G. Meyer）の著作[95]があり，とくにギマールの研究は体系だっていて詳細に論じている。メイヤーの著作は，ドシモロジーや形成的評価論，コンピテンシーに基づく評価論を概説しているものの，教員向けの実践ガイドであり，一般的な内容の説明に留まっている。

②ギマールによるフランスの学力評価論史

学力評価研究者のギマールは，フランスにおいて学力評価の機能がどのように変化してきたかを次のように整理している[96]。

20世紀前半までの学校体系は，大衆階層の子弟が学ぶ小学校系統と上流階層の子弟が進むリセ系統の複線型であった。当時の学力評価論である「ドシモロジー」は，この制度の正当化に一役買っていた。知能の個人差は生まれつき決まっており，学業失敗の原因は生徒の欠陥にあるというドシモロジーに基づき，身分ではなく試験成績で進路や進級を決める制度は公正だとみなされていたのである。このように，初期の学力評価の機能は，生徒の選抜と序列化であった。

第二次世界大戦後から1975年ごろまでの経済成長期には，戦後のベビーブームや親の心性の変化（子どもを大切に育てる，立身出世のための学校への期待）

---

(91) Laval C., Vergne F., Clément P. et Dreux G., *La nouvelle école capitaliste*, Paris: La Découverte, 2011.

(92) Dauvisis M.-C., «L'évaluation des compétences au risque des barèmes et des notes scolaires», *in* D. Lemaître et M. Hatano (éd.), *Usages de la notion de compétence en éducation et formation*, Paris: L'Harmattan, 2007, pp. 75-92.

(93) Toussaint R. M. J. et Xypas C., *La notion de compétence en éducation et en formation. Fonctions et enjeux*, Paris: L'Harmattan, 2004.

(94) Guimard, *op. cit.*.

(95) Meyer G., *Évaluer, pourquoi? Comment?*, Paris: Hachette Éducation, 2007.

(96) Guimard, *op. cit.*.

により中等教育が大衆化し、学業に失敗する生徒の問題が注目された。失敗する生徒の多くは社会的に恵まれない階層の子どもであったため、学校は、評価を介して社会的再生産をしていると批判された。そこで学校現場では、知能テストを用いて学業失敗の原因を追究し、困難の性質に応じた支援を提供するようになった。学力評価の機能が、学習困難の識別・対応へと変化したのである。

1970年代と1980年代には統一コレージュが誕生し、同じクラスに多様な生徒が集まるようになり、落第者や非識字の生徒が急増した。当時は不況であり、学業失敗は無資格、失業に結びつく。そこで、生徒全体の学力を向上させるべく、「PPO」と「形成的評価論」という、生徒一人ひとりのニーズに教育を適応させるための学力評価論が学校現場に浸透した。二つの評価論の根底には、能力は生得的ではなく発達するという能力観、生徒は選抜対象ではなく学習の主体なのだという子ども観がある。こうして評価の機能に、学習の結果だけではなく学習のプロセスも理解し、指導の改善に役立てることが加わった。

1990年代になると、グローバル化が進み、競争の激しい不安定な社会を生き抜かせるため、学校には学力向上が強く求められるようになった。その手段として、認知心理学の成果に基づき、全国学力テストなどの数多くの学力評価ツールが実施された。生徒の学力実態を詳細に捉え、それに応じて学業失敗を防ぐ方途を開発するためである。こうして学力評価は、学習の診断・援助を、評価ツールを活用しながら科学的に行うという機能も担うようになった。

さらに、キー・コンピテンシーや、共通基礎など、近年の能力概念の拡大についても論じられている。知識だけではなく、コンピテンシーを捉える評価方法が今求められているという。

ギマールの研究で興味深いのは、学力評価の機能が、社会・経済の動きや学問の発展だけではなく、親や教師の心性（子ども観、能力観、学校観）の変容によっても揺り動かされてきたことが示されている点である。フランスの学力評価の歴史は、各時代の外在的・内在的な必然性のもとで形成されてきたことがわかる。

しかしながら、次の三つの課題を見出せる。第1は、ドシモロジーや

PPO, コンピテンシーに基づく評価論というそれぞれの理論における内部展開が十分に明らかになっていない点である。それぞれの理論は「一枚岩」ではなく、各理論の中にはいくつかの「流派」があり、時代とともに各理論の主張も変わっている。各理論の特徴を理解するには、各理論における立場の違いや歴史的変遷も検討することが重要である。

第2は、それぞれの学力評価論が教育制度や教育実践に具体的にどのように反映され、また反映されなかったかの検討があまりなされていない点である。評価論の意義や課題は、制度や実践として具現化してはじめて表れる。評価論の内実に迫るためには、制度や実践と合わせて評価論を見てみる必要がある。

第3は、フランスの学力評価論にはアメリカやOECD, EUの学力評価論の影響が色濃く見られるものの、具体的にどのような影響があり、またどのような点はフランス独自なものとして残ったのかが分析されていない点である。

したがって本書では、フランス中等教育の学力評価について、理論・制度・実践の三層から歴史的に検討するとともに、強い影響を与えてきたアメリカやOECD・EUの学力評価と比較し、フランスにおける学力評価の特徴とその要因を考察する。

3　本書の目的と方法

（1）　本書の目的

前節までに整理した先行研究をふまえ、本書の目的を次のように設定する。

1920年代以降のフランスの中等教育における学力評価は、アメリカやOECD, EUの学力評価論の影響を受けて変化してきた。中等教育では、教養とエスプリが伝統的な学力観であり、評価が実践を害さないよう、実践者である中等教員が主体となり、教養・エスプリを捉えられる論述試験や口述試験を用いて総括的に評価することが志されてきた。だが、学力評価の変遷に従い、この学力・評価観も揺らぎつつある。

そこで本書では、1920年代以降において、アメリカやOECD, EUの学力評

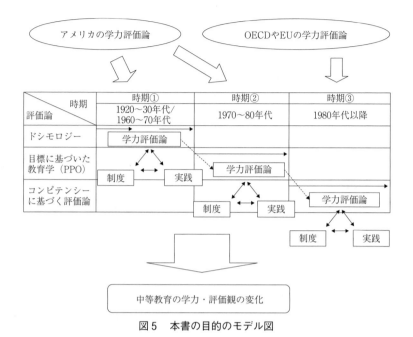

図5　本書の目的のモデル図

価論がフランスにいかに受容され，または受容されず，いかなる翻案がなされながら展開され，中等教育の学力評価の制度や実践として具体化されてきたのかを歴史的に検討する。これにより，中等教育の学力・評価観がどのように変化してきたのかを描き出したい。

　この研究目的をモデル図に表すと，図5のようになる。フランスの中等教育における学力評価論の展開は，1920～1930年代および1960～1970年代の「ドシモロジー」（時期①）と，1970～1980年代の「目標に基づいた教育学（PPO）」（時期②），1980年代以降の「コンピテンシー」に基づく評価論（時期③）の三つに区分できる。[97]この三つの評価論のうち，ドシモロジーとPPOは主にアメリカの学力評価論の影響を受けて発展した理論であり，コンピテンシーに基づく評価論はOECDやEUの学力評価論を受けて昨今進展しつつある。本書では，ドシモロジーとPPO，コンピテンシーに基づく評価論のそれぞれが，中等教育の学力評価の制度や実践としてどのように展開されたかについて，アメ

リカや OECD・EU の学力評価論と比較しながら明らかにする。これにより，諸外国の外的圧力を受けることで，教養を軸とするフランスの中等教育の伝統的な学力・評価観がいかに変容してきたのか，また変容していないのかを浮かび上がらせたい。

(2) 研究の方法

上述の課題に迫るため，本書では，次の三つの方法を取った。①フランス中等教育の学力評価制度に関する国民教育省の官報などの検討，②フランス中等教育の学力評価の理論や実践，論争に関するフランス語文献の検討，③フランス中等教育の学力評価の理論や実践，論争に関するフランスでのフィールド調査である。

フランスの教育制度は，基本的にすべて，国民教育省の官報（B. O./ J. O.）で定められている。教育の方法に関しては本章第 1 節第 4 項で述べたように主体性を原理としつつも，教育の目的に関しては中央集権体制を取っているからである。学校の教育目標・内容については，国家基準によって原則が指示され，視学官によって実態が監督されている[98]。1987年以降の官報については，国民教育省のホームページ上の Mentor というサイトで参照できる[99]。Mentor では閲覧できない場合，Légifrance というサイトで官報を検索することもできる[100]。

次に，フランスの学力評価に関するフランス語文献は，日本にはほとんど存

---

(97) ただし，ドシモロジーと PPO，コンピテンシーに基づく評価論が，この年代にしか見られなかったというわけではない。ここで示した年代は，各評価論がとくに栄えていた時代を指している。それぞれの評価論は，次の時代に興隆した評価論に影響を与えつつ（図 5 の点線矢印），何らかの形でその後も残っていると考えられる。

(98) 桑原，前掲論文，1997年，p. 12。

(99) Ministère de l'Éducation nationale, de l'enseignement supérieur et de la recherche, Mentor, https://mentor.adc.education.fr/exl-php/cadcgp.php, 2014年 9 月 6 日確認。

(100) Légifrance, http://www.legifrance.gouv.fr/initRechTexte.do, 2014年 9 月 6 日確認。

在しない。そこで，フランスのパリとリヨンの図書館・書店で文献を収集した。パリでは，フランス国立図書館（Bibliothèque Nationale de France：BNF）や公立サント・ジュヌヴィエーヴ図書館（Bibliothèque Sainte-Geneviève），教員養成機関の「教員養成大学院（École Supérieure du Professorat et de l'Éducation：ESPE）」（2012年までは Instituts Universitaires de Formation des Maîtres：IUFM で2013年から ESPE に改組）の図書館[101]，教育科学部があるパリ第8大学図書館（Bibliothèque de l'Université Paris VIII）がとくに充実している。リヨンには，フランス教育研究所（Institut Français de l'Éducation：IFÉ）（2010年に解体された Institut National de Recherche Pédagogique：INRP の後継[102]）がある。

そして，フィールド調査は次の3回行った。1回目は，2011年3月16日に，プロヴァンス大学の学力評価研究者であるカパロ・マンカシ（N. Capparos-Mencacci）准教授に対して行った，学力評価実践に関するインタビューである。2回目は，2012年9月4日～7日に，フランス東部のシャロン・シュル・ソーヌ市のリセで行った，授業観察や教師へのインタビューである。3回目は，2013年9月3日～5日に，パリ西ナンテール大学の社会学者のラヴァル（C. Laval）教授と，レンヌ大学の教育社会学者・学力評価研究者のメルル（P. Merle）教授，ピカルディー大学行政学・政治学研究センター研究員で教育社会学者のクレマン（P. Clément）氏に対して行った，学力評価の理論や実践，論争に関するインタビューである。

（3）　章構成

第1章と第2章からなる第Ⅰ部では，アメリカの学力評価論の影響を受けたドシモロジーと PPO の理論・制度・実践の展開を，アメリカの学力評価論と比較しながら検討する。これにより，フランスの中等教育における伝統的な学力・評価観が，アメリカに端を発する科学的な評価のあり方によっていかに変

---

(101)　École Supérieure du Professorat et de l'Éducation-Académie de Paris, http://www.espe-paris.fr/, 2014年9月6日確認。

(102)　Institut Français de l'Éducation, http://ife.ens-lyon.fr/ife, 2014年9月6日確認。

容していったかを考察する。

　第1章ではまず，フランスでドシモロジーが成立した背景を検討し，1920年代から1970年代までのドシモロジーの展開とドシモロジーへの批判，ドシモロジーが担った歴史的役割を探究し，ドシモロジーとアメリカの「メジャメント（measurement）」運動とを比較する。

　第2章では，PPOの理論枠組みと，1970〜1980年代の中等教育におけるPPOの展開，PPOをめぐる論争を検討した後，コレージュの歴史・地理のPPO実践を分析し，PPOとアメリカのマスタリー・ラーニングを比較する。

　第3章から第6章で構成される第Ⅱ部では，OECDやEUに牽引されて近年広がっているコンピテンシーに基づく評価論を取り上げる。コンピテンシーに基づく学力・評価観と，教養を軸とする中等教育の伝統的な学力・評価観との間でどのような対立が起きており，コンピテンシーに基づく教育にはどのような課題と可能性が見出せるのかを探究する。

　第3章では，コンピテンシーという新しい能力観の内実を明らかにする。まず，コンピテンシー概念がフランスに導入された背景を辿り，教養・エスプリや技能（savoir-faire），「能力（capacité）」というフランスの伝統的な能力概念とコンピテンシー概念とを比較し，コンピテンシー概念の独自性を抽出する。その上で，フランスのコンピテンシー概念をOECDやEUのコンピテンシー概念と比較する。

　第4章では，共通基礎のコンピテンシーの習得を評価・認証する「コンピテンシー個人簿（LPC）」を手がかりに，コンピテンシーに基づいた新しい評価観に迫る。そのために，LPCの制度枠組みを説明した後，コレージュの数学におけるLPCの実践モデルを検討し，コレージュにおけるLPCの実際の活用方法を述べる。そして，フランスにおけるコンピテンシーの評価アプローチを，OECDにおけるコンピテンシーの評価アプローチと比較する。

　第5章では，共通基礎のコンピテンシーをめぐる基礎学力論争を検討する。とくに，中等教員に代表される古典的な立場の教養教育派と，コンピテンシー教育派との対立点を描き出す。2005年教育基本法および2006年の政令による共

通基礎の制定にいたるまでの政策論争と，共通基礎に対する教員の反応，2013年の教育基本法における共通基礎の再定義に向けた国会の議論を分析する。その上で，コンピテンシー教育に関する論点を浮き彫りにする。

　第6章では，共通基礎の「自律性・自発性（l'autonomie et l'initiative）」を対象とした学習支援の実践である「ポートフォリオ法（portfolio）」を検討する。ポートフォリオ法は，フランスの一部の中等教員が取り組んでいる草の根的な実践である。これを検討することで，コンピテンシー教育の可能性を覗いてみたい。

　終章では，本書の成果と課題について考察を行う。1920年代以降のフランス中等教育における学力評価の理論・制度・実践の展開は，アメリカやOECD・EUの学力評価論といかに異なる独自性を持ち，またフランス中等教育における伝統的な学力・評価観をいかに変容させてきたのかを明らかにする。その上で，本書に残された今後の課題を述べる。

　以上をふまえて補章では，日本への示唆について論じる。日本の学力評価を考える上で，本書で示したフランスの中等教育における学力評価の展開から，何を学び取れるのかを提示したい。

第Ⅰ部
伝統的な学力・評価観の揺らぎ

　第Ⅰ部（第1章と第2章）では，1920～1930年代と1960～1970年代に興隆した「ドシモロジー（docimologie）」と1970～1980年代に発達した「目標に基づいた教育学（PPO）」の展開を追う。これにより，この二つの学力評価論に影響を与えたアメリカの学力評価論が，フランスの伝統的な学力・評価観をいかに揺るがしたかを検討する。

第1章
「ドシモロジー」の展開
—— 1920〜1930年代・1960〜1970年代 ——

　まず本章では，ドシモロジー（docimologie）をめぐる論点の歴史的展開を検討する。ドシモロジーは，フランスにおける学力評価論の一潮流である。知能などの心的能力を量的に測る精神測定学（psychométrie）の技法を用いて，試験（examen）の客観化に尽力した[1]。

　フランスの評価制度は伝統的に，1808年創設のバカロレア試験（序章第1節第4項を参照）に代表されるように，論述試験中心の資格試験型であった。ドシモロジーは，このような論述試験中心の評価制度の主観性を批判的に研究する学問分野として，フランスの代表的な心理学者であるピエロン（H. Piéron：1881-1964）[2] が1927年に提唱した。ドシモロジーという名称は，ギリシャ語（dokimé；試験，logos；科学）に基づいた，試験の科学を意味するピエロンの造語である。ドシモロジーは，1920年代末から1970年代にかけて一定の勢力を持っていたものの，1980年代には衰退した。

　論述試験中心の資格試験型の評価制度が根づいていた中で，測定の客観化をめざすドシモロジーがなぜ必要とされたのだろうか。そして，ドシモロジーが

（1）　Reuchlin M., «différentielle (psychologie)», «psychométrie», in Bloch H. et al (éd.), *Grand dictionnaire de la psychologie*, Paris: Larousse, 1991, pp. 222-226, pp. 617-620.

（2）　ピエロンは，睡眠などの行動の生理的構造を探る生理学的心理学や実験心理学の権威である（Reuchlin M., «Henri Piéron», *Bulletin de psychologie*, no.18, 1964, pp. 341-343）。

フランスの学力評価論において主流になりえなかったのはなぜだろうか。

本章では，フランスの資格試験型の評価制度においてドシモロジーがいかなる役割を担ったのかを明らかにするために，ドシモロジーをめぐる論点が歴史的にどのように発展したのかを抽出する。はじめに，ドシモロジーの成立の背景を示す。次いで，1930年代までの初期ドシモロジーをめぐる論点を探る。さらに，1960〜1970年代におけるドシモロジーの理論的展開とそれへの批判を検討する。以上より，フランスの学力評価制度におけるドシモロジーの歴史的な位置づけを考察し，ドシモロジーに大きく影響したアメリカの「メジャメント」運動（measurement movement）との比較を行いたい。[3]

1　ドシモロジーの成立の背景

（1）ビネーとトゥールーズの適性観の影響

まず，ドシモロジー成立の背景を見てみよう。契機の一つは，ビネー（A. Binet）とトゥールーズ（E. Toulouse）のテスト研究に，ピエロンが直接的な影響を受けたことである。

ビネーは1890〜1900年代に，個人差を数量的に示す知能テスト（test d'intelligence）を開発した。この経験から，学校での評価方法が主観的であることを問題視していた。生徒全体の学習成果を向上させるためには，個人の精神構造である適性（aptitude）を客観的に測定し，それに応じて教育することが必要であると考えていたためである。そこで，小学校教師との共同で，標準テスト（test standardisé）を作成した。標準テストとは，テスト得点が正規分布するように作成され，標本集団に実施して得た統一の基準（このプロセスが標準化）に基づいて，受験者の相対的位置がわかるテストである。

他方，精神科医のトゥールーズは，個人にもっともふさわしい社会的役割に

（3）アメリカの「メジャメント」運動については次の文献を参照。田中耕治「測定・評価論—アメリカの教育測定運動の特徴〜ターマンの足跡を中心にして〜—」長尾十三二編『新教育運動の歴史的考察』明治図書，1988年，pp. 116-133。

個人を割り当てる公正な社会を構築することによって、各自がそれぞれの能力を効率的に発揮できるようにすることが、科学の使命であると考えていた。そしてこの使命を果たすべく、職業進路指導（orientation professionnelle）を提案した。職業進路指導とは、各生徒の適性を標準テストで測定し、これに適合した職業や進路に生徒を導く方法論である。

このように二人が標準テストを使ったのは、当時の心理学において、イギリスのゴールトン（F. Golton）が唱えた正規分布原理がいわば「常識」であり、測定の客観性を高めるための科学的な基礎とされていたためである。正規分布原理とは、身長などの身体的特性のみならず心的能力も、大規模の同質集団においてはガウス曲線に従って分布するというものである。

その上、トゥールーズは、適性は生まれつきのものでほぼ固定的であると考えていた。よって、標準テストで客観的に測定した適性に基づいて選抜することで、選抜の公正性を確保できると主張した。この場合の公正性とは、偶然の要素ではなく、当該の進路・職業において能力を発揮できるかどうかで選抜が行われているという意味である。

これに対してビネーは、適性は大規模の同質集団内で正規分布するものの、個人の適性は教育を通して発達し、正規分布の形が変化していくと確信していた。そのため、現時点での生徒の適性を客観的に測定すれば、それに応じた教育によって将来の学習成果を向上させることができると論じている[4]。

ピエロンは1899年から、ソルボンヌ大学でビネーに実験心理学を教わった。実験心理学は、心的能力の個人差を客観的に明らかにするために、個人の適性を標準テストで測る学問である。その後1901年から1904年まで、トゥールーズの助手として、高等研究実習院（École pratique des Hautes Études）の実験心理学実験室で職業進路指導のテストを共同開発した。その成果として、トゥールーズとヴァシード（N. Vaschide）、ピエロンの共著で『実験心理学技術

（4） Martin J., «Aux origines de la «science des examens» (1920-1940)», *Histoire de l'Éducation*, no.94, 2002, p. 177, pp. 179-187.

(Technique de Psychologie Expérimentale)』(O. Doin, 1904) を出版した。⁽⁵⁾

　このような経歴を通してピエロンは、ビネーやトゥールーズのテスト研究の前提であった正規分布原理を取り入れた。「同質集団を形成する一定数の個人を、物理的特性または精神的特性に基づいて並べると、傾いた半円状のアーチ（ゴールトンのアーチ）ができる」と論じている⁽⁶⁾。さらに彼は、適性の発達可能性に関するビネーとトゥールーズの見解をともに考慮し、適性はほぼ生得的に決定されると解釈した。すなわち、適性は遺伝と環境の両方の影響を受けて形成されるものの、約2／3は遺伝的要因によって決まると述べている⁽⁷⁾。

　ビネーよりもトゥールーズよりの考えにピエロンが落ち着いた理由は明確ではないが、大学で講義を受けるだけというビネーとの関係よりは、助手として、また共著者として議論を重ねたであろうトゥールーズとの関係の方が深かったということに一因があるのではないかと考えられる。また、本章第5節第3項で述べるように、ビネーの学説が当時のフランスで受け入れられていなかったことも、ピエロンとビネーの関係の希薄さに影響しているのかもしれない。

（2）　選抜の公正性に対する歴史的要請

　次に、ドシモロジー成立のもう一つの契機を見てみよう。それは、統一学校運動によって試験が社会的に重要な意味を持つようになり、選抜の公正性が問われていたことである。

　フランスの学校体系は従来、大衆階層の子どもは小学校と高等小学校などで

（5）　Piéron H., «Les origines, en France, de la méthode des Tests et la signification pédagogique de l'œuvre de Binet», *Pour l'Ère Nouvelle*, juillet, 1932, pp. 164-165.

（6）　Piéron H., «La technique des examens et la nécessité d'une «docimologie»», *L'Enseignement Scientifique*, II, no.17, 1929, pp. 193-194.

（7）　Piéron H., «Le problème de l'action de l'hérédité et du milieu dans la formation intellectuelle», *Pour l'Ère Nouvelle*, no.117, 1936, p. 105, pp. 118-109. この2／3という数字は、同じ家庭で育てられた養子の子どもと実の子ども、親に同じ知能テストを課し、養子と親間（遺伝なし、環境同じ）の成績の相関と、実の子どもと親間（遺伝あり、環境同じ）の成績の相関とを比較し、統計的に算出したものである。

教育を終え，上流階層の子どもは中等学校（リセ・コレージュ）初等科と本科，大学へと進む複線型であった。小学校修了者は，初等教育の修了を認定する「初等教育証書（certificat d'études primaires）認定試験（以下，初等試験）」に合格したとしても，中等学校には進学できず，多くの場合すぐに働いていた。

しかし1920年代に，単線型の学校体系を構想する統一学校運動が興隆した。これを受けて，中等学校初等科の修了者のみならず，小学校修了者も中等学校に進学する道が次第に拓かれた。だが，複線型の学校体系は保たれ，すべての初等教育修了者が進学できるほど，中等学校の数や制度は整っていなかった。こうして，中等教育を受ける適性を持つ者を，初等教育修了者の中からいかに公正に選抜するかが課題となった。[8] 当時，中等学校への進学は立身出世の条件であり，適性を持たない者が選ばれるのは不公平であると考えられたためである。

そのためピエロンは，ソルボンヌ大学のロージェ（H. Lauger）とピエロンの妻とともに，初等試験を対象とする調査を1922年に行った。1866年に創設された初等試験は，主に自由記述式の筆記試験（作文，綴方，計算など）と口述試験（朗読，暗唱，歌唱など）からなる（1989年に廃止）。それに対してピエロンは，精神適性（aptitude mentale）を測る六つの標準テスト（置換，15語の記憶，不合理な文章の批判，文字を用いた語の構成，類推，単純な変化の指摘）を作成した。次にピエロンは，この標準テストを，初等試験を受験した117人の生徒に受けさせた。その結果，各テストと初等試験との間の成績の相関は非常に小さかった。ここからピエロンは，初等試験は標準テストと異なる特性を測っているため，将来のあらゆる成功を予測することはできない不十分な方法であると解釈した。そして彼は，初等試験のような伝統的な資格試験の成績だけで中等学校進学者の選抜を行うべきではないと結論づけた。

この成果は，1927年の精神工学国際学会（Congrès International de Psychotechnique）の大会で，「初等試験の選抜的価値の批判的検討およびテストによる試験と初等試験との比較—合理的なドシモロジーへの貢献—」という題で発

（8） Martin, *op. cit.*, pp. 193-194.

表された。こうして，教育分野の伝統的な資格試験を批判的に研究する学問として，ドシモロジーが誕生する(9)。

なお，この調査で使用された標準テストは，学校での学習の成果ではなく，精神適性を測るものであり，アメリカにおける知能テスト（mental test）に相当するものといえよう。実際，使用されたテストは，アメリカを中心とする外国の知能テストの技法を取り入れたものである。上述の六つのテストのうち，「不合理な文章の批判」はビネーのテストを参考にしたものであるが，「文字を用いた語の構成」はアメリカのウィップル（G. M. Whipple）のテストを，「類推」のテストはアメリカのウッドワース（R. S. Woodworth）とウェルズ（F. L. Wells）のテストを，「置換」と「15語の記憶」はスイスのクラパレード（E. Claparède）のテストを，「単純な変化の指摘」はロシアのリバコフ（F. v. Rybakoff）のテストを参考にしたものであった(10)。

ウィップルとウェルズは，アメリカの第一次世界大戦参戦（1917年）を機に，アメリカ心理学協会の会長であったヤーキス（R. W. Yerkes）が招集した，新兵を分類する集団知能テスト開発の委員会のメンバーである。アメリカ軍は，彼らやターマン（L. M. Terman）らによって開発された知能テストを用いて，170万人の新兵をテストし，分類した。ウェルズは，マサチューセッツ州の精神病院でヤーキスの同僚として働いていた言語心理学者である(11)。イリノイ大学のウィップルは，英才児教育のための知能テストの研究をしていた教育心理学

---

(9) Laugier H., Piéron H. et Piéron M. H., «Étude critique de la valeur sélective du certificat d'études et comparaison de cet examen avec une épreuve par tests. Contribution à une docimastique rationelle», *in* H. Laugier, H. Piéron, Mme H. Piéron, E. Toulouse et D. Weinberg, *Études docimologiques sur le perfectionnement des examens et concours*, Paris: CNAM, 1934, pp. 5-13.

(10) Piéron Mme H., «Étude psychotechnique de quelques tests d'aptitude（Analyse, étalonnage, corrélations réciproques, etc）», *L'Année Psychologique*, vol.23, 1922, p. 145. Mme Henri Piéronはピエロンの妻であり，姓はピエロンであるはずだが，下の名前は夫と同じアンリ（Henri）ではないはずである。しかし，妻の名前は明かされておらず，論文には名前がHenriと表記されている。

第1章 「ドシモロジー」の展開

者である。コロンビア大学のウッドワースは，知能テストの父であるキャテル(12)
(J. M. Cattell) に師事した心理学者である。クラパレードは，子どもの心理を(13)
専門とするジュネーヴ大学の教育心理学者で，ヨーロッパで最初の教育科学研
究所を1912年に設立している。(14)

　このようにアメリカの影響が強いのは，当時アメリカで「メジャメント」運
動が盛んだったからだろう。アメリカでは，上述した「軍隊テスト」の成功を
受け，第一次世界大戦後，ターマンら心理学者と学校管理者，出版社がネット
ワークを組み，知能テストを大量に開発した。知能テストは，能力別編成を客
観的に行う手段として，全国の公立学校に広がった。1920年代半ばに，知能テ
ストの販売が年間400万部にのぼったという。1900年から1932年までの知能テ
ストの開発数を見てみると，すべてのテストの約半数をアメリカが作成してお
り，第2位がドイツ，第3位がイギリス，第4位がフランスであった。当時は
アメリカが，知能テスト研究の最大のメッカであったといえよう。(15)

---

(11)　チャップマン，P. D.（菅田洋一郎・玉村公二彦監訳）『知能検査の開発と選別シ
ステムの功罪―応用心理学と学校教育―』晃洋書房，1995年，p. 5，pp. 72-73。
ウェルズに関して，次のＨＰも参照した。Organization SpringerReference, http:
//www.springerreference.com/docs/html/chapterdbid/328992.html，2014年6月
22日。

(12)　Jollly J. L., «Historical perspectives. Guy M. Whipple», http://files.eric.ed.
gov/fulltext/EJ750575.pdf，2014年6月22日確認。

(13)　Graham C. H., «Robert Sessions Woodworth. 1869-1962» National academy of
sciences, 1967, http:// www. nasonline. org/ publications/ biographical-memoirs/
memoir-pdfs/woodworth-robert-sessions.pdf，2014年6月22日確認。

(14)　Mialaret G., *Sciences de l'éducation. Aspects historiques. Problèmes épistémologiques*, Paris: PUF, 2006, p. 9. 教育科学（sciences de l'éducation）は，経験的アプロー
チに留まっていた教育学（pédagogie）を乗り越え，多方面の科学的アプローチで
教育現象に迫る学問として，1967年にフランスの大学に登場した。教育科学は，教
育の状況や事実の存在・機能・発展の条件について研究する，教育心理学や教育社
会学，教育史，教育哲学などの学問分野の集合を指す（*Ibid.*, pp. 41-44, pp.
69-104）。

以上のようにドシモロジーは、次の二つを背景に成立した。一つは、適性はほぼ生得的に決定され、大規模の同質集団内では正規分布するという適性観を、ビネーとトゥールーズからピエロンが継承したことである。もう一つは、統一学校運動によって中等学校進学者の選抜試験の社会的重要性が高まり、試験による選抜の公正性が求められていたことである。そのため、選抜の公正性を担保すべく、正規分布曲線を規準とした標準テスト（知能テスト）を用いて測定の客観性の向上をめざすドシモロジーが創始された。そしてこの標準テストには、アメリカを中心とする外国の知能テスト技法の影響が見られた。では、こうして誕生したドシモロジーをめぐり、どのような議論がなされたのだろうか。

2　1930年代までの初期ドシモロジーをめぐる論点

（1）　初期ドシモロジーの特徴

1930年代までの初期ドシモロジーは、次の二つの方向で発展した[16]。

一つ目は、論述試験中心の伝統的な資格試験への批判である。その代表的なものが、カーネギー調査である。アメリカのカーネギー財団は1931年に、試験の国際調査の実施を、コロンビア大学ティーチャーズ・カレッジに依頼した[17]。バカロレア試験を対象としたフランス委員会の調査結果のうち、後に専ら引用されたのがロージェ委員のものである。彼は心理学者のヴァインベルク（D. Weinberg）と、論述試験の採点の調査を1932年に行った。6教科の答案を100

---

(15)　チャップマン、前掲書、p. 5, pp. 90-91, p. 160。
(16)　Martin, *op. cit.*, pp. 189-192.
(17)　Desclos A., «Introduction», *in* Commission française pour l'enquête Carnegie sur les examens et concours en France, *La correction des épreuves écrites dans les examens*, Paris: La Maison du Livre, 1936, pp. 5-7. カーネギー調査当時、コロンビア大学のティーチャーズ・カレッジには、「メジャメント」運動の父である心理学者のソーンダイク（E. L. Thorndike）が在籍していた。しかしながら、ここに挙げたカーネギー調査報告書にはソーンダイクの著作が引用されておらず、カーネギー調査とソーンダイクとの関係は不明である。

第1章 「ドシモロジー」の展開

枚ずつ抽出し，各答案を5人の教師に採点させた。その結果，文系教科のみならず理系教科でも，合否を左右する程大きな採点のばらつきがあった。[18]

このように初期ドシモロジーは，採点者間・採点者内で採点が一貫していないことを統計的に実証し，採点者の主観で評価がなされていることを指摘した。これが問題視されたのは，フランスは資格試験によって進路・職業が決まる資格社会であり，どの採点者に当たるかという偶然の要素でそれが決まるのは不公平であると考えられたためである。

なかでも批判されたのは，主に自由記述式の論述試験が用いられ，中等教員が採点するバカロレア試験である。これは大学に入学するエリートを選抜する社会的に重要な試験であり，公平な採点がいっそう求められていた一方，答えが一つではなく○×で採点できない問題だったため，採点の客観性が疑問視されたのである。たとえば1930年のバカロレア試験には，哲学という教科で，「『本能と理性は二つの性質を表している』というパスカルの言葉を注釈し，反論せよ」という論述問題が出題された。[19] 物理では，「等速度運動をしている10000kgの物体が，1時間に72kmの速度で動いている。静止した後1分間でこの速度を取り戻すためには，この物体を動かす恒常的な力がどれだけ必要か。答えを示し，計算を明確に説明せよ」という問題が出された。[20]

初期ドシモロジーのもう一つの特徴は，前述した初等試験を対象とする調査のように，標準化された知能テストを提案したことである。ピエロンは，社会的選抜を行う試験では，特定の進路・職業に必要な適性を標準テストで測るべきであると主張した。適性はほぼ生得的に決定され，正規分布すると理解していたため，標準テストで測定した適性は個人の「成功を決定する最大の資質」[21]

---

(18) Laugier H. et Weinberg D., «Élaboration statistique des données numériques de l'enquête sur la correction des épreuves du baccalauréat», *in ibid.*, pp. 129-132.

(19) Beaulavon G., «La dissertation philosophique», *in ibid.*, p. 195.

(20) Langevin J., «L'épreuve de physique», *in ibid.*, p. 215.

(21) Piéron H., «La notion d'aptitude en éducation», *Pour l'Ère Nouvelle*, no.49, 1929, p. 137.

であり，生徒を公正に選抜する基礎になると考えたのである。先述したように，標準テストは，アメリカを中心に開発が進んでいた。

(2) 標準テスト vs. 論述試験論争

このような初期ドシモロジーをめぐり，パリ大学区のバカロレア試験中央局長のピオベッタ（J.-B. Piobetta）が，ピエロン批判を展開した。

ピオベッタは，パリ大学区の視学官でもあり，バカロレア試験史研究の第一人者である。彼の主著は，『バカロレア（Le baccalauréat）』（Paris: J.-B. Baillière et Fils, 1937）である。1040頁に及ぶこの本で彼は，バカロレア試験の歴史（14世紀の前史から1930年代まで）とともに，バカロレア試験制度を特徴づけている各時代の中等教育や社会の動きを描いている。彼はとくに，中等教育との連続性という観点からバカロレア試験を捉えていたといえよう。

ピエロンは，論述試験にはない次の二つの特徴があるとして，標準テストを支持していた。第1に，標準化によって，テスト結果がどこでも誰でも同じように解釈できることであり，第2に，客観性が高く，採点のばらつきが少ないことである。ここから，採点の信頼性（fidélité：採点者間で採点が一貫しているか）に重きが置かれていたことがわかる。

これに対してピオベッタは，1943年に，標準テストは記憶力や反応の速さなどの単純な知能は測れるが，教育を歪めると指摘した。教育現場では，単純な知能の獲得ではなく，教養の育成がめざされていたものの，標準テストでは教養を全体として測定できないからである。そして，バカロレア試験のような論述試験は，「受験生の能力全体をテストよりも確実かつ有効に」調べられると主張した。「すべての試験の中で，おそらく論述試験が，受験者の知識の広がりや能力の程度のみならず，受験者の個人的特性や学習方法をも，つまり受験者の一般教養の広がりと堅牢さを，最もよく捉えることができよう」と。この

---

(22) Piéron H., «Sur les examens», *Pour l'Ère Nouvelle*, no.101, 1934, pp. 228-229.
(23) Piobetta J.-B., *Examens et concours*, Paris: PUF, 1943, p. 23, p. 25, pp. 28-31.
(24) *Ibid.*, p. 33.

ように彼が教養を幅広く評価できる論述試験を支持したのは，試験を教育方法の一環と捉えると，評価の妥当性（validité：評価したいものを評価しているか）の確保が何よりも重要になると考えていたためである。「試験にとって本質的なことは，調べられるに値する証拠をもたらすことである」と，ピオベッタは述べている。

以上のように1930年代までの初期ドシモロジーは，公正な選抜を実現すべく，論述試験中心の伝統的な資格試験における評価の主観性を批判し，標準テストの導入を主張した。そして，ドシモロジー創始者のピエロンと，伝統的な資格試験支持者のピオベッタとの間で論争が展開された。そこでは，採点の信頼性を重視して標準テストをするか，教育に寄与するため評価の妥当性を重視して論述試験をするか，どちらが望ましいかが論点となった。

議論の結果，伝統的な資格試験において，論述試験は標準テストに取って代わられなかった。標準テストの作成・実施には統計の知識技能が必要で，評価主体が教師から測定の専門家に移ってしまう。その上，標準テストは生徒の学習成果の内実を写し出さず，資格試験に規定されている教育実践が害されるとして教師が反対したためである。

ただ1930年代中頃には，バカロレア試験を採点する中等教員の要請により，一部の大学区（本土を26に区分した行政区域）で，採点のばらつきを減らすための採点者間の調整手続き（採点方法の合意や，採点結果の比較，内申書の参酌など）が自発的に行われるようになった。こうして上述の論点が，論述試験中心の伝統的な評価制度を保ちつつ，そこでの採点の信頼性をいかに高めるかという論点に変わり，第二次世界大戦後に引き継がれた。

---

(25) *Ibid.*, p. 13.
(26) Dominicé P., *La formation. Enjeu de l'évaluation*, Berne: Perter Lang, 1979, p. 51, p. 56.
(27) Piobetta J.-B., *Le baccalauréat*, Paris: J.-B. Baillière et Fils, 1937, pp. 285-286, p. 331.

3　1960〜1970年代のドシモロジーの展開とその批判

（1）　展開①——採点の信頼性を高める測定法の提案

　ドシモロジー研究は，第二次世界大戦前後は戦争の影響で停滞していたが，1960年代に再興した。戦後のベビーブームによって就学生徒数が急増し，公正な進路指導と選抜の方法を考案することが，喫緊の課題となったためである。[28]ではこの時期，ドシモロジーはどのような理論的展開を遂げ，それはいかに批判されたのだろうか。

　ピエロンは1963年に，バカロレア試験などの伝統的な資格試験において，採点の信頼性が低いことを実証的に示した。ここまでは初期ドシモロジーでもなされてきたことであるが，ピエロンは新たに，信頼性の低さの原因として，採点尺度（採点の厳しさと，点数の幅）や評価基準（評価の観点と，各観点の要求水準）が採点者間で異なることを指摘した。

　そこで，この採点者の主観が影響しないよう，答えが一つの多くの問題からなる，標準化された客観テスト（épreuves objectives）の使用を提案した。ピエロンは，適性と同様に知識も，大規模の同質集団内では正規分布すると捉えていた。ゆえに，標準化によって目的とする対象を正確に測定できるという。また，客観テストでは◯×が明確に判断でき，正答率に基づいて合否を客観的に決定できると考えていた。[29]なお，客観テストは，アメリカで開発が進んでいる技法であった。[30]

　この提案を受け，測定の専門家が様々な客観テストを作成した。たとえば，

---

(28) Parisot J.-C., «Le paradigme docimologique: un frein aux recherches sur l'évaluation pédagogique?» *in* C. Délorme（éd.）, *L'évaluation en question*, Paris: ESF, 1987, pp. 45-46.
(29) Piéron H., *Examens et docimologie*, Paris: PUF, 1963, pp. 104-123, pp. 140-167.
(30) 客観テストを開発する初期の試みの一つは，1845年にボストンで始まった（チャップマン，前掲書，pp. 39-40）。

第1章 「ドシモロジー」の展開

　フランス語圏実験教育学国際学会の1968年のリヨン大会で，ジュネーヴの教育学研究局のユタン（R. Hutin）が小学校算数のテストを発表した。それは，「47＋29＝29＋□」や，「15mの穴を掘るのに4日かかるなら，40mの穴を掘るのに何日かかるか」などである[31]。

　一方，プロヴァンス大学のドシモロジー論者のノワゼ（G. Noizet）とカベルニ（J.-P. Caverni）は，論述試験が主体である資格試験において採点の信頼性を向上させるため，モデレーション（modération）を1978年に紹介した。これは，採点者の主観を除く，採点の調整手続きである。本章第2節第2項で述べたバカロレア試験の採点者間の調整手続きは，モデレーションという名前で呼ばれていなかったものの，実質的にはモデレーションに相当するといえよう。

　モデレーションは，採点前に行うものと，採点後に行うものからなる。採点前のモデレーションには，次の三つがある。第1は，教科の特性に適した尺度（20点満点かA～Eの評語かなど）を用いることである。第2は，評価基準の共有である。第3は，数枚の答案を共同で採点し，評価基準の共通理解を図る，採点者の研修である。

　対して，採点後のモデレーションには，次の三つがある。第1は，採点者間で平均や分散を統一し，点数分布を調整することである。第2は，複数の教師が同じ答案を採点し，差異が大きい場合は点数を調整することである。第3は，評価の数を増やして総合的な判断をするために，試験に加えて受験者の内申書（livret scolaire）を参酌することである[32]。

　このように1960～1970年代にかけて，客観テストと論述試験におけるモデレーションという採点の信頼性を高める測定法が提案された。これは，伝統的な資格試験の主観性を批判するに留まらず，その解決法も提示するという前進

---

(31) Hutin R., «L'élaboration d'une batterie d'épreuves générales de niveau en arithmétique élémentaire», *Pour l'Ère Nouvelle; Docimologie et éducation actes du Colloque de Lyon-1968*, numéro spécial 2-3, 1969, pp. 31-48.

(32) Noizet G. et Caverni J.-P., *Psychologie de l'évaluation scolaire*, Paris: PUF, 1978, pp. 47-59.

であった。ただ，提案されたのは正規分布原理を前提とした測定法で，測定の専門家の参加が不可欠であり，初期ドシモロジーの延長線上の展開といえる。

(2) 展開②──修正版ドシモロジーの提唱

しかし1970年代には，初期ドシモロジーからのドラスティックな変化が生じた。一部のドシモロジー論者が，公準であった正規分布原理の再考を求め，アメリカの「エバリュエーション（evaluation）[33]」論を取り入れた修正版ドシモロジーを提唱したのである。

ベルギーのリエージュ大学のド・ランドシール（G. De Landsheere）は，1974年に『継続的評価と試験──ドシモロジー概説──（*Évaluation Continue et Examens. Précis de Docimologie*）』（Labor-Nathan）を改訂し，パリとブリュッセルで出版した。その際，標準化やモデレーションなどのドシモロジーの技法を紹介する初版の内容に，「習得の教育方法（マスタリー・ラーニング）（Une pédagogie de la maîtrise（MASTARY LEARNING））」という章が追加された。[34] そこでは，選抜のためのテストと，授業での評価とが区別されている。

適性を測るテストは，選抜が目的であるために標準化されている。ゆえに，多人数の同質集団内では通常，適性は正規分布する。だが適性は，将来の学習成果を必ずしも予測するものではない。優れた適性を持たない生徒がクラスにいたとしても，十分な学習時間を与えれば，すべての生徒が知識をほぼ完全に習得できるという。すなわち，知識は学習によって発達するため，学習後の生徒の知識は，ガウス曲線ではなくJカーブに分布すると述べられている。

---

(33) 序章第1節第2項で述べたように，〈評価〉を物事の価値や重要性を見積もり，判断し，決定する行為という一般的な意味で使用するときはそのままで記述する。教育実践を修正・改善するためのフィードバック情報を提供する行為という狭義の意味で用いるときは，「エバリュエーション」（アメリカ）や「エバリュアシオン」（フランス）とカタカナ用語にして括弧に入れて表記する。

(34) De Landsheere G., *Évaluation continue et examens. Précis de docimologie*, 3e éd. revue et augmentée, Bruxelles: Labor-Paris: Nathan, 1974, pp. 209-233. 初版は同じ題名で，1971年に出版。

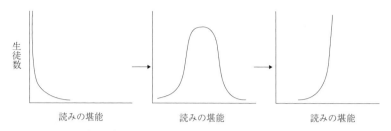

図6　読みの知識の分布に関する学習前から学習後までの発展

（出典）　De Landsheere G., *Évaluation continue et examens. Précis de docimologie*, 3e éd. revue et augmentée, Bruxelles: Labor-Paris: Nathan, 1974, p. 215をもとに筆者が作成。

　たとえば小学校1年生の場合，入学時は生徒の大半が文字を読めず，読みの知識の分布は図6左のIカーブになる。しかしながら，1,2年間の学習を経ると，生徒の大半が流暢に読めるようになり，読みの知識の分布は図6右のJカーブに変化するという。

　したがってド・ランドシールは，授業での評価の目的は，生徒の選抜ではなく，学んだ知識の習得度を確認し，それに応じた教育をすることで，生徒全員の学業成功を援助することであると捉えていた。そこで，正規分布曲線を規準とした標準テストではなく，教育目標を規準とした形成的評価（évaluation formative）を行うことを提案した。

　この形成的評価論は，アメリカのブルーム（B.S. Bloom）のマスタリー・ラーニング論に基づいている。ド・ランドシールによれば，はじめに教育目標を設定する。次いで，それに達するために必要な学習内容を単位に分割し，前の単位の習得が次の単位の前提条件となるよう階層的に組織する。続いて，各単位の教育目標の達成度を見るテストを単位ごとに行い，生徒のつまずきを把握する。その後，つまずいた生徒に特別の教材を与えたり，グループ学習や個別指導を行ったりすることで，指導方法と学習時間を各生徒の特性に適合させるというものである。この一連の作業は，教師と測定の専門家の共同で行うこ

---

(35)　ド・ランドシールの形成的評価論は，ブルームの次の文献に直接的な影響を受けた。Bloom B. S., «Learning for mastery», in *Evaluation Comment*, 2, 1968.

とが推奨されている。

　では、ド・ランドシールは、ドシモロジーと形成的評価という一見相いれないものをどのように融合したのだろうか。彼は、「エバリュエーション」は従来のドシモロジーにおける評価の対象をたんに拡大したものと解釈していた。つまり、従来のドシモロジーでは、数量化するために、観察できる行動や特性に対象を限定している。それに対して「エバリュエーション」は、数量化できない態度（attitude）や複雑な能力も対象に含むという[36]。

　ベルギーのルーヴァン大学のボンボワール（A. Bonboir）も、パリで1972年に出版した『ドシモロジー（La Docimologie）』において、ドシモロジーと「エバリュエーション」は「入り組み合っており、実践上で区別するのは難しい[37]」と述べている。テスト本来の目的は、実践上の「合理的な決定の手助け」のために、「追求されている目標」の達成度を把握することであり、アメリカのタイラー（R. W. Tyler）が提唱した「エバリュエーション」の目的と同じであると考えたためである。

　それゆえ、ボンボワールは、生徒の客観的な選抜を目的とした従来のドシモロジーを乗り越えるべく、実践の改善のために学習成果を評価する「積極的ドシモロジー（docimologie positive）」を提唱した。そこでは、正規分布原理を教育活動後の集団にあてはめることが否定された。さらに、テストは知識の習得度を正確に捉えられるが、態度など学習成果のその他の側面は把握できないとして、標準化されていないテストと観察法を組み合わせて評価することが提案された。評価の妥当性と客観性をともに確保するためである。

　ボンボワールは、このような学習成果の評価に、測定の専門家のみならず教師も参加することが重要であると論じている。測定の専門家だけで評価が行われると、教師の大半は、その評価結果は自身の実践と無関係であると受け取る。すると、それによって指導を変更する必要性を教師は実感できず、評価が教育

---

(36)　De Landsheere, *op. cit.*, pp. 16-17.

(37)　Bonboir A., *La docimologie*, Paris: PUF, 1972, p. 128.

活動の改善につながらないという。ただ，教師自身が作成したテストは，教育目標に基づいていて妥当性は高いものの，客観性に欠ける。教師が専門家の研修を受けながらテストを作成すれば客観性も高まるが，それは教師に多大な負担をかける。そこでボンボワールは，専門家が教師の教育目標を分析して標準化されていないテストを作成し，教師はそれを実施して指導の改善に活用するという方法を推奨した。[38]

　以上のようなド・ランドシールとボンボワールの修正版ドシモロジーには，評価に関する次の五つの捉え方が見出せる。第1に，評価の目的は，進路や職業へ生徒を選抜することではなく，教育活動の改善のために学習成果を把握することである。第2に，この教育活動の改善に評価を結びつけるためには，測定の専門家だけではなく，教師も評価に参加することが必要である。第3に，教育改善に評価をつなげるために，総括的な機能の評価だけではなく，形成的な機能の評価も行う。第4に，知識／学習成果は教育によって発達するため，評価の規準は正規分布曲線ではなく，教育目標である。第5に，評価の対象には，数量的に測定できる知識の習得度のみならず，態度などの質的な側面も含まれる。これらは，初期ドシモロジーにおける評価の目的・主体・機能・規準・対象と異なっているという点で，注目すべき評価観といえよう。

（3）　ドシモロジー批判の論点

　このように1960～1970年代には，採点の信頼性を向上させる測定法として，正規分布原理を基礎とした客観テストと，論述試験におけるモデレーションが提案された。また，アメリカの「エバリュエーション」論を取り入れて，初期ドシモロジーにおける評価の目的・主体・機能・規準・対象を転換した修正版ドシモロジーが提唱された。この二つの理論的展開に対して，1980年代になる

---

(38)　*Ibid.*, p. 5, p. 10, pp. 129-130, p. 143, p. 155, pp. 163-166, p. 189. タイラーの次の文献が引用されている。Tyler R.-W., «What testing does to teachers and students», in A. Anastasi (ed.), *Testing problems in perspective*, American Council on Education, 1966, pp. 46-52.

と数多くの批判が展開された。その代表例として，リヨンにある実験・勧告のための教育学研究センター（CEPEC）のパリゾ（J.-C. Parisot）による批判（1987年）を見てみよう。パリゾは，リセ教師を務めた後，新任教師の現職研修に携わっていた人物である[39]。

　彼はまず，正規分布原理に基づいた測定法の問題点を示している。教育目標を規準とした試験を適切な教育活動後に実施すると，点数の高い生徒が多く，成績は正規分布しないはずである。それにもかかわらず，この原理に従った「公正」な採点をするためには，教育目標の習得度を見る問題ではなく，試験結果が正規分布するように内容が調整された問題を出す必要がある。すると，生徒が教育目標に達したかどうかわからず，実践を改善する契機が得られない。さらに，試験結果が正規分布してつまずいている生徒がいることが「理想」であり，その生徒への援助は不要とされる。そのため，生徒たちを「公正」に序列化できる測定法の開発に教師は終始し，教育実践の改善に目が向かなくなるという。

　次に，「エバリュエーション」論を内包したド・ランドシールやボンボワールの修正版ドシモロジーに対しては，ドシモロジーと「エバリュエーション」はパラダイムが異なると指摘している。ドシモロジーのパラダイムは，適性は生得的な特質で正規分布するために，ガウス曲線に従った採点が公正というものである。他方，「エバリュエーション」のパラダイムは，能力は教育によって発達するものであり，評価は教育活動の改善に必要な情報を把握する教育活動の一部という考えである。このような相異なるパラダイムが融合されると，結局どの考え方が教育活動の向上に有益なのかがわからないため教師は混乱し，評価を実践の改善に結びつけることができなくなると主張している。

　以上のように1980年代には，ドシモロジーは実践の改善につながらないと批判され，教師や研究者の支持を失い，論じられなくなっていった。しかし，批判や修正版ドシモロジーの提起を受けて，「評価とは何か」を自覚的に定義し

---

(39) Parisot, *op. cit.*, pp. 37-44, pp. 48-54.

第1章 「ドシモロジー」の展開

ようとする動きが生まれ、「目標に基づいた教育学（PPO）」や形成的評価論などの「エバリュアシオン（評価：évaluation）」論が進展した。そこでは、教育活動の改善が評価の目的とされ、教師が評価主体となり、教育目標が評価の規準とされている[40]。

PPOは、タキソノミー（教育目標の分類学）を用いて教師が教育目標を設定し、目標の到達に向けて学習状況を構築し、目標の達成度を評価し、それをもとに目標や学習状況を調整するという理論である（第2章を参照）。このPPOの研究・実践が、認知領域のブルーム・タキソノミーをまとめた本（1956年出版）が1969年に仏訳された後、職業教育や成人教育に始まり普通教育に至るまで興隆した。今まで教師の経験や直感でなされていた教育活動や評価を合理化するためには、評価方法の客観性を担保するのみならず、評価規準である教育目標を明確にすることが必要であると認識されたからである[41]。

他方、形成的評価論の研究・実践は、前述したド・ランドシールの著作（1974年）を契機として、主に初等教育を対象に展開された。教育活動の改善に評価を活用するには、生徒の学習成果（教育目標の達成度）に留まらず学習プロセスも教師が継続的に見取り、それをふまえて教育活動を修正することが重要であると意識されるようになったためである[42]。

---

(40) Dauvisis M.-C., «Des titres et des nombres en quête de valeurs: de la docimologie à l'évaluation», *in* Colloque international de l'AFIRSE (éd.), *Les évaluations*, Paris: AFIRSE, 1992, p. 113, pp. 120-121.

(41) Dauvisis M.-C., *Objectifs de l'enseignement des mathématiques et docimologie*, Thèse présentée à l'Université de Toulouse-le-mirail, 1982, pp. 84-86. 認知領域のブルーム・タキソノミーの仏訳は次の文献が最初である。Bloom B. S. (Lavallee M. tradu.), *Taxonomie des objectifs pédagogiques tome 1: domaine cognitif*, Montréal: Éducation Nouvelle, 1969.

(42) Hadji C., *L'évaluation des actions éducatives*, Paris: PUF, 1992, pp. 111-120.

第Ⅰ部　伝統的な学力・評価観の揺らぎ

4　ドシモロジーが担った歴史的役割

　さて，これまで描いてきたドシモロジーは，フランスの評価制度においていかなる役割を担ったのだろうか。

　まず初期ドシモロジーは，論述試験中心の伝統的な評価制度の主観性を批判し，客観的な測定法として標準テストを提案した。この標準テストの普及は限定的であり，論述試験が優勢を保ち続けた。評価主体が教師から測定の専門家に移り，生徒の能力の内実を見取れないテストで実践が害されると教師が抵抗したためである。とはいえ，「選抜の公正性を担保するために客観的な測定を」というドシモロジーの主張は，バカロレア試験の採点の信頼性向上をめざす教師たちの自発的な調整手続きの取り組みを引き起こした。

　次に，1960〜1970年代の二つの理論的展開について考察してみよう。一つは，採点の信頼性を高める測定法の提案である。このうち客観テストは，一部の高等教育機関における専門的知識の試験を除き，評価制度にほとんど導入されてこなかった。客観テストは個別的な知識や反応の速さを測定するだけで，教育目標として重視されている思考力や論証力などの複雑な能力は捉えられないと一般に理解されているためである[43]。実際にバカロレア試験の筆記試験では，理系科目と文系科目ともに，論述問題と短答問題が大半を占める[44]。

　一方，モデレーションは，バカロレア試験で制度化されている。試験の採点は，合意委員会（commission d'entente）と調整委員会（commission d'harmonisation），合否判定委員会（délibération des jurys）という，各大学区に設置され

---

(43)　Legrand P., *Le bac chez nous et ailleurs*, Paris: Hachette Éducation, 1995, pp. 125-130.
(44)　例として地理のバカロレア試験問題については，次の文献を参照。細尾萌子「フランスのバカロレア試験で問われる学力と高校の教育目標との連続性―地理の試験問題と教科書の分析を通して―」『教育目標・評価学会紀要』第20号，2010年，pp. 32-34。

る三つの組織で実施される。試験終了後の合意委員会では，採点者の一部が数枚の答案を共同採点する研修が行われる。ここで決定された評価基準は，採点者全員で共有される。その後2週間程でリセ教師が採点する。この終盤に採点者全員で調整委員会を開き，採点結果（得点分布の平均や分散など）を採点者間で統計的に調整する。そして，採点後に合否判定委員会が開かれる。採点者間で採点結果を比較し，ばらつきが大きい場合は低い方の点数を上げることができる。また，受験者の内申書（任意で提出）の成績がよい場合は，合否ラインの点数を上げることが認められている。

このような採点者間の調整手続きは，1986年の通達で全大学区に提案され，1995年から全大学区に義務づけられている。1990年代には同年齢層内バカロレア取得率が50％を超えて大衆化し，採点のばらつきに対する受験者や保護者らの抗議が社会問題化したためである[45]。

もう一つの修正版ドシモロジーは，フランスの「エバリュアシオン（評価）」論の足場を築いたと評価できよう。評価の目的は実践の改善であり，そのためには教育目標を規準とし，実践者である教師が評価に参加すべきという修正版ドシモロジーの主張は，「エバリュアシオン」論の礎石となっている。その上，修正版ドシモロジー論者であるド・ランドシールは，「エバリュアシオン」論の一つである形成的評価論を，フランスにはじめて紹介した論者の一人である。

この「エバリュアシオン」論，とくに形成的評価論の立場は，1990年の小学校の学習記録簿（livret scolaire）改訂に表れている。学習記録簿は，生徒の教育目標への到達状況などを記録する機能と，学習状況を保護者へ連絡する機能を持つ。いわば，日本での指導要録と通知表を合わせたような制度である。学習記録簿には進級・落第の提案も示される。しかし，従来のような生徒の判定・序列化ではなく，学習の成果やプロセスを教師が継続的に見取り，それをふまえて指導を漸次改善し，次の学習へのヒントを生徒に見出させることが

---

(45) 細尾萌子「フランスのバカロレア試験における評価観—問題作成と採点に関する議論の歴史的検討を通じて—」『京都大学大学院教育学研究科紀要』第56号，2010年，p. 390, pp. 395-396。

学習記録簿の目的とされている[46]。

 以上のようにドシモロジーは，論述試験主体の伝統的な評価制度それ自体は揺るがせなかった。伝統的な資格試験は社会的選抜の装置であるため，教育を深部から規定してきた[47]。それゆえ，育成がめざされている教養を全体として捉えられない上に教師が評価主体となれない標準テストや客観テストに論述試験を替えることは，実践を歪めるとして受け入れられなかった。しかしながら，ドシモロジーは，選抜の公正性を担保するためには採点の信頼性の確保が必要だと主張し，論述試験における教師間のモデレーション制度の構築に道を拓いた。さらに，修正版ドシモロジーに基づいて，評価を教師の教育活動と結びつけた「エバリュアシオン」論が成立し，現在も評価制度に具体化されている。

 つまりドシモロジーは，フランスの「エバリュアシオン」論の礎になるとともに，「公正性」「信頼性」「教育活動の改善」という視点から，伝統的な評価制度を実践者である教師自身の手で洗練させることを迫る歴史的な役割を果たしたといえよう。

5　ドシモロジーと「メジャメント」運動の比較

 このようなフランスにおけるドシモロジーの位置づけを，ドシモロジーの展開に影響を与えたアメリカの「メジャメント」運動の位置づけと比べると，次の三つのフランス的特徴が浮かび上がってくる。

（1）教育制度・実践への限定的影響

 アメリカでは，「メジャメント（教育測定）」に対して，1900年代からずっと関心が持たれてきた。「メジャメント」運動は，教師の主観に頼りがちであった従来の評価方法を揺るがし，教育制度・実践に深く入り込んできた。1920年

---

(46) Circulaire du 29 mars 1995, *B. O.*, no.15, du 13 avril 1995.

(47) Dauvisis, 1982, *op. cit.*, pp. 29-32.

代には，学業成績の評価のために，標準化されたアチーブメントテスト（achievement test）を用いる学校が全国的に見られた。また，多くの都市が，知能テストによる能力別編成を公立学校に取り入れた[48]。その後，1960～1990年代においても，テストの教育的活用についての論議は絶えずに続いている[49]。

これに対してドシモロジーは，1920～1930年代と1960～1970年代と限られた時代しか関心を持たれず，また関心を持ったのも一部の人に過ぎなかった。ドシモロジーは，バカロレア試験におけるモデレーションという補佐的な制度に影響を与えるに留まった。論述試験ベースの従来の評価方法は，制度レベルにおいても実践レベルにおいても保たれたのである。

（2） テストによる能力別編成への抵抗

アメリカでは，「メジャメント」運動は能力別編成とつながった。1890年から1917年にかけて，大規模な移民や，農村から都市への人口移動，新しく施行された義務教育法により，就学者が急増し，生徒の能力やニーズが多様となった。従来の画一的なカリキュラムについていけない生徒が続出し，学校管理者たちは，生徒たちを様々な進路のカリキュラムに振り分けることを迫られた。そこで，能力によって生徒を分類する科学的かつ効率的な手段として迎え入れられたのが，知能テストであった。1930年までに，知能テストによる能力別編成は，都市部を中心として，全国の初等・中等学校に普及した[50]。

これに対してフランスでは，知能テストや適性テストに基づく生徒のグループ分けや分類は一部で提案されたものの，能力別編成の広範な実施にはつながらなかった。

---

(48) チャップマン，前掲書，p. 6, p. 170。アメリカにおける知能テストによる能力別編成（弾力的学年学級編成や英才学級など）に関しては，次の文献が詳しい。宮本健市郎『アメリカ進歩主義教授理論の形成過程』東信堂，2005年。
(49) グールドS.J（鈴木善次・森脇靖子訳）『人間の測りまちがい　上　差別の科学史』河出文庫，2008年，pp. 32-33。
(50) チャップマン，前掲書，p. 46, pp. 50-52, p. 170。

それは，心理学者の中でさえ，テストの教育的活用に対する反対が見られたからである。心理学者のブーシェ（H. Bouchet）は，1948年に，テストの問題点として，次の3点を指摘している。第1は，精神年齢といったテストの客観的な規準からこぼれ落ちた個性（individualité）は見取れないという点である。テストでは個性に関する断片的な情報は得られるが，個性は無限に存在するものであり，個性の全体をテストで測定することはできない。第2は，テストによる個性の把握やその活用は，実践的に難しいという点である。無限にある生徒の個性を把握する仕事には終わりがなく，教師の負担が重過ぎる上，集団指導を生徒一人ひとりの個性に合わせて行うのは実現不可能である。第3は，子どもの個性が花開くような教育環境を整えることが重要なのであって，子ども一人ひとりの個性の内実を詳細に知ることは教師にとってそもそも必要ではないという点である。生徒には個性があるということを念頭に置いて教育すればよいのであって，一人ひとりの個性に合わせた教育をしたいという名目で個々の個性を具体的に知ろうとするのは教師のエゴイズムだという[51]。このように，テストの教育的効用そのものについて疑問が呈される中，生徒の分化という教育制度の重要点にテストが入り込めなかったのは，いわば当然であるといえよう。

　また，フランスは課程主義を取っているため，各学年で期待されている学力を習得できなかった生徒は落第し，優秀な成績の生徒は飛び級する。さらに，当時の中等教育は複線型であり，リセにつながる古典普通教育コースと小学校の延長線上にある複数の職業教育コースとに分かれていた[52]。対して当時のアメリカでは，すべての子弟に開放された無償制公立ハイ・スクールが中等教育の

---

(51) Bouchet H., *L'individualisation de l'enseignement. L'individualité des enfants et son rôle dans l'éducation*, 2e éd. corrigée, Paris: PUF, 1948（1933），p. 151, pp. 187-189.

(52) 手塚武彦「第Ⅰ部第4章　教育の制度化の歴史的発展」原田種雄・手塚武彦・吉田正晴・桑原敏明編『現代フランスの教育―現状と改革動向―』早稲田大学出版部，1988年，pp. 66-67。

主流を占め，単線型の制度であった[53]。したがって，アメリカと比べると，フランスでは，同一クラスにおける生徒の能力差は少なかったと考えられる。それゆえ，能力に応じて生徒を分類する必要は，アメリカにおけるほど感じられていなかったと推察される。

　しかしながら，フランスでも，1975年の統一コレージュの誕生により，小学校修了者はみな統一コレージュに進学し，同一の内容を学ぶようになったため，中等教育を受ける生徒の多様性に対処することが喫緊の課題となった。そこで打ち出されたのは，能力別編成ではなく，生徒のレベルの違いに応じて教育方法を多様化する「能力別教育（pédagogie différenciée）」であった（第2章第2節第1項で後述）。能力の違いに応じて生徒を分類・選別するのではなく，教育方法の工夫によって生徒の個人差に対処するという方法が取られた背景には，テストへの不信感に加えて，教師の専門性への信頼があったのかもしれない。

（3）　ドシモロジーと「エバリュエーション」の融合

　アメリカでは，「メジャメント」対「エバリュエーション」という構図で論争が繰り広げられてきた。「エバリュエーション」という概念は，1920年代に隆盛をきわめていた「メジャメント」運動に対する批判を背景として，1930年代にタイラーが確立したものである。知能テスト（学習の達成度を測るアチーブメントテストや知能を測る知能テスト）を推進する「メジャメント」運動は，次の原則に基づいていた。それは，知能は生得的に決定されているのだから，正規分布曲線に従って知能を正確に診断できる知能テストで子どもを分類し，それぞれの知能レベルに見合う教育活動（能力別編成など）を行うべきである，というものである。対してタイラーは，能力は学習によって発達するものであり，評価の目的は，生徒の序列化・分類ではなく，学習に有効な情報を生徒に

---

[53] 真野宮雄「第三章　近代公教育制度の成立」梅根悟監修『アメリカ教育史I（世界教育史体系17）』講談社，1975年，pp. 166-167。柳久雄「第五章　恐慌期のアメリカ教育」梅根悟監修『アメリカ教育史II（世界教育史体系18）』講談社，1976年，pp. 24-31。

第Ⅰ部　伝統的な学力・評価観の揺らぎ

与えるとともに，カリキュラムを改善するための情報を得ることであると主張した。評価の規準は教育目標であり，目標に合った多様な評価方法を工夫し，もし目標に未到達の生徒がいた場合は「治療的授業」を実施するべきだという[54]。このように，能力の発達可能性や評価の目的・規準・方法・活用方法に関して，「メジャメント」派と「エバリュエーション」派は対立してきた。

　他方，フランスでは，ドシモロジーと「エバリュエーション」が融合した修正版ドシモロジーが提案され，ドシモロジー対「エバリュエーション」という対立は見られなかった。前述したように，ドシモロジーと「エバリュエーション」はパラダイムが異なるとパリゾが指摘したものの，修正版ドシモロジー論者は，ドシモロジーと「エバリュエーション」の理論を区別することなく取り入れたのである。

　修正版ドシモロジーの提唱者の一人であるボンボワールがドシモロジーと「エバリュエーション」を融合させた背景には，アメリカでの理論のあいまいさがあると考えられる。田中耕治によると，「エバリュエーション」概念の発信源となったアメリカでは，その創始者であるタイラーの理論と，「メジャメント」派のある人々（修正測定派）がその理論を併呑・修正した理論とが，同じく「エバリュエーション」を呼称していたことがあったという[55]。ボンボワールの著書『ドシモロジー』では，この修正測定派であるレンマー（H. H. Remmers）とガージュ（N. L. Gage）の著書が複数回引用されている[56]。ボンボワールが彼らから受けた影響を具体的に検討することで，アメリカにおける理論の混乱がフランスにいかに波及したかが明らかになると考えられる。

　また，ドシモロジーと「エバリュエーション」の融合の背景として，知能テストの父であるビネーの発想がすでに，「エバリュエーション」の要素を含んでいたことも指摘できる。ビネーは1904年に，文相から，知的障害児を特定す

---

(54)　田中耕治『教育評価』岩波書店，2008年，pp. 15-29。
(55)　同上書，p. 33, p. 52。
(56)　Gage N. L., *Handbook of research on teaching*, Chicago: McNally, 1965. Remmers H. H., *Introduction to opinion and attitude measurement*, N. Y.: Harper, 1954.

る方法を考案するように依頼され，知能テストを開発した。彼はその際，次の三つの原則に基づいていた。第1に，テストの得点は生得的な知能の実体を明示するものではなく，知能の現在の発達状態をおおまかに示すものである。第2に，知能尺度は特別の援助を必要とする子どもを特定するためのおおざっぱな経験的指針であり，普通の子どもをランクづけするためのものではない。第3に，知能測定の目的は，子どもに無能のレッテルを貼ることではなく，特別の援助を差しのべて改善するために，援助を必要とする子どもを特定することである[57]。ここから，能力の発達可能性や評価の目的・活用方法において，ビネーの思想と「エバリュエーション」は重なるといえる。

ギマール（P. Guimard）によると，ビネーの知能テストは，当時のフランスでは反響を呼ばなかったという。ビネーのテストは専門家でないと適用できないので教師には使用されず，また，医者や心理学者の反発を受けた。医者は知的障害分野での「縄張り」を守るために対抗し，心理学者はビネーの全体的なアプローチ（難易度順に並べた問題のうち一定数の問題に正解したら該当の精神年齢だと判断）を疑問視したのである[58]。さらに，ビネーの死後，ゴダード（H. H. Goddard）やターマン，ヤーキスら，アメリカの心理学者たちは，ビネーの意図を歪曲してビネーの知能テストを利用し，「メジャメント」運動に邁進した。彼らは，知能を生得的で固定的なものとして解釈し，知能に応じて人を序列化・選別・排除するためにテストを用いていた[59]。しかしながら，ビネーの弟子であるピエロンが創設したドシモロジーの中にビネーの思想は生き続け，アメリカから流入した「エバリュエーション」に刺激されて息を吹き返したのではないかと推測される。

---

(57) グールド，前掲書，pp. 281-292。

(58) Guimard P., *L'évaluation des compétences scolaires*, Rennes: Presses Universitaires de Rennes, 2010, p. 21. 滝沢武久も，ビネーの知能テストは，当時のフランスではあまり高く評価されず，学界から白眼視されたと指摘している（滝沢武久『知能指数―発達心理学からみたIQ―』中公新書，1971年，p. 80）。

(59) グールド，前掲書，pp. 296-297。

ドシモロジーと「エバリュエーション」が融合した経緯に関しては，以上のような複数の要因が複合的にからみあっていることが推察される。今後，よりいっそうの探求が必要であろう。

6　まとめ

本章では，フランスの評価制度におけるドシモロジーの歴史的位置づけを探るため，ドシモロジーの歩みを追いながら，そこでの論点を抽出することを課題とした。

ドシモロジーの登場には，試験が社会的に重要な役割を担うようになり，試験による選抜の公正性を確保する評価論が要請されていたという歴史的な必然性があった。創設者のピエロンは，ビネーとトゥールーズのテスト研究に影響を受け，適性はほぼ生得的で正規分布すると信じていた。そのため，問われていた公正性を担保すべく，正規分布曲線を規準とした標準テストによって測定の客観化をめざすドシモロジーを推進した。

1930年代までの初期ドシモロジー論者たちは，伝統的な資格試験に対し，主観的な評価によって選抜の公正性を損なっていると指摘した。これをめぐっては，評価の妥当性と採点の信頼性のどちらを重視するか，論述試験 vs. 標準テストという対比と重なって論点となった。

続いて1960〜1970年代のドシモロジーでは，伝統的な資格試験における評価の主観性が批判されただけではなく，客観テストやモデレーションという採点の信頼性を高める測定法が提案された。ただこれは，評価の目的は生徒の選抜であり，能力はほぼ生得的で正規分布すると考える，初期ドシモロジーのパラダイムを引き継いだ展開であった。そのために，正規分布曲線を規準とし，統計の知識・技術を持つ測定の専門家が主体となり，客観テストで測定できる知識などの量的側面を対象とした評価を行うことが必要とされていた。

他方，ドシモロジーとアメリカの「エバリュエーション」論を融合した修正版ドシモロジーを提唱する展開も見られた。そこでは，「ドシモロジー」とい

第1章 「ドシモロジー」の展開

う名称は保たれたものの，初期ドシモロジーのパラダイムが「エバリュエーション」のパラダイムに転換された。「エバリュエーション」では，評価の目的は実践の改善であり，能力は教育によって発達すると捉えるため，教育目標を規準として評価し，形成的評価も取り入れる。さらに，評価を実践の改善に活かすため，教師と測定の専門家が評価の共同主体となり，態度などの質的側面も評価の対象に据える。このように修正版ドシモロジーのパラダイムは，妥当性を軸としており，初期ドシモロジーのものとは大きく異なっていた。

この二つの理論的展開は，1980年代には，実践を改善するための情報を提供しない測定法である上，ドシモロジーと「エバリュエーション」のパラダイムが混同されて理解が難しく，実践の改善に結びつかないと批判された。これを受けてドシモロジーは，評価論としての勢力を失った。

結局ドシモロジーは，伝統的な評価制度における論述試験という支柱を崩すことはできなかった。標準テストや客観テストは教育現場で重視されている教養を全体として評価できないため，これを社会的重要性の高い資格試験に導入すると，教養の育成が授業で図られなくなると教師が反対したからである。

とはいえ，「選抜の公正性確保のために採点の信頼性を向上せよ」というドシモロジーの提起はバカロレア試験のモデレーション制度の構築に，評価の目的は教育活動の改善という修正版ドシモロジーの宣言は「エバリュアシオン（評価）」論の制度化につながった。こうしてドシモロジーは，今の評価制度にも足跡を残している。すなわちドシモロジーは，フランスにおける学力評価論の嚆矢であり，信頼性を保ちつつ教育活動の改善に寄与するものへと伝統的な評価制度を鍛える教師たちの試みを今も支えているといえるだろう。

このようなドシモロジーの歴史的役割をアメリカの「メジャメント」運動の役割と比較すると，次の三つのフランス的特徴が明らかとなった。それは，①ドシモロジーと「エバリュエーション」の融合が生じたものの，②ドシモロジーは能力別編成とつながらず，③教育制度・実践への影響は部分的であった，というものである。

以上から，フランスの伝統的な学力・評価観は，この時代にはほとんど揺ら

がなかったことが推察できる。教育実践を害さないために，中等教育で重視されてきた教養を捉えられる論述試験中心の方法で，実践者である教師が主体となって評価するという教師たちの信念が，アメリカから影響を受けたドシモロジーへの抵抗力となり，フランス的評価のあり方を守ってきた。しかしながらドシモロジーは，評価の公正性を保つためには，信頼性を担保できる評価基準が重要であるという新しい観点を，伝統的な評価観につけ加えたともいえる。

　では，ドシモロジー衰退後に興隆した「エバリュアシオン（評価）」論，なかでも中等教育で発展した「目標に基づいた教育学（PPO）」は，伝統的な学力・評価観に変更を迫ったのだろうか，それとも，伝統的な学力・評価観は揺らがなかったのだろうか。続く第2章では，PPOの展開を検討する。

第2章
「目標に基づいた教育学」の展開
──1970～1980年代──

　1970～1980年代のフランスの中等教育では，「目標に基づいた教育学（PPO：pédagogie par objectifs）」の実践が全国で展開されてきた[1]。

　PPOは，アメリカの教育目標・評価論の影響を受けて生まれたフランスの学力評価論である。教師が目標を設定し，目標の達成度を指導過程で継続的に評価し，評価で見取った生徒の学習困難に応じて支援するというアプローチを提唱した。ここでの教育目標・評価論とは，カリキュラムと授業の設計において，教師が目標を明確化し，それをもとに教育を行い，成果を評価するサイクルを中心とする立場を指す。

　PPOは，「1976年におけるPPO」というアビ文相（R. Hoby）の論説が雑誌 *Le Courrier de l'Éducation* の1976年4月12日号に掲載されたり，各地の全国教育資料センター（CNDP：Centre National de Documentation Pédagogique）からPPOの実践手引が発行されたりするなど，1970年代以後の中等教育の政策や実践に相当な影響を与えてきた[2]。

　この時期の中等教育では，教科内容の画一的な伝達が主であったものの，生徒が探究・表現活動を行う活動方式（méthode active），生徒の能力に即した教育方法の多様化，視聴覚機器を使用する方法が一部の学校で導入されていた[3]。

（1）Inspection Générale de l'Éducation Nationale, *Les livrets de compétences. Nouveaux outils pour l'évaluation des acquis*, Rapport no. 2007-048, juin 2007, p. 35, p. 43.

（2）Vogler J., *L'évaluation*, Paris: Hachette Éducation, 1996, pp. 126-130.

なぜ1970年代のフランスにアメリカの教育目標・評価論が流入し，PPO が成立したのだろうか。そして，フランスの中等教育の政策や学校現場において，PPO はどのように浸透していったのだろうか。

本章では，アメリカの教育目標・評価論が「目標に基づいた教育学（PPO）」としてフランスになぜ取り入れられ，中等教育の政策や学校現場でどのように受容されたのかを明らかにする。さらに，コレージュ歴史・地理の PPO の実践例をアメリカの教育目標・評価論の実践と比較検討し，受容の仕方のフランス的特徴について考察することを課題とする。なお，PPO は1970年代以降，フランスの初等教育にも影響を与えてきた[4]。しかし本章では，中等教育における PPO にテーマを限定して論じる。

1 「目標に基づいた教育学」の理論枠組み

まず，PPO はどのような理論であるのかを見てみよう。パリ・ドフィン大学のアムリン（D. Hameline）によると，PPO は，20世紀初頭から1960年代のアメリカにおける教育目標・評価論に依拠している[5]。

20世紀のアメリカの労働界では，生産性（効率性）を高めるために，目標に基づいた管理による合理化がめざされていた。この動きは教育界にも影響し，

（3） François L., «L'enseignement secondaire», in M. Debesse et G. Mialaret (éd.), *Traité des sciences pédagogiques 3 (pédagogie comparée)* Paris: PUF, 1972, pp. 137-172（フランソワ L.（田崎徳友訳）「中等教育」M. ドベス・G. ミアラレ編（波多野完治・手塚武彦・滝沢武久監訳）『現代教育科学4（世界の教育）』白水社，1977年，pp. 187-234）。平田嘉三「Disciplines d'éveil としての"l'Histoire"の性格と任務—フランスの中等教育における学習方法の革新—」『広島大学教育学部紀要第一部』第22号，1973年，pp. 187-195。荻路貫司「フランス教育と学力問題—中等教育と学力問題—」『フランス教育学会紀要』第10号，1998年，pp. 35-44。

（4） Inspection Générale de l'Éducation Nationale, *op. cit.*, p. 30.

（5） Hameline D., «L'entrée dans la pédagogie par les objectifs: une littérature hétérogène et lacunaire», *Revue Française de Pédagogie*, 46, 1979, pp. 79-80.

ボビット（J. F. Bobbit）やチャーターズ（W. W. Charters），タイラー（R. Tyler）により，教育目標に基づいたカリキュラム編成論が次第に発展していった，とアムリンは述べている(6)。

タイラーの教え子であるブルーム（B. S. Bloom）は，教育目標を分類し明確に叙述するための枠組み（タキソノミー）を提案し，世界的に注目された。ブルームは，生徒の観察可能な行動として目標を定義し，複雑さのレベルに応じて階層化した。1956年には認知領域のタキソノミーを，1964年には情意領域のタキソノミーを出版している。1960年代には，ブルームの研究を端緒として，メイジャー（R. F. Mager）やタバ（H. Taba）など多くの論者が，自身の教育目標・評価論を展開した，とアムリンはまとめている。

プログラム学習（enseignement programmé）論者であるこのメイジャーの著書『教育目標を準備する（*Preparing Instructional Objectives*）』（Fearon Publishers, 1962）が，パリ・ナンテール大学のデコット（G. Décote）によって，1969年に仏訳された。デコットは，フランスの教育科学創設者の一人であるミアラレ（G. Mialaret）の指導下で，アメリカのプログラム学習に関する博士論文（教育科学）を1967年にカーン大学に提出した教育心理学者である。こうして紹介されたメイジャーの教育目標・評価論が，フランスで「目標に基づいた教

（6）ただし，この三者を並列で論じてよいかどうかについては検討が必要である。ボビットは，学校のカリキュラムを工場の労働・生産過程とみなした。工場の生産目標を設定し，目標の到達度を見取る製品の品質評価をすることで効率よく目標を達成できるように，学校でも，教育目標を定め，目標の到達度を見取るテストをすることで，目標を効率よく達成できると提唱した。一方，チャーターズのカリキュラム構成論は，デューイのプロジェクト活動論の影響を受けている（橋本美保「西洋における教育思想と教育方法の歴史」田中耕治・鶴田清司・橋本美保・藤村宣之『新しい時代の教育方法』有斐閣，2012年，p. 30, p. 34）。カリキュラム研究者の田中耕治によると，行動目標の設定を主張するボビットと，進歩主義の立場に立つチャーターズは異なる系譜にあり，チャーターズの下でカリキュラム研究に従事したタイラーは，ボビットよりもむしろチャーターズの後継として位置づけられるという（2011年10月13日に京都大学で田中耕治氏より教授を得た）。

育学（PPO）」と呼ばれるようになった。[7]

　メイジャーはどのような主張をしたのだろうか。仏訳されたメイジャーの著書（1969年）を見てみよう。[8]仏訳の際，題名は『教育目標をどのように定義するか（*Comment Définir des Objectifs Pédagogiques*）』に変更されている。

　メイジャーは，カリキュラム編成の三つの要素を述べている。教師がまず，カリキュラム（programme）の終了時に生徒に到達させたい教育目標を定める。次に，その目標に適した教育方法を選択し，授業に生徒を積極的に参加させる。そして，目標に基づいて生徒の進歩を評価する，である。

　メイジャーは，カリキュラムや授業の適切性を評価する規準となるよう，目標を明確に定めることを主張する。そのために，次の三つを特定することが有効であると述べている。それは，期待する学習成果（performance），成果が表れる条件（condition），成果の受け入れられる基準（critère），である。

　まず学習成果は，教科内容や教育方法，生徒の状態ではなく，生徒の観察可能な行動で表わすと記されている。たとえば，「初等クラスにおける読みのメカニズムの原則と技術，方法」は教科内容であり，目標ではない。「二次方程式を解くことができる」や「ラジオを修理できる」は，目標のよい例である。

　しかし，目標に学習成果を記述しても，求められる行動が明確とならないことがある。その場合は，生徒にどんな情報が与えられ，何が禁止されているかといった，学習成果が実現される際の条件を目標に加えなければならないと述べている。たとえば，「相関係数を計算できる」ではなく，「公式集を使って相関係数を計算できる」など，計算時の条件を示すと，明確な目標になるという。

　さらに，学習成果の受け入れられる質を基準として記述することで，目標に込めた意図がより明確になると主張している。この記述方法の例が三つ示されている。第1は制限時間の提示である。「七つの一次方程式を30分以内に解け

（7）　Bru M., *Les méthodes en pédagogie*, Paris: PUF, 2006, p. 77.
（8）　Mager R. F.（Décote G. tradu.）, *Comment définir des objectifs pédagogiques*, Paris: Bordas, 1969. メイジャーの本は日本語にも翻訳されている。メイジャー R. F.（小野浩三訳）『教育目標と最終行動』産業行動研究所，1974年。

る」などである。第2の方法は，受け入れられる最低正答数または最低正答率を示すことである。「試験で出された言葉の少なくとも80％について，正しい綴りを書くことができる」などである。第3の方法は，学習成果の正確さを記述することである。「物体の重さを測定するために，1ミリグラム以内の誤差で量りを使える」のように，受け入れられる逸脱の程度を定義する。

　メイジャーは，測定するのが難しい複雑な能力になると，このように数量的な基準を定めるのは難しくなるものの，目標として明確化するのは可能だと述べている。例として，ブルームのタキソノミー（認知領域／情意領域）を紹介している。批判的能力や自尊心も，行動目標に表わすことができるという。

　以上のようにメイジャーは，カリキュラムの規準としての教育目標には，各教科で教えるべき概念や原理などの教科内容（内容的側面）のみならず，その内容について期待される生徒の行動（認知・行動的側面）も記載すべきであると主張した。内容的側面については，認知領域の内容に加え，自尊心など情意領域の内容も目標に含まれるという。ただ，目標としてどの教科内容を選択するべきか，については検討されていない。そして認知・行動的側面については，記憶力に留まらず，批判的能力などの複雑な認知的能力も想定されている。

2　「目標に基づいた教育学」の導入・展開

（1）　教育政策への導入の背景

　このメイジャーの教育目標設定論に依拠して生まれたPPOは，1970年代後半から1980年代のフランスの中等教育政策に大きな影響を及ぼした。とくに決定的だったのが，1985年11月14日に政令で公布された，コレージュの学習指導要領（programmes）の補足資料（第6級と第5級）である[9]。

　例として，歴史・地理の箇所を見てみる。まず歴史では，習得すべき知識と学習方法（méthode）が示されている。学習方法とは，「資料を分析する」や

（9）　Arrêté du 14 novembre 1985, *B.O. spécial*, no. 4, du 30 juillet 1987.

「正しいフランス語で書く・話す」など，教科内容としての知識について生徒に求められる行動のことである。その後に，「カリキュラム編成の例（exemples de programmation）」という項目がある。ここでは，「カリキュラム編成を行うためには，学習指導要領で定められた教育内容を分析し，生徒が習得すべき本質的な知識と学習方法を特定する必要がある。〔中略〕学力の継続的（permanent）な評価によって，教師は自身のカリキュラムを調整することができる。〔中略〕生徒たちが理解できる範疇に留まるように，教師はときには自身の教育活動を修正することになるだろう」と述べられている。

さらに，「能力別教育（pédagogie différenciée）」という項目もある。「生徒の不均質なレベルに適応するために，教師は能力別教育を実践する必要がある。時間割と学習指導要領，教育目標はすべての生徒に同じであるが，要求されるレベルは同じではありえない。〔中略〕様々な生徒が集まる教室では，生徒の学習状況や教師の援助の種類を増やしたり，学習方法を入念に個別化したりする能力別教育が実施される」と記されている。このように，生徒のレベルの違いに応じて教育方法を多様化する能力別教育が推奨されている。

地理でも歴史と同様，学習指導要領に基づいた目標分析と能力別教育について述べられている。評価については「形成的」という表現が使われている。「我々は『形成的（formative）』と呼ばれる評価の領域に入る。この評価は，生徒の学力の総括をするものではなく，学習を継続的に追跡するものである」と。また，目標に基づいた教育学（PPO）という言葉も出てくる。すなわち，「目標を明記する必要性は，避けねばならない副作用を起こしうる。それは，あらゆる『目標に基づいた教育学』を危険にさらす，硬直しバラバラのプログラム学習への偏向や知識の貧弱化である」という。

以上のようにカリキュラム編成に際しては，教師が学習指導要領を分析して生徒が習得すべき知識（目標の内容的側面）と学習方法（目標の認知・行動的側面）を抽出すること，さらには継続的・形成的な評価で生徒一人ひとりの習得度を把握し，その習得度に応じて援助の提供や個別学習など学習方法を個別化することが促されている。また，教育目標について要求される習得レベルは生

徒によって異なると明記されている。これは明らかに PPO の教育方法である。なお，ここで出てきた形成的評価と能力別教育は，統一コレージュ誕生後のコレージュ教育改革に向けたルグラン報告（1982年）でも言及されている[10]。

　なぜこの時期に，PPO は，フランスの中等教育政策にここまでの影響を与えたのだろうか。

　第二次世界大戦後のフランス中等教育では，教育の民主化を実現すべく，生徒の自主性や内的動機を第一とする学習論的教育学が発展していた。その背景には三つの思想系統がある。一つ目は生徒の内発的発達にこだわるフレネ教育学などの新教育，二つ目は子どもの発達過程を解明したピアジェ心理学，三つ目は社会的不平等再生産論と自主管理論を唱道したブルデュー（P. Bourdieu）の教育社会学である。

　しかし，このような生徒中心主義の教育学は，フランスの1970年代後半以降の社会的変化を前にして批判されるようになった。生徒の自発性に訴える「形成（éducation）」の論理を，知識を教えて身につけさせる「教科指導（instruction）」の論理に転換させることが求められたのである[11]。

　この社会的変化とは，石油ショックによる世界恐慌を契機として，厳しい不況に陥ったことを指す。国の経済競争力を増強すべく，国民の学力水準の向上を求める社会的風潮が高まっていた。

　PPO が影響力を持ったもう一つの背景は，1975年の統一コレージュの誕生により，1970～1980年代に中等教育が単線化したことである。前期中等教育は，リセの前期課程，普通教育コレージュ，中等教育コレージュという，進路（進学・就職）や学力別の三つのコースに分岐していた。1975年以後はこの複線型制度が廃止され，小学校の修了者はみな統一コレージュに進学することとなり，多様な進路希望・学力の生徒が一緒に授業を受けるようになった。

---

(10)　Legrand L., *Pour un collège démocratique*, Paris: La Documentation Française, 1982, pp. 35-40, p. 109.

(11)　石堂常世「1986年・フランスの教育と教育学」『教育哲学研究』第54号，1986年，pp. 104-105。

それに伴い，落ちこぼれる生徒が大量に出てきた。進学をめざす一部の恵まれた家庭環境の生徒を対象とした従来の指導方法を，様々な進路希望・学力の生徒に一律に適用していたためである。ゆえにコレージュ現場では，生徒の多様さにいかに対応し，落第などの学業不振を予防するかが喫緊の課題となった。[12]

PPO が学習指導要領などの教育政策に導入されたのは，学力向上と学業不振防止の社会的要求に応えられる方途として期待されたからであろう。PPO は，従来のように教科内容を生徒に一斉に詰め込むのではなく，逆に生徒の自主性に学習を任せ切ってしまうのでもなく，教師が定めた目標の到達に向けて，生徒一人ひとりの実態に寄り添いながら指導するという，「教科指導」の要素と「形成」の要素を兼ね備えた教育方法であるからである。

（2） 学校現場への普及と理論的発展

① PPO の普及の経路

こうして政策の中に取り入れられた PPO は，中等教育の学校現場の様々な教科に，次の二つの経路で普及していった。[13] 一つは，中央行政から現場への直線的な伝達である。教員養成機関の教員が現職教員向けに PPO の研修を行ったり，リセ 1 年生の PPO 実践マニュアル（生物学・地質学，体育・スポーツ，フランス語，歴史・地理，数学，物理）を国民教育省が発行してすべてのリセに配布したりした。[14]

もう一つは，実践・理論研究による広がりである。実践研究については，国立教育研究所が視学官や大学教員，現場教師のネットワークを構築し，PPO のアクションリサーチ（recherche-action）が数多くなされた。たとえば1989

---

(12) Guimard P., *L'évaluation des compétences scolaires*, Rennes: Presses Universitaires de Rennes, 2010, pp. 37-45.
(13) *Ibid.*, pp. 128-130.
(14) 歴史・地理については，Ministère de l'Éducation nationale, de la jeunesse et des sports, *Utiliser des objectifs de référence en classe de Seconde: Histoire & Géographie*, Paris: CRDP de Poitier, 1989を参照。

年に、コレージュ教員と視学官が行ったPPOの実践紹介（フランス語、外国語、歴史・地理、数学、技術教育、自然科学、物理、体育・スポーツ、応用芸術、音楽）が出版されている。[15]

理論研究については、主に、教育心理学者であるド・ランドシール夫妻（V. De Landsheere et G. De Landsheere）とダイノ（L. D'hainaut）が、PPO理論を発展させた。

第1章で修正版ドシモロジー論者として紹介したド・ランドシール氏（G. De Landsheere）は1974年に、ブルームが1968年に提唱したマスタリー・ラーニングを、「習熟の教育方法（pédagogie de la maîtrise）」としてフランスに紹介した。マスタリー・ラーニングは、授業過程での評価を生かして学力保障をめざす授業論である。

習熟の教育方法は、すべての生徒の学業成功を目的として、次の教育方法を提唱した。はじめに目標を設定し、それに達するために必要な学習内容を単位に分割し、複雑さに応じて組織する。次に、各単位の学習開始時に診断的評価（évaluation diagnostique）を実施し、生徒の実態を調査する。学習の途中では目標に基づいた形成的評価（évaluation formative）を行い、各生徒がどこで何に困難を抱えているかを把握する。この評価でつまずきが見られた生徒には、特別の教材を与えたり、グループ学習や個別指導を行ったりする。最後に、目標の達成度を捉える総括的評価（évaluation sommative）を行う。[16]

習熟の教育方法は、学力評価研究で世界的に著名であったド・ランドシール氏の紹介を契機として、フランスに広まった。メイジャーは示していなかった、目標をもとに指導と評価の方法を決定する具体的な手順を提示しており、学力を保障するための実践的な方法論であったためである。その上、この方法は、

---

(15) Fauquet M., *Pédagogie par objectifs, évaluation-rénovation document de réflexion et de propositions à l'usage principalement des collèges*, Amiens: CRDP d'Amiens, 1989.

(16) De Landsheere G., *Évaluation continue et examens. Précis de docimologie*, 3e éd. revue et augmentée, Bruxelles: Labor-Paris: Nathan, 1974, pp. 211-232.

教科内容にとらわれずどの教科・学年でも使用でき，生徒一人ひとりの困難を汲み取りながら教師が主体的に行う補充学習の工夫を励ます点も，教師たちに受け入れられた要因であろう。習熟の教育方法の実践は数々の成功を収め，PPO の認知度をいっそう高めることとなった。[17]

さらにド・ランドシール夫妻は，ブルームのタキソノミーに加えて，世界各国の心理学者が作成した認知領域・情意領域・精神運動領域のタキソノミーも紹介した[18]。また，ベルギーのエタ大学のダイノは，自身のタキソノミーを提案した[19]。しかし，これらはフランスではあまり普及せず，1969年に仏訳されたブルームの認知領域のタキソノミーが，PPO を実践する際の典拠となった[20]。

以上のように，メイジャーの教育目標設定論から生まれた PPO は，ブルームのマスタリー・ラーニングとタキソノミーに支えられ，目標設定論に留まらず，目標を軸に授業を改善する実践的な方法論へと展開した。

②メイジャーの目標観とブルームの目標観

ここで，本論から離れるものの注意したいのが，メイジャーとブルームの関係である。アメリカ教育研究者の石井英真によると，ブルームは，教育目標の明確化の程度について，メイジャーら教授工学論者に対し，「教授工学論者批判」を行ったのだという[21]。しかし，ブルームが教授工学論的な目標の立て方を

---

(17) De Ketele J. M., «L'évaluation conjuguée en paradigmes», *Revue Française de Pédagogie*, 103, 1993, pp. 63-64.

(18) De Landsheere V. et De Landsheere G., *Définir les objectifs de l'éducation*, Paris: PUF, 1975.

(19) D'hainaut L., *Des fins aux objectifs de l'éducation*, Paris: Fernand Natan — Bruxelles: Éditions Labor, 1977.

(20) Hameline, *op. cit.*, p. 87. タキソノミーの仏訳は次の文献である。Bloom B. S. (Lavallée M. tradu.), *Taxonomie des objectifs pédagogiques tome 1: domaine cognitif*, Montréal: Éducation Nouvelle, 1969.

(21) 石井英真『現代アメリカにおける学力形成論の展開―スタンダードに基づくカリキュラムの設計―』東信堂，2011年，p. 49. ただし石井は，「ブルームは決してメイジャーやポファムらの立場を全面的に否定しているわけではない」と断っている。

「批判」したとまでいえるのかについては疑問が残る。

　石井が引用したブルームの本の該当頁を見てみると，ブルームはまず，メイジャーとポファム（W. J. Popham）の文献を引用し，「かなり正確に定義され，記述された行動で，詳細に目標を立てるべきだと主張する者もいる」と述べている。次に，ブルームの師であるタイラーの文献を引用し，「次のように目標をもっと一般化した形で記述する者もいる」と書いている。そして，目標の一般化の程度は，生徒に期待する変化によって決まると論じている。「目標の明確さの度合いは，カリキュラム作成者や教師が，生徒と教師の学習や活動をどの程度期待し，計画したいと願っているかによって，部分的には決められる。生徒の変化が主として，特定の学習材料と生徒との相互作用によって起こるのであれば，目標分析は非常に詳細でなければならない。しかし，その変化が生徒，教師，教材の相互作用を通して起こるべきと考えるなら，目標分析は，与えられた環境と時間でもっとも適切だと信じられる手順や教授過程を教師が自由に使えるように，普通あまり細かいものにならない。〔中略〕ある観点では詳細な目標を設定する方がよいかもしれないが，別の立場に立てばもっと一般的な目標分析の方が良い場合もある」[22]。

　ここでブルームが述べているのは，次の点に限られている。目標を立てるときに，具体的な対象について特定の行動ができるようになることを願うのであれば細かい目標になるし，そうではなくて，社会科学の一般論を現実の社会問題に応用するなど，達成度にある程度の幅がある行動をできるようになることを願うのであれば一般化された目標になる，ということである。メイジャーらの教授工学論的な細かい目標とタイラーらの一般化された目標のどちらがより優れているかという価値判断は，少なくともこの頁においてブルームは行っていないと考えられる。ブルームは，双方の目標の立て方について，中立的に記述しているのである。

---

(22) Bloom B. S., *All our children learning*, N. Y.: MacGraw-Hill, 1981, pp. 227-229（ブルーム B. S.（稲葉宏雄・大西匡哉監訳）『すべての子どもに確かな学力を』明治図書，1986年，pp. 263-264）。原著を参照して訳を一部修正した。

他方，たしかにメイジャーは，本章第1節で述べたように，目標達成を判断する基準として，制限時間や最低正答数などの数量的な基準を挙げている。しかしながら，批判的能力や自尊心といった複雑な能力であっても，ブルームのタキソノミーのように目標として明確化することは可能だと述べていた。メイジャーもまた，ブルームらの一般化された目標を否定していたわけではなく，認めていたことがわかる。

したがって，メイジャーら教授工学論者の目標観と，ブルームらの目標観には，数量的な基準を設けた細かい目標と，複雑な能力を含む一般化された目標のどちらに重点を置くかという違いはあったものの，重なる点もあったと思われる[23]。それゆえフランスでは，PPO において，メイジャーの理論とブルームの理論とがつながったと推察される。

さて，本論に戻ると，中等教育現場では，目標の内容的側面に加えて認知・行動的側面にも注目する PPO に対し，教科内容の伝達を重視する中等教育の伝統に反するとして，抵抗を示す教師もいた。しかし1980年代になると，上記の国民教育省主導の働きかけと実践・理論研究の進展により，PPO はコレージュで広く認知されるようになった[24]。

3 「目標に基づいた教育学」をめぐる論争

こうして発展した PPO は，1970年代以降，多くの批判にもさらされた。たとえば，第1節で述べたアムランは，PPO の限界を3点指摘した[25]。アムラン

---

(23) ブルームの研究者である田中耕治によると，心理学者であるブルームは，スキナー（B. F. Skinner）の理論が発端となったプログラム学習の影響を受けていたという（2010年4月14日に京都大学で田中耕治氏に教授を得た）。それゆえ，同じくプログラム学習論者であったメイジャーとブルームの考えには重なるところがあったのではないかと推察される。

(24) Vogler, *op. cit.*, pp. 126-130.

(25) Hameline D., *Les objectifs pédagogiques. En formation initiale et en formation continue*, Paris: ESF, 1979, pp. 177-185.

は，ルソー（J. J. Rousseau）の思想の流れをくむ非-指示的教育（enseignement non-directif）を研究していた教育哲学者である。

第1は，教師の恣意的な目標の範囲に学習を縮めるという批判である。PPOでは，目標を達成するために教育方法を決め，目標への到達を評価するため，教師が目標として選んだ知識・技能がクラスの生徒に本当に有用なものであるのかを批判的に検討する回路がない。そのため，目標として定められていないものの，じつは生徒にとって有用な知識・技能を学ぶ機会が断たれてしまう。

第2は，目標を行動で表すことを求めるため，学習活動が断片的になるという批判である。目標を行動目標にまで具体的に定めると，生徒はその目標の達成にしか目が行かなくなり，詰め込み学習をすることになる。ゆえに，ある文脈の中で数多くの行動をつなげる力など，行動目標にできない力は育成されない，というのである。

第3は，与えられるだけの受動的な学習で生徒の学習意欲が低下するという批判である。生徒が自分で目標を定める機会はなく，目標は教師によって定められている。学習が個別化されるとしても，教師が考えた同じ学習内容を進度や展開を変えて遂行するだけで，「標準化された個別化」である。生徒は自分の興味や経験と学習をつなげられないので，学習意欲を失っていくという。

これらの批判に対し，PPO論者のド・ランドシール夫妻は次のように反論した[26]。まず，目標にされなかった側面の無視という指摘について，PPOは当初定めた目標の範囲内でのみ学習する固定的なものではなく，生徒の学力がもっとも発達するように教育方法や目標を修正する柔軟なものであると述べている。

次に，学習活動の細分化という批判には，PPOではより効果的な学習となるように実践をふまえて目標を調整するため，目標に向けた詰め込み学習にはならないと反駁している。さらに，既習事項を新たな文脈に転移する力といっ

---

(26) De Landsheere V. et De Landsheere G., *op. cit.*, pp. 240-253.

第Ⅰ部　伝統的な学力・評価観の揺らぎ

た複雑な認知的能力や，創造性などの情意的側面も，行動目標にできるという。

そして，生徒の意欲を低下させるという批判については，教師の教育意図を明示することで，生徒は学習の見通しを持てると述べている。従来の教育において，生徒は，教師が何を期待しているかを知らなかった。しかし，どこに向かうべきかが学習開始時からわかっていると，人はよりよく学べるという。

以上のようにPPOをめぐっては，主に三つの論点について議論された。一つは，教師が定めた目標を軸として教育活動を編成すると，学習が断片的になり，生徒の創造的な学びが押し縮められてしまうのではないかという点である。二つ目は，複雑な認知的能力や情意的側面を行動目標として表せるのかという点である。三つ目は，目標は固定的なものか，実践の中で修正していくものかという点である。

4　「目標に基づいた教育学」の歴史・地理の実践例

このような論争がなされる中，各地のコレージュでは，PPOへの批判点を乗り越えるべく，PPOの実践を精緻化させていった。こうして練り上げられた実践例の一つを見てみよう。

ここでは，クレテイユ大学区のCRDPが発行したコレージュ歴史・地理のPPO実践マニュアルを検討する[27]。パリ南東のルシアン・セザール・ド・フォンテーヌブロー・コレージュ（Collège Lucien-Cézard de Fontainebleau）での実践例が示されている。これを取り上げたのは，1985〜1997年と10年以上実践された成果であり，PPO実践の到達点の一つといえるからである。その上，PPOは目標の認知・行動的側面に着目した教科内容にとらわれない授業論であり，授業の構成方法は基本的にどの科目でも同じである。

この実践例ではまず，学習指導要領が分析され，コレージュ修了までに習得

---

(27) Bartoli J., Cottet O. et Polton J. C., *Pédagogie par objectifs en histoire-géographie classe de 6e*, s. l.: CRDP de Créteil, 1998, pp. 13-41.

第2章　「目標に基づいた教育学」の展開

表1　「コレージュ歴史・地理の20の教育目標ガイド」

Ⅰ．知識
1. 出来事の年号や時期を特定する。ある年号や時期に起こった出来事を挙げる。
2. a）単純な年表（機能，位置，期間（世紀または年号），行動，作品）を書く。
2. b）質問に答えるために人物に関する知識を活用する。
3. a）地図の不足部分を補う（位置を示す，名称を述べる）。
3. b）地図にその他の位置情報を加える。
4. 数値データを再生する。
5. a）語句の定義を再生する。
5. b）質問に答えるためにその他の語句を活用する。
　Ⅱ．論理
6. 目標1〜5の知識を表やフローチャート，空欄のある文章に分類する。
　Ⅲ．技術
7. 年号や期間を年代順に位置づける。年表を作成する（与えられた尺度または自分の尺度で）。
8. 見出しや方位，凡例，縮尺のついた地図を作成する。
9. 統計情報を説明するために，求められたグラフを作成するか適切なグラフを選択する。
　Ⅳ．資料の分析
10. 資料を説明する：性質，年号，作者，場所，テーマ。
11. 資料内の情報を活用する。
11. a）テキストの情報を活用する。引用を引用符で囲む。
11. b）統計情報（表やグラフ）を活用する。数値データを引用し，計算を行い，その結果を表わすために形容詞や副詞を使う。
11. c）景観を活用する。写真の種類（地上写真，航空写真）を特定し，図面で描写する。
11. d）地図を活用する。地図の題名と方位，凡例，尺度，位置情報を使う。
11. e）芸術作品の構成や大きさ，色を活用する。
11. f）建造物の平面図や立面図，資材，装飾を活用する。
12. 目標1〜5の知識を少なくとも一つ以上用いて資料を説明する。
13. 資料の利点と限界（手落ちや歪曲など）を指摘して批判する。
14. 同じテーマの複数の資料を用いて資料間の相違点または相補性を示す。
　Ⅴ．小論文の範囲の限定
15. 小論文の導入部と結論部を作成する。
16. 与えられたテーマに従って，小論文の論構成を記述する。
17. 目標1〜5の知識を活用して小論文を書く。
18. 教科書や資料から引き出したその他の知識や見解を小論文に加える。
　Ⅵ．筆記表現
19. よく構成された文章を作成する（構成，綴り，文法）。
20. 指示（1行置きに書く，改行する，読める字で書く）に従って学習成果を示す。

（出典）Bartoli J., Cottet O. et Polton J. C., *Pédagogie par objectifs en histoire-géographie classe de 6e*, s. l.: CRDP de Créteil, 1998, p. 42を筆者が訳出。

すべき知識・技能が行動目標として表明された。これらの目標が単純なものから複雑なものへと並べられ，表1の「コレージュ歴史・地理の20の教育目標ガ

イド」(以下,目標ガイド)が作られた。目標ガイドはコレージュ入学時に生徒に渡される。

　目標ガイドでは,目標が六つの領域に分類されている。知識,論理,技術,資料の分析,小論文の範囲の限定,筆記表現,である。各領域は,次の知識・技能を対象としている。第1の「知識」では,年号や名称などの認知的な事実的知識(connaissance factuelle)の再生が求められる。第2の「論理」では,事実的知識の分類が必要とされる。第3の「技術」は,地図作成など,事実的知識を関連づける技能を対象としている。第4の「資料の分析」は,資料の説明や活用,批判,比較を求める領域である。第5の「小論文の範囲の限定」では,小論文の導入部や結論部,論構成を記述する技能が要求されている。第6の「筆記表現」は,小論文を作成する技能を対象としている。

　次に教師は,生徒の学力レベルを考慮しながら,目標ガイドの目標を単元の教科内容に応じて具体化した目標を定め,目標達成に向けた指導方法を決める。その参考として作成された教材集の各章には,学習指導要領の章ごとの目標が示され,各目標に即した学習課題が掲載されている。たとえば地理の第2章「景観の種類」では,「目標3a(知識):平面世界図の上に次の語句の位置を示すことができる。海洋,大陸,赤道,気候区分,人口稠密地域」などの目標が添付されている。学習課題には,知識の再生を求める課題もあるが,「授業で学んだ例を用いて,ヨーロッパの村落とアフリカの村落の類似点と相違点を論じなさい」など,知識を分析・総合して文章で表現する,複雑な認知的能力を対象とした課題もある。

　続いて,章の学習開始時に診断的評価のテストを行い,各生徒の困難の性質を特定する。たとえば学習指導要領の第2章「景観の種類」の診断的評価では,語句を分類するという知識を関連づける問題の他,「次の語句を文章で定義しなさい。農村,灌漑,農場」などの論述形式の問題(答えが一つではなく,様々な解答が可能な自由記述式問題)も出されている。

　この診断的評価の結果をもとに,生徒を三つのグループに分類する。1:問題のない生徒,2:語句を習得していない生徒,3:多くの問題を抱えている

第2章 「目標に基づいた教育学」の展開

表2　コレージュ地理の形成的評価の例：第2章「景観の種類」

景観を検討する（目標ガイドの目標10，11ｃ，12：資料の分析に対応した評価課題）
すべての生徒が同じ資料（農村の景観の写真のコピー）に基づいて解答する。生徒のニーズに応じて作られたグループによって異なる課題に取り組む。

・グループ1：景観を描写する文章を書きなさい（教師の支援なしで）。

・グループ2：下の語句表を用いて，景観を描写する文章を書きなさい。

	指標
A．空間	耕作地―牧草地―林，森林―未開拓地，産業―サービス
B．居住形態	集住形態―散在住居
C．建築資材	伝統的―工業的
D．畑	小規模―中規模―大規模，定期―不定期，開放農地，焼畑農業
E．交通路	放射線状―碁盤目状
F．市場	自給的農業―商業的農業
G．労働	個人的―集団的，伝統的―工業的
H．人間と環境	起伏―気候―歴史，豊かな国―貧しい国，過密―過疎，豊富な輸送手段―限られた輸送手段

・グループ3：（図表と語句表を与える）
ａ）上の語句表を用いて，図表を完成しなさい。
ｂ）コピーの建築物を赤で塗り，交通路に黒線を引き，耕作地にオレンジで線影をつけ，林と森林を濃い緑で塗り，未開拓地に緑で線影をつけ，その他の施設や空間は白のままにし，凡例を書きなさい。

（出典）Bartoli J., Cottet O. et Polton J. C., *Pédagogie par objectifs en histoire-géographie classe de 6e*, s. l.: CRDP de Créteil, 1998, p. 51を筆者が訳出。

生徒，である。各グループには，語句表や図表を与えたり，個別支援を行ったりするなど，困難の性質に応じた支援をする。

　そして各章の学習中に，章の目標に基づいた形成的評価のテストを行い，各生徒の学習困難を把握する。表2に形成的評価の例「景観の種類」を挙げている。形成的評価のテストは，農村の景観の写真を説明する文章を書くといった論述形式の問題である。

　また，この形成的評価は，「能力別教育」（本章第2節第1項を参照）でもあることがわかる。困難を抱えていない生徒は，教師の支援なしに，景観を描写

する文章を書く。語句を十分に習得していない生徒は，教師に与えられた語句表をヒントにしながら，景観を描写する文章を書く。多くの困難を持つ生徒は，語句表を用いて図表を完成し，白地図に色や線影，凡例をつけるという別の課題に取り組む。このように，学習困難の程度に応じて，テストの問題や支援が異なっている。

テスト終了後，教師は各生徒の評価表に，目標それぞれの習得度合いを3段階で示し，目標達成に向けて欠けている点を書く。こうして把握した各生徒の弱点に応じて，個別支援などの補充学習を与える。

年度末には，各章の目標に基づいた総括的評価のテストを行う。「方位を用いて相互の位置関係を示しなさい。アルジェと北京」など，答えが一つしかない客観テスト形式の問題もあるが，「一神教と民主主義を文章で定義しなさい」といった論述形式の問題も出されている。このテストで目標の十分な達成が確認された生徒には，深化学習（approfondissement）の課題が与えられる。他方，成績がよくなかった生徒には，個別支援が与えられる他，特別の目標が示される。

以上の実践例は，PPOへの批判にどのように応えているだろうか。まず，目標による学習の狭隘化については，目標の設定や補充学習の決定に生徒が参加する機会は見出だされないことから，批判を乗り越えられているとは言い難い。また，目標は基本的に固定であり，生徒の習得具合をふまえて修正する方途は考案されていない。その一方，複雑な認知的能力の行動目標化については，教科内容に即した目標が設定され，評価問題が作成されていることから，批判を一定程度乗り越えられているといえるだろう。しかしながら，PPOの他の実践事例において，目標による学習の狭隘化や目標の固定化という課題が克服されているという可能性は残されている。今後の探求が必要だろう。

5　「目標に基づいた教育学」とマスタリー・ラーニングの比較

では，PPOの実践には，アメリカのマスタリー・ラーニングの実践と比べ

て，どのような共通点と相違点があるのだろうか。前節で検討したPPOの実践例と，ブルームの弟子であるブロック（J. H. Block）とアンダーソン（L. W. Anderson）が作成したマスタリー・ラーニング実践の代表的なマニュアル『教室での教科指導におけるマスタリー・ラーニング（*Mastery Learning in Classroom Instruction*）』（Macmillan, 1975）（以下，『マスタリー』）[28]を比較検討してみよう。なお，PPOはメイジャーの著書『教育目標をどのように定義するか』にも影響を受けているものの，メイジャーはこの本で教育目標設定論を提唱したに留まり，具体的な実践方法は述べていない。そのため，授業の方法論であるマスタリー・ラーニングとPPOの実践とを比較する。

(1) 教育目標の設定規準

まず，教育目標を定めるのが教師である点は共通している。

しかしながら，目標の設定規準については相違点がある。PPOの実践例では，学習指導要領に基づいて目標が定められている。一方，マスタリー・ラーニングでは，教科書を分析して目標を設定することが奨励されている。教科書の章構成から重要な教育内容を抽出したり，学習課題が生徒に求めている行動を検討したりすることで浮かんできた目標を調整して教師自身の目標にするとよいと述べられている（『マスタリー』pp. 8-16）。PPOでは学習指導要領に記載された一般的な目標に基づいて具体的な教育目標を設定するので，各学校の特徴や生徒の状況，教師の得意分野などに応じて多様な目標を立てることが可能である。対してマスタリー・ラーニングでは，教科書の各単元の記載内容をもとに目標を設定するため，どの学校・教師においても，目標の中身がある程度似たものになると予想される。

この違いの要因としては，フランスでは前述した学習指導要領の補足資料において，学習指導要領に基づいた目標分析が示唆されていることが大きいだろ

---

(28) Block J. H. and Anderson L. W., *Mastery learning in classroom instruction*, N. Y.: Macmillan, 1975.

う。さらに，教科書の位置づけにも要因があると考えられる。フランスでは，教科書の検定制度はなく，自由発行制であり，教科書の使用義務はない。中等教育では，教科書は主に，授業時間の一部で教材の一つとして使われている。[29] それは，自らの判断で様々な資料を活用した方が教科の本質に迫れると，教師が教科専門性に対して自負を持っているためであると思われる。というのも，中等教師の資質として，教職教養よりも当該教科の専門教養が伝統的に重視されてきたからである。[30]

（2）　目標観

次に，目標の内実については，共通点が3点見出せる。それは，①生徒の行動として設定されていること（行動目標），②複雑な認知的能力も対象とされていること，③目標が複雑性の原理で階層化されていること，である。PPOの実践例では，知識の再生に加えて，分類や関連づけ，分析，文章表現といった目標が，生徒の行動として設定されており，単純な能力から複雑な能力の順に並べられている。

だが，生徒に求める目標の「マスタリー」の捉え方には違いがある。マスタリー・ラーニングでは，目標として定められたことをほとんどの生徒が完全に習得することがめざされている（『マスタリー』p. 54）。

一方，PPOの実践例では，「生徒のよりよい成功」（p. 17）が目的とされ，総括的評価の時点でも目標を達成できない生徒グループの存在が想定されている。その上，目標を達成できた生徒には発展的な学習が与えられ，達成できなかった生徒には特別の目標が提示される。つまり，生徒が各自のペースで目標に近づいたらよく，目標達成への要求レベルは生徒によって異なるという目標

---

(29)　高津芳則「現代フランスの教科書問題―総視学官『報告書』を中心に―」研究代表者：小林順子『フランス教育課程改革最終報告書』（文科省補助金基盤研究（B）(1) 最終報告書），2001年，pp. 17-33。

(30)　手塚武彦「フランスの教員養成」仲新監修，篠田弘・手塚武彦編著『学校の歴史　第5巻　教員養成の歴史』第一法規，1979年，p. 303。

観があるといえよう。

　PPOが生徒全員の完全習得をめざさない背景には，全員が目標を同じ程度に達成することはありえないという学習指導要領の補足資料の影響もあるだろうが，大衆階層向けの小学校系統と国家のエリートを育成するためのリセ系統という複線型の学校体系が存続してきたことも関係していると考えられる。その子なりに成長するのがよいことという観念がフランス人の心性に根づいているように思われる。

（3）　評価方法

　そして評価方法については，二つの共通点が見られる。一つは，成績づけのための総括的評価だけではなく，授業過程での評価も行っている点である。もう一つは，評価の目的が生徒の選抜や序列づけではなく，生徒のつまずきの特性を捉えて補充学習を与えるという学習支援である点である。

　しかし，評価方法の形式には違いがある。マスタリー・ラーニングでは，正誤問題や多肢選択問題といった客観テストで形成的評価や総括的評価を行うことが勧められている。論述形式のテストは，目標に生徒が達したかどうかを正確に判断できないという評価の信頼性の観点および，テストの実施や採点に時間がかかるという実現可能性の観点から，適切ではないと述べられている（『マスタリー』p. 18，p. 30，p. 66，p. 71）。他方，PPOでは，診断的評価と形成的評価，総括的評価で，論述形式の問題が出されていた。

　この背景には，論述形式の問題で評価することに対する教師たちの強いこだわりがあると考えられる。第1章で詳述したように，フランスでは1927年に，バカロレア試験に代表される論述形式の評価制度の主観性（採点者間の採点のばらつきなど）を批判的に研究する学問として，ドシモロジーが誕生した。ドシモロジーは評価の信頼性を向上させるべく，標準テストや客観テストの使用を提案してきたが，評価制度にはほとんど取り入れられなかった。標準テストや客観テストは，実践現場で長年重視されている教養を全体として捉えられない上に，統計の専門的な知識技能が必要で教師が評価主体となれないため，実

践を歪めるとして，教師たちが導入に反対してきたからである。

6　まとめ

　本章では，アメリカの教育目標・評価論が，1970年代以降のフランスの中等教育になぜ流入し，いかに受容されたのかを描いてきた。
　PPOは，生徒の行動として教育目標を設定し，授業過程での評価で捉えた生徒一人ひとりの学習困難に応じて支援を与えるという学力評価論である。生徒の学力向上と学業不振防止という社会的要請に応える「特効薬」として，1970～1980年代の中等教育政策に導入された。PPOは，メイジャーの教育目標設定論や，ブルームのタキソノミーとマスタリー・ラーニングという，アメリカの教育目標・評価論に依拠しつつ，修正版ドシモロジー論者であるド・ランドシールらの理論研究や学校での実践研究を重ねることで，フランス独自の方法論として発展した。これらの研究と行政主導の働きかけを受け，PPOは1980年代には中等教育現場に普及した。一方で1970年代以降，PPOには批判も寄せられた。学習が目標の枠内に限定される点や，目標つぶしの詰め込み学習になる点，学習が受動的になる点などが指摘された。
　以上をふまえ，PPOの実践を分析すると，マスタリー・ラーニングとは異なり，学習指導要領を目標の設定規準にする点，要求する目標の達成レベルは生徒によって異なる点，評価に論述形式の問題も使う点が特徴として見出せた。この特徴の背景には，フランスの教師における教科専門性の高さや，生徒全員が同じように目標を達成することは難しく，その子なりの成長が望ましいという発達観，評価が実践を歪曲しないための論述形式の評価へのこだわりがあると考察した。このようなフランスの教育の伝統的な特性に基づいてアメリカの理論を翻案した点が，受容の仕方のフランス的特徴といえるだろう。
　このようなPPOの展開からは，フランスの伝統的な学力観・評価観が，ドシモロジーの時代と同様に根強かったことがわかる。評価の目的は，生徒のつまずきを捉えて支援を与えることである。そのため，評価規準となる目標の分

析から評価課題の作成,採点に至るまで,評価主体は教師である。知識だけではなく,知識を関連づけたり文章で表現したりする力を評価するために,論述形式の問題が出されている。

その一方でPPOは,伝統的な学力観に,新しい観念を二つつけ加えた。一つは,教育目標という学力の分析的な捉え方である。従来のエスプリは全人的・包括的な概念であり,その内部構造は明らかにされていなかった。そのため,エスプリを学校でどのように育成するのかは明示的ではなかった。対してPPOは,教育内容と認知・行動とによって構成される教育目標として学力を分析的に捉えられるという認識を提示した。この認識は,実践例に示されているように,学力を単元レベルにまで具体化して規定し,各単元でめざすべき学力を獲得させるための学習課題や評価テストを開発する道を拓いたといえよう。

もう一つは,学力には認知領域に加えて情意領域も含まれるという観念である。エスプリは思考を自由に表現して自己実現する精神であり,認知面と情意面が統合されたもののように見えるが,その内実は見えにくかった。PPOは,情意領域の目標も,行動目標として規定できると宣言した。この宣言が教育実践にどのように具体化されたかは不明瞭であるものの,生徒の認知面のみならず情意面にも教師の意識が向くようになったのではないかと推察される。

さらに,PPOは,形成的評価という評価の機能を確立した。従来の評価観では,バカロレア試験に代表されるように,評価というと総括的評価を指していた。PPOは,教育実践の改善に評価を活かすためには,教育目標の達成度を捉える総括的評価を学習の終了時に行うだけではなく,学習の途中で生徒の達成度を継続的に捉える形成的評価をも行うことが必要だと提唱した。これは,実践への寄与という評価の目的を十全に果たすための重要な提起であったと指摘できる。

なお,PPOに関連する資料の中には,管見の限り,バカロレア試験との関連を示す記述は出てこない。それは,習得を客観的に判定できる行動目標を謳うPPOの発想を試験制度に厳密に適用すると,選択肢問題のような客観テストを評価方法の中心に位置づけなくてはならなくなるからであると考えられる。

第 1 章で見たように，客観テストは，教師が主体となれず，教養・エスプリを捉えられず，実践を歪めかねないとして，バカロレア試験には取り入れられなかった。PPO は，授業の中での学力評価には反映されたとはいうものの，大学入学資格試験という社会的影響が甚大な評価制度には影響をあまり与えなかったのではないかと思われる。

　PPO 批判は1990年代には一層強まり，PPO はコンピテンシー（compétence）に基づくアプローチに取って代わられるようになった。コンピテンシーは，特定の状況で問題を解決するために，知識や技能，態度を統合する力である。PPO のように知識や論理などと目標を細かく分け，個別的な各目標の達成をめざすのではなく，様々な資質を総合して具体的な問題を解決する力を育成する教育が進行しつつある[31]。

　コンピテンシーは教養・エスプリとどのように異なるのだろうか。この新しいアプローチによって，中等教育の伝統的な学力・評価観は変わりつつあるのだろうか。続く第 2 部（第 3 章～第 6 章）で検討する。

---

(31) Dauvisis M.-C., «L'évaluation des compétences au risque des barèmes et des notes scolaires», *in* D. Lemaître et M. Hatano (éd.), *Usages de la notion de compétence en éducation et formation*, Paris: L'Harmattan, 2007, pp. 75-89.

第Ⅱ部
教養とコンピテンシーの相克

　第Ⅱ部（第3章～第6章）では，OECD や EU の影響を受けて1980年代から興隆している「コンピテンシー（compétence）」という新しい能力概念に基づく学力・評価観と，教養を軸とする中等教育の伝統的な学力・評価観との間でいかなる相克が生じているかを明らかにする。第3章では，フランスのコンピテンシーとはどのような能力概念であるかについて，伝統的な能力概念である教養・エスプリや技能，「能力」，OECD・EU のコンピテンシーと比較しながら探究する。第4章では，コンピテンシーの評価簿である「コンピテンシー個人簿（LPC）」の実践モデルを検討し，コンピテンシーに基づく評価観を分析する。第5章では，コンピテンシーをめぐって展開されている基礎学力論争の論点を示す。第6章では，コンピテンシーを育成する学習支援の実践を検討し，コンピテンシー教育の可能性を探究する。

第3章
コンピテンシーという新しい能力概念
―― 1980年代以降 ――

1　コンピテンシー概念の導入の背景

(1)　コンピテンシーに基づいた教育制度

　フランスでは近年，コンピテンシーに基づいた教育が，義務教育全体で推進されている。2005年の教育基本法では，義務教育段階で生徒全員に保障すべき基礎学力として，「知識とコンピテンシーの共通基礎（socle commun de connaissances et de compétences）」（以下，共通基礎）が規定された。

　そして2006年7月11日の政令で，共通基礎の具体的な内容が制定された。共通基礎は，次の七つのコンピテンシー（compétence）で組織されている。①フランス語の習得，②一つの現代外国語の実用，③数学の基本原理および科学的技術的教養，④情報通信に関する日常的な技術（techniques）の習得，⑤人文的教養，⑥社会的公民的コンピテンシー，⑦自律性および自発性。各コンピテンシーは，現代における基本的な「知識（connaissance）」と，知識を様々な状況で活用する「能力（capacité）」，真理探究心や創造性など生涯にわたって不可欠な「態度（attitude）」の組み合わせとして構想されている[2]。

　義務教育における基礎学力として共通基礎が定められたことにより，共通基

---

(1)　序章第1節第2項で述べたように，知的能力一般という意味での広義の能力は能力と括弧に入れずに表し，フランス語のcapacitéに対応する狭義の能力は「能力」と括弧に入れて表記する。

礎のコンピテンシーに基づいた教育制度が，主に小学校とコレージュで構築されつつある。共通基礎の習得状況が教師によって継続的に評価され，未習得の生徒には補充学習が与えられている。

具体的にはまず，1989年に創設された全国学力テストは診断的評価として実施されていたものの，2009年からは，共通基礎の習得状況を確認する総括的評価として行われるようになった。フランス語と数学のテストが，学習期の最終学年である小学校2年生と5年生で実施されている[3]。

小学校では2008年度から，コレージュでは2010年度から，共通基礎の習得状況を記録・認証する「コンピテンシー個人簿（LPC：livret personnel de compétences）」が導入されている（年度は9月始まり）。共通基礎は多くの領域・項目に細分化されている（コレージュでは26の領域，97の項目）。LPCは，生徒一人ひとりについて，共通基礎の各領域・項目の習得を担任教員が日常的に評価し，習得状況を記載する文書である[4]。日本の指導要録における観点別評価を細かくしたものをイメージするとわかりやすいだろう。

（2） Annexe, décret du 11 juillet 2006, B. O., no.29, du 20 juillet 2006. 共通基礎の全訳については，小野田正利・園山大祐「フランスにおける『知識・技能の共通基礎』の策定の動向」研究代表者：山根徹夫『諸外国における学校教育と児童生徒の資質・能力』国立教育政策研究所，2007年，pp. 31-61を参照のこと。

（3） Circulaire du 23 août 2007, B. O., no.30, du 30 août 2007. 診断的評価としての以前の全国学力テストについては，細尾萌子「フランスの全国学力テストにおける分析・活用方法―中学校1年の数学に注目して―」研究代表者：田中耕治『平成19年度～平成21年度　科学研究費補助金基盤研究（C）「リテラシーの育成をめざす評価規準と評価方法の開発」研究成果最終報告書』，2010年，pp. 153-163を参照のこと。総括的評価としての現在の全国学力テストについては，大前敦巳「フランスの学力向上策と個人化された学習支援の多様性」志水宏吉・鈴木勇編著『学力政策の比較社会学　国際編―PISAは各国に何をもたらしたか―』明石書店，2012年，pp. 79-98を参照のこと。全国学力テストは2013年度に廃止され，2014年度からは，国民教育省のホームページに掲載されたフランス語と数学の問題群の中から，小学校3年生の担任教師が問題を選び，学年始めに各学校で診断的評価として実施することになった。

さらに，全国学力テストと LPC で特定された，共通基礎の習得が困難な生徒には，「教育成功個別プログラム（PPRE: programmes personnalisés de réussite éducative）」が各学校で提供されている。PPRE は，フランス語と数学，外国語・地域語における未習得の共通基礎を対象とした，少人数グループでの短期間の学習支援である[5]。

このように，コンピテンシーという能力概念は，義務教育制度に急速に入り込み，教育制度の核の一つとなっている。なぜコンピテンシーという概念がフランスの教育制度に導入されたのだろうか。

（2） 経営・職業教育への導入

コンピテンシー概念は，アメリカのマクレランド（D. C. McClelland）が1973年に書いた Testing for competence rather than for "intelligence" という論文を契機として，人的資源管理分野で世界的に使われるようになったといわれている。そこでのコンピテンシーは，高い業績をあげるための特性という意味であった[6]。

フランスでは，マクレランドの論文より早く1960年代から，企業の経営・研修分野において，コンピテンシー（compétence）という言葉が使われはじめた。コンピテンシーは，知識や技能（savoir-faire），情意的側面（savoir-être）を活

（4） Circulaire du 18 juin 2010, B.O., no.27, du 18 juin 2010. 2016年度から，LPC は廃止され，共通基礎の習得は学習記録簿に記載されることとなった。

（5） PPRE については，次の文献を参照。飯田伸二「教育成功のための個人プログラム（PPRE）―その理念とコレージュにおける実践―」『フランス教育学会紀要』第22号，2010年，pp. 101-114。PPRE は2015年度から，共通基礎の習得が不十分な恐れがある生徒のための新しい支援措置に改編されている。

（6） 日本でも1990年代後期以降，コンピテンシー・モデルへの関心が企業で高まっている。年功的要素を排除し，能力主義を運用するための新たな可能性を秘めたものとしてコンピテンシーが注目され，コンピテンシーの人事制度への導入が進行している（宇都宮守「コンピテンシー概念とモデルの整理」『経営研究』No.6, 2003年，pp. 1-10)。

第Ⅱ部　教養とコンピテンシーの相克

用する職務遂行能力と大筋では理解されていたものの，技能へと矮小化されたり，資格（qualification）と混同されたりしていた。こうした混乱を受け，コンピテンシーをめぐる議論は下火になっていった。⁽⁷⁾

　だが，コンピテンシー概念は，1980年代ごろから，経営分野で広く使用されるようになった。市場経済のグローバル化が進み，競争が激しくなる中，企業は生き残りをかけて，収益性を高める必要性に駆られていた。そこで，コンピテンシーに基づいて人材管理を効率化する手法が導入された。⁽⁸⁾

　この手法ではまず，ある役職でなされる職務の内容を分析する。次に，その職務の遂行に必要なコンピテンシーを特定する。続いて，この要請されているコンピテンシーと個人が示すコンピテンシーとの適合の度合いを見取る評価をする。こうして，役職のニーズにもっとも適したコンピテンシーを持つ人材を採用・配置することが試みられた。

　さらに，このような企業の動きと平行して，職業教育分野でも，コンピテンシーに基づく評価が発達した。不安定な雇用情勢において，職業教育の目的である生徒の社会的参入を果たすには，各職務で期待されているコンピテンシーを生徒に身につけさせることが不可欠であったためである。生徒がめざす役職における職業活動の内容や機能，見込まれる成果が詳細に特定され，その円滑な実施に要するコンピテンシーのリストが作成された。そして，このコンピテンシーの習得に向けて授業と評価が行われた。⁽⁹⁾

（3）　普通教育への普及

　1990年代になると，コンピテンシー概念は普通教育分野にも普及した。その

（7）　Le Boterf G., *De la compétence. Essai sur un attracteur étrange*, Paris: Les Éditions d'Organisation, 1994, pp. 9-10.

（8）　Banadusi L., «Compétences et employabilité», *in* Zanten A. V., *Dictionnaire de l'éducation*, Paris: PUF, 2008, pp. 75-77.

（9）　Torres J.-C., *L'évaluation dans les établissements scolaires. Théories, objets et enjeux*, Paris: L'Harmattan, 2010, pp. 111-113, p. 120, pp. 153-157.

第3章 コンピテンシーという新しい能力概念

背景としては,次の二つが挙げられる。一つは,学校が社会の変化に対応する必要性である(10)。フランスの学校は,自由,平等,博愛という革命の精神のうちとくに平等を実現すべく,知識を国民に広く伝達してエスプリを形成する「共和国の学校」であることに存在意義を見出だしてきた。しかし,科学技術や社会関係が絶え間なく発展・複雑化するグローバルな社会では,知識を身につけているだけでは不十分であり,仕事や生活の問題を主体的に解決する力が必要となる。そのため産業界や保護者が,知識の伝達に加え,知識を活用して行動する力であるコンピテンシーの育成も学校に期待するようになった。

もう一つの背景は,EUのキー・コンピテンシーの影響である(11)。1990年代以降,ヨーロッパ各国は,知識基盤社会を実現してヨーロッパの経済競争力を増すために,教育・訓練分野で協力してきた。とりわけ2006年には,欧州議会と欧州連合理事会が勧告した「生涯教育および生涯学習のためのキー・コンピテンシーの欧州基準枠組み」が批准された。ここでのコンピテンシーは,「状況にうまく適応するために,知識やスキル(フランス語はaptitude,英語はskills),態度を組み合わせる」力を意味している。

キー・コンピテンシーは,個人の開花や人格的発達,公民的市民性,社会参入,職業生活のために,生涯を通した教育・訓練でEU圏のすべての市民が学び,維持・更新すべきコンピテンシーである。キー・コンピテンシーは,次の八つからなる。①母語によるコミュニケーション,②外国語によるコミュニケーション,③数学的教養および科学・技術の基本的コンピテンシー,④コンピュータの教養,⑤学ぶことを学ぶ,⑥対人的・異文化的コンピテンシーおよび社会的・市民的コンピテンシー,⑦起業家精神,⑧文化的感受性。EUは(フランスを含む)加盟各国に対して,このキー・コンピテンシーをすべての市民が育めるよう,教育・訓練制度を調整するように勧告した(12)。

なお,EUのキー・コンピテンシーは,日本でよく知られているOECDの

---

(10) Guimard P., *L'évaluation des compétences scolaires*, Rennes: Presses Universitaires de Rennes, 2010, pp. 60-62.
(11) *Ibid.*, pp. 7-8, pp. 13-15.

キー・コンピテンシーと同じではない。キー・コンピテンシーの各カテゴリーの名称や内容が異なっている。OECD が2003年に発表したキー・コンピテンシーは，相互に組み合わさって機能する次の三つのカテゴリーで構成されている。それは，①道具を相互作用的に用いる，②社会的に異質な人々からなる集団で関わり合う，③自律的に行動する，である。[13]

以上のように，コンピテンシー概念は，競争が激しく不安定な現代社会を生き抜くためには，状況に応じて知識や技能を活用して問題を解決する力を身につけるべきだとして，企業の経営分野や職業教育分野に導入された。さらに近年，この問題解決力を学校で養うべきだという社会的・政治的圧力が高まったことにより，コンピテンシー概念は普通教育分野にも普及し，義務教育制度全体に影響を及ぼしている。このコンピテンシーは，フランスの中等教育の伝統的な能力概念（エスプリ・教養）や技能，「能力」とどのように異なるのだろうか。コンピテンシー概念の内実を検討してみよう。

---

(12) Le Parlement Européen et le Conseil de l'Union Européenne «Recommandation du parlement européen et du conseil du 18 décembre 2006 sur les compétences clés pour l'éducation et la formation tout au long de la vie», *Journal Officiel de l'Union Européenne*, L394, du 30 décembre 2006. European Communities, *Key competences for lifelong learning. European reference framework*, Luxemburg: Office for Official Publications of the European Communities, 2007, p. 3. EU のキー・コンピテンシーに関しては，次の文献を参照。原田信之「欧州における新たなキー・コンピテンシーの構築」『岐阜大学教育学部研究報告　人文科学』第59巻，第 2 号，2011年，pp. 233-242。

(13) Rychen D. S. and Salganik L. H., *Key competencies for a successful life and a well-functioning society*, Cambridge: Hogrefe & Huber, 2003, p. 83（ライチェン D. S.・サルガニク L. H. 編著（立田慶裕監訳）『キー・コンピテンシー』明石書店，2006年，p. 103）。原著を参照して訳を一部修正した。

第3章　コンピテンシーという新しい能力概念

2　フランスのコンピテンシー概念の内実

（1）　コンピテンシーの定義
①フランスにおけるコンピテンシー概念の歴史的変遷

　コンピテンシーとは何なのだろうか。コンピテンシーというと日本ではOECDのキー・コンピテンシーを思い浮かべるが、コンピテンシー（compétence）というフランス語はもっと以前から使われてきた。

　フランスでコンピテンシーは、16世紀末から①（裁判所などの）管轄・権限という意味で使われはじめ、17世紀末には②（専門的）能力、20世紀には③専門家や、④言語能力（これまで用いられたことのない無限の文を発音したり理解したりするために発話者が保持している言語規則体系というチョムスキー（A. N. Chomsky）の生成文法の用語）という意味が加わった。[14]

　さらに、1950年代後半になると、コンピテンシーという語は、知識や「能力」、態度などを活用しながら特定の状況で行動する力という意味でも使われるようになった。[15]このコンピテンシー概念は、1980年代末になると、企業や職業教育だけではなく、初等中等教育や高等教育、成人教育にも普及する。[16]

②近年のフランスにおけるコンピテンシーの定義

　ただし、細かく見てみると、論者によって、コンピテンシーの定義は異なっている。たとえば、2007年の国民教育中央視学官の報告書は、フランス語圏の代表的な論者によるコンピテンシーの定義として、次の三つを紹介している。[17]

　一つ目は、フランスの教育学者のメイリュー（P. Meirieu）による1987年の

---

(14)　«Compétence» in Imbs P. (dir.), *Trésor de la langue française: dictionnaire de la langue du XIXe et du XXe siècle (1789-1960)*, Paris: Éditions du Centre National de la Recherche Scientifique, 1971-1994, 16 vol., t. 5, p. 1169. チョムスキーの言語能力（コンピテンシー）については、次の文献を参照。チョムスキー M.・ハレ M.（橋本萬太郎・原田信一訳／解説）『現代言語学の基礎』大修館書店、1974年、pp. 169-171。

第Ⅱ部　教養とコンピテンシーの相克

定義である。コンピテンシーは，特定の領域の問題に取り組むために「能力」を活用する知であるという。すなわち，「ある特定の概念的あるいは教科的な領域において，一つまたは複数の『能力』を機能させる特定の知（savoir）である。より正確にいうと，コンピテンシーは，細かく特定された種類の問題を特定の処理手順と結びつける能力である[18]」という。ただしメイリューは，コンピテンシーと「能力」の関係について異なる説明もしている。コンピテンシーはすでに獲得している知識・イメージであるのに対して，「能力」は既得の技能であり，問題解決に際してはコンピテンシー（知識）と「能力」（技能）の両者を活用することが必要だと述べている[19]。つまり，「能力」はコンピテンシーの一要素であるのではなく，「能力」とコンピテンシーは並列関係にあるということである。このように相矛盾する説明に表れている通り，当時はコンピテンシー概念がまだ十分に整理されていなかったといえよう。

---

(15)　企業責任者研修実践研究所の1958年の研究会で，ルノーの研修員のヴァチエ（R. Vatier）は次のように語っている。「研修とは，企業の活動に必要なコンピテンシーの程度に応じて人員全体を個別的・集団的に維持する行動の全体を指すといわれている。このコンピテンシーは，各人・各集団の知識とスキル，労働意欲に関連している。コンピテンシーは，知識と「能力」，やる気という三つの語が見事に結びついたものである。技術の発展によって職務は変化するため，このコンピテンシーは，完全に獲得することは決してできず，脅かされており，常に回復しなければならない」。このようにコンピテンシーは，知識とスキル，「能力」，やる気・意欲を結びつけて，企業における特定の職務を達成する力であると定義されている（Clément P., *Réformer les programmes pour changer l'école? Une sociologie historique du champ du pouvoir scolaire*, Thèse présentée à l'Université de Picardie Jules Verne, 2013, pp. 112-114）。

(16)　Ropé F. et Tanguy L.（éd.），*Savoirs et compétences de l'usage. De ces notions dans l'école et l'entreprise*, Paris: L'Harmattan, 1994, p. 14.

(17)　Inspection Générale de l'Éducation Nationale, *Les livrets de compétences. Nouveaux outils pour l'évaluation des acquis*, Rapport no. 2007-048, juin 2007, p. 10.

(18)　Meirieu P., *Apprendre…oui mais comment*, 2eéd., Paris: ESF, 1988（1987）, p. 182.

(19)　*Ibid.*, pp. 129-130.

第3章　コンピテンシーという新しい能力概念

　二つ目は，企業・経営分野のコンピテンシー論者であるフランスのル・ボテフ（G. Le Boterf）による1994年の定義である。コンピテンシーは，状態や知識を指す概念ではなく，ある状況の問題を解決するために，知識や「能力」を動員し，再構成するという行動のプロセスだと彼は述べる。「コンピテンシーというものは，知識や『能力』のように動員すべき資源として蓄積されているものではなく，資源を動員するというまさにそのことに存するのである。コンピテンシーはつまり，『知を動員できること（savoir-mobiliser）』なのだ」と。[20]

　なお，ル・ボテフは，OECDのコンピテンシー概念に影響を与えた論者の一人である。キー・コンピテンシーを提唱したOECDの報告書の第2章では，次の文章の箇所で，1994年と1997年の彼の著作が引用されている。「コンピテンシーを持つということは，構成要素となる資源を持つことのみを意味するのではなく，そのような資源を複雑な状況でふさわしい時に適切に『動員し』，『組み合わせ』られるということでもあるのだ」。[21]

　三つ目は，カリキュラム論者であるベルギーの社会学者のペルヌー（P. Perrenoud）による1999年の定義である。コンピテンシーは，学校の内外で身につけた様々な領域の知識や「能力」を状況に即して動員し，複雑な状況で戦略的に行動する能力であるという。「コンピテンシーは，似たような状況のグループに効果的に対処する行動能力であり，真の問題を特定し解決するために必要な知識とそれを適切かつ適時に動員する『能力』の両方を持っていることで習熟していくものである」と。[22]この定義はフランスで出版された彼の本（『学校からコンピテンシーを構築する（*Construire des Compétences dès l'École*）』（Paris: ESF, 1997））に関する教育雑誌 *Vie Pédagogique* のインタビュー記事に掲載されたものであり，フランスの教育制度を前提として述べられている。

　なお，ペルヌーもまた，OECDのコンピテンシー概念の理論枠組みを提供

---

(20)　Le Boterf, *op. cit.*, p. 17.
(21)　Rychen and Salganik, *op. cit.*, p. 45では，ル・ボテフの次の2冊が引用されている。Le Boterf G., *op. cit.*, 1994. Le Boterf G., *De la compétence à la navigation professionnelle*, Paris: Les Éditions d'Organisation, 1997.

した論者の一人である。DeSeCo のキー・コンピテンシーを提唱した OECD の報告書の第 2 章と第 3 章では,「②社会的に異質な人々からなる集団で関わり合う」と「③自律的に行動する」というカテゴリーの基盤になったと考えられる彼の次の論文が計16回引用されている。Perrenoud P., «The key to social fields: competencies of an autonomous actor», in D. S. Rychen and L. H. Salganik (eds.), *Defining and selecting key competencies*, Göttingen（Germany）: Hogrefe & Huber, 2001, pp. 121-149.

　一方，パリ西ナンテール大学の社会学者のラヴァル（C. Laval）は，2004年に，経営の効率化のツールとしてコンピテンシーを説明している。コンピテンシーは，特定の状況における問題解決力であり，当該の業務で必要なコンピテンシーをより多く獲得している人を採用することで企業の生産性を向上させるという人的資本論に則った能力概念であるという。「企業や学校におけるコンピテンシーという語の戦略的な使用は，学校が根源的な役割を果たしている新しい『人的資源の管理』と切り離せない。〔中略〕コンピテンシーの概念はさらに，『コンピテンシーのストック』として考えられている労働力を最大限に合理化しようとしている雇用者の，評価と報酬，管理，監視の道具でもある。〔中略〕コンピテンシーは，具体的な状況を考慮できる力であり，正確な基準に応じて観察可能で客観化できる仕事なしには描くことも判断することもでき

---

(22) Perrenoud P., «Construire des compétences, tout un programme! Entrevue avec Philippe Perrenoud», *Vie Pédagogique*, 112, 1999, p. 16. Inspection Générale de l'Éducation Nationale, *op. cit.* では，この引用の出典は「Perrenoud P., *Construire des compétences dès l'école*, Paris: ESF, 1999」であると書いてあるが，間違いである。正しくは，1997年に初版が出されたこの本に関する上述のインタビュー論文からの引用である。

(23) ライチェン・サルガニク編著（立田監訳），前掲書，p.86, p.98では，彼の名前は「ペレナウド」と訳されているが，これは英語読みであり，フランス語読みだと「ペルヌー」になる。

(24) Rychen and Salganik, *op. cit.*, p. 45, p. 59, p. 67, p. 76, p. 77, p. 78, p. 82, p. 83, p. 89, p. 90, p. 91, p. 92, p. 93, p. 94, p. 96, p. 97.

ない」。ラヴァルは，本章第1節第2項で先述した，企業の経営分野におけるコンピテンシー概念の元々の意味に注目しているといえる。

　以上のように，コンピテンシーについて，メイリューは個人の資質としての「静的で実体的な知」として捉え，ル・ボテフは知を動員する「行動的プロセス」として捉え，ペルヌーは似た状況には転移可能な「行動能力」として捉え，ラヴァルはその時々の状況において課題を解決する「状況依存的で非実体的な力」として捉えていることがわかる。すなわち，静的な状態か発達するプロセスかというコンピテンシーの構造や，文脈依存性の強さ，コンピテンシーの目的（個人がよりよい行動をする力か，企業が個人を効率よく使用するための力か）が，論者によって異なるといえよう。

　しかしながら，国民教育中央視学官の報告書で述べられているように，特定の状況下で行動するために様々な知識や「能力」を統合する力という点では，フランスの近年の用法におけるコンピテンシーの定義は共通している[26]。

③共通基礎におけるコンピテンシーの定義

　このような近年のフランスにおけるコンピテンシーの定義は，共通基礎のコンピテンシーの特徴とも重なっている。共通基礎におけるコンピテンシーについて，上述の国民教育中央視学官の報告書は，次の三つの特徴を指摘している[27]。第1は文脈依存性（contextualisation）である。コンピテンシーは，実生活に近い現実的な状況で課題を解決する力とみなされている。第2は総合性である。コンピテンシーは，知識や技能，「能力」，態度を総合して課題を解決する力である。第3は領域横断性である。コンピテンシーは，複数の学問領域にまたがる学習を通じて獲得される力である。また同時に，一つの学問領域が複数のコンピテンシーの習得に寄与する。つまり，共通基礎におけるコンピテンシーは，複数の学問領域の知識や技能，「能力」などを総合して，具体的な状況の課題

---

(25) Laval C., *L'école n'est pas une entreprise. Le néo-libéralisme à l'assaut de l'enseignement public*, Paris: La Découverte, 2004, pp. 72-73, p. 78.

(26) Inspection Générale de l'Éducation Nationale, *op. cit.*, p. 11.

(27) *Ibid.*, pp. 15-16.

を解決する力として捉えられている。

(2) コンピテンシーと技能や「能力」との違い

こうしたコンピテンシーの概念は、フランスの従来の能力概念とどのように異なるのだろうか。

日本のフランス教育研究では、フランス語のコンピテンシー（compétence）を、技能または能力と訳す論者が多い[28]。compétence単体だとコンピテンシーやコンピテンスと訳している論者でも、共通基礎のcompétenceは「技能」と訳し、「共通基礎知識技能」と示すことがいわば「慣例」となっている[29]。それはおそらく、文部科学省の報告書（フランスの2005年教育基本法の邦訳など[30]）と、国立教育政策研究所の報告書論文（共通基礎を定めた政令の邦訳[31]）において、

---

(28) compétence を「技能」と訳している例としては、上原秀一と藤井穂高の次の論文が挙げられる。上原秀一「フランス教育法における『共和国の価値の共有化』の原理―2005年学校基本計画法による教育法典第L.111-1条の改正―」『フランス教育学会紀要』第20号、2008年、pp. 63-76。上原秀一「フランスにおける『共通基礎』学力政策とPISA調査」『フランス教育学会紀要』第24号、2012年、pp. 9-18。藤井穂高「フランスにおける義務教育の『共通基礎』の制定―その政策意図の検討―」『フランス教育学会紀要』第21号、2009年、pp. 65-78。他方、compétence を「能力」と訳している例としては、次の論文が挙げられる。堀内達夫「変化する中等教育カリキュラム――一般教養、職業資格、適性、能力―」『フランス教育学会紀要』第20号、2008年、pp. 5-14。

(29) たとえば三好美織は、フランスの compétence を一貫して「コンピテンス」と訳し、savoir-faire を「スキル」と訳しているものの、共通基礎（socle commun de connaissances et de compétences）に限っては、「共通基礎知識技能」と訳している（三好美織『現代フランスの前期中等物理・化学教育改革に関する研究』渓水社、2014年、p. 187）。Compétence を「コンピテンス」と訳すのであれば、共通基礎の compétence も「コンピテンス」と訳すのが自然である。

(30) 文部科学省『諸外国の教育の動き 2004』国立印刷局、2005年。文部科学省『諸外国の教育の動き 2005』国立印刷局、2006年。文部科学省『フランスの教育基本法―「2005年学校基本計画法」と「教育法典」―』国立印刷局、2007年（作成者は上原秀一）。

第3章　コンピテンシーという新しい能力概念

共通基礎の compétence が技能と訳されているのを踏襲しているからであろう。しかし，コンピテンシー（compétence）は，フランスの従来の能力概念である技能（savoir-faire）や「能力（capacité）」と質が異なる概念ではないか，という疑問が出てくる。

①コンピテンシーと技能の違い

まず，これまで見てきたコンピテンシーの定義を技能の定義と比べると，明らかな違いがある。技能は，ある特定の領域において，単一の手工的・職業的行動をする能力である。コンピテンシーに見られる領域横断性や総合性は技能にはない。フランスの代表的な辞典である『フランス語宝典』では，技能は次のように定義されている。「A．特定の分野において，経験や学習によって獲得される手工的・知的能力。B．事業や人間関係や社会生活といった実践の様々な領域において，着手したことに成功する能力を示す人の資質(32)」。フランスの代表的な教育学事典である『教育・養成教育百科事典』は，技能に関して次のように述べている。「技能は一つの実践に関わり，その実践は一般的な側面（一つの仕事）か特殊な側面（一つの行動）から検討される。〔中略〕技能は一つの職業の枠内で最もよく適用される(33)」。

このように見ると，フランス語の技能（savoir-faire）は，日本語の技能とほぼ同義であることがわかる。『新教育学大事典』によると，日本語の技能（英語だと skill）は，理科の観察・実験や書字，図形の作成，木工，製図といった，「諸種の技術を行使する能力」と定義されている(34)。『新版　現代学校教育大事

---

(31)　小野田正利・園山大祐「フランスにおける『知識・技能の共通基礎』の策定の動向」研究代表者：山根徹夫『諸外国における学校教育と児童生徒の資質・能力』国立教育政策研究所，2007年，pp. 31-61。

(32)　«Savoir-faire», *in* Imbs, *op. cit.*, t.15, p. 138.

(33)　Beillerot J., «Savoir-faire», *in* Champy P., Étévé C., Forquin J.-C. et Robert A. D., *Dictionnaire encyclopédique de l'éducation et de la formation*, 3e éd., Paris: Retz, 2005（1994），p. 901.

(34)　細谷俊夫「技能」細谷俊夫・奥田真丈・河野重男・今野喜清編『新教育学大事典』第一法規出版，1990年，p. 130。

典』では，技能は一般的に，「技芸を行ううでまえ。技倆」とされている。経験によって個人が身につけた道具的実用的能力が技能と呼ばれている[35]。

また，教育哲学者のルブール（O. Reboul）は，コンピテンシーと技能の違いを次のように説明している。コンピテンシーは，状況に応じて臨機応変に判断するために知識や技能を統合する力である一方，技能はコンピテンシーの行使に用いられる一要素という低次のものであるという。「コンピテンシーは，予期しえないとはいえ相互に一貫していて状況に適した無数の言語運用（performances）を，コードの規則に従いつつも自由に生み出しうる可能性である。コンピテンシーは判断力であり，行動力ともいうべき技能や，理解力ともいうべき純粋な知識からは区別される。ここで取り急ぎ明言しておくが，このコンピテンシーは知識や技能なしでは発揮されない。とはいえ，コンピテンシーは，知識と技能を統合しているという事実によって，知識と技能を凌駕するものなのである[36]」と，ルブールは述べる。

前述のペルヌーも，ルブールと同様の捉え方をしている。技能は，コンピテンシーを行使するときに動員される構成要素の一つに過ぎないという。「コンピテンシーは，技能よりもいっそう複雑で，自由に利用でき，柔軟でありうる。〔中略〕技能は，より高いレベルの一つまたは複数のコンピテンシーによって動員される資源として機能しうる[37]」と。

②コンピテンシーと「能力」の違い

次に，コンピテンシーと「能力」の違いについて，テオフィリ・ルセル・リセ（Lycée Théophile Roussel）校長のトー（J.-C. Torres）は，次のように説明

---

(35) 森下一期「技能」安彦忠彦・新井邦男・飯長喜一郎・井口磯夫・木原孝博・児島邦宏・堀口秀嗣編『新版　現代学校教育大事典』ぎょうせい，2002年，p. 117。

(36) Reboul O., *Qu'est-ce qu'apprendre? Pour une philosophie de l'enseignement*, Paris: PUF, 1980, p.186（ルブール O.（石堂常世・梅本洋訳）『学ぶとは何か—学校教育の哲学—』勁草書房，1984年，p. 279）。原著を参照して訳を一部修正した。ルブールは，チョムスキーの言語能力の延長線上のものとしてコンピテンシーを捉えている。

(37) Perrenoud P., *Construire des compétences dès l'école*, Paris: ESF, 1997, p. 35.

している。コンピテンシーは，特定の状況において，今何らかの行動ができるという現実態の力である。これに対して「能力」は，外国市場を開拓する力など，このようなことができる可能性があるという仮想の力である。仮想の力であるため，特定の状況に組み入れられていない上，行動に表れる保証はない[38]。

『教育・養成教育百科事典』でも，これと同様の説明がなされている。「状況横断的な技能。〔中略〕『能力』は，ある仕事の実施，あるいはある職業の実践がうまくやれる資質を意味している。〔中略〕それ自体として存在する『能力』はなく，あらゆる『能力』は何かを実践することを通して表れる[39]」。

さらにペルヌーは，コンピテンシーは学習によって習得される後天的な能力であるのに対し，「能力」は潜在可能性としての生得的な能力であり，コンピテンシーの元になると述べている。「人類はたしかに，コンピテンシーを作りだすという，人類の遺伝的資質に刻み込まれた『能力』を有している。しかしながら，いかなるコンピテンシーもはじめは与えられておらず，主体の『潜在可能性』は学習のいかんによってのみ効果的なコンピテンシーに変わるのである[40]」と。

まとめると，技能は，特定の文脈において，主に職業的・手工的な単一の行動をする能力である。技能は，複数の領域の知識などを活用する領域横断性や，複数の知識や技能などを結集する総合性を有していない。また，「能力」は，行動を生む源としての生得的な潜在能力である。「能力」は，特定の状況において具体的な問題を解決するという文脈依存性を帯びた力ではない。そして，技能や「能力」は，コンピテンシーを行使する際に動員される要素である。他方，コンピテンシーは，複数の領域の知識や技能，「能力」，態度などを総合して，特定の状況の課題を解決する力である。すなわちコンピテンシーは，文脈

---

(38) Torres, *op. cit.*, p. 127.

(39) «Capacité», *in* Danvers F., *700 mots-cléfs pour l'éducation 500 ouvrages recensés (1981-1991)*, 2e éd: revue et corrigée, Lille: Presses Universitaires de Lille, 1994 (1992), p. 43.

(40) Perrenoud, *op. cit.*, 1997, p. 25.

第Ⅱ部　教養とコンピテンシーの相克

依存性・総合性・領域横断性という，技能や「能力」にはない観点を含んだ新しい能力概念であるといえる。

（3）　compétence をどのように訳すべきか
　①コンピテンシーか，コンピテンスか，技能か
　このようにコンピテンシー（compétence）は技能や「能力」とは異なる新しい能力概念であることをふまえると，従来のように共通基礎を「共通基礎知識技能」と訳すのではなく，「知識とコンピテンシーの共通基礎」と訳すべきだと指摘できる。日本の教育行政では，「知識及び技能」など，知識と技能がしばしば並列で示される[41]。だが，compétence 概念の内実や compétence をめぐる議論を考慮すると，compétence は「技能」ではないと考えられるのである。
　序章第2節第1項で述べたように，フランス語の compétence に対応する英語として，総称的・理論的概念である competence と個別的・具体的な概念である competency という二つの言葉がある。しかし，フランス語の場合は，総称的・理論的な概念であっても，個別・具体的な概念であっても，compétence という同じ語が用いられる。たとえば OECD の DeSeCo は，英語版の報告書では key competencies（competency の複数形）と表記し，フランス語版の報告書では compétences clés と表記している[42]。また EU は，英語版の報告書では key competences（competence の複数形）と表記し，フランス語版の

---

(41)　たとえば，2008年の中学校学習指導要領の「第1章 総則　第1　教育課程編成の一般方針」には，次の一文がある。「各学校において，［中略］基礎的・基本的な知識及び技能を確実に習得させ，これらを活用して課題を解決するために必要な思考力，判断力，表現力その他の能力をはぐくむとともに，主体的に学習に取り組む態度を養い，個性を生かす教育の充実に努めなければならない」。
(42)　DeSeCo, «The definition and selection of key competencies. Executive Summary», 2005. DeSeCo, «La définition et la sélection des compétences clés. Résumé», 2005（両報告書とも，OECD の HP, http://www.oecd.org/education/skills-beyond-school/definitionandselectionofcompetenciesdeseco.htm，（2015年8月23日確認）で参照）.

第3章　コンピテンシーという新しい能力概念

報告書では compétences clés と表記している[43]。

　英語の competence / competency に関しては，OECD のキー・コンピテンシーのように，「コンピテンシー」という訳が，日本の行政文書や学校現場において定着しつつある[44]。そして前述したように，英語の competence / competency は，フランス語では compétence と表記される。したがって，フランス語の compétence についても，「コンピテンシー」と表記することがもっとも望ましいと考える。

　なお，フランス語の compétence を，「コンピテンス」と訳す論者もいる。たとえば田﨑徳友・金井裕美子は，「コンピテンス（知識を状況に応じて活用する総合的な能力，略して「総合的能力」）」と表している[45]。カタカナで「コンピテンス」と示す訳は，「コンピテンシー」と示す訳と同様，compétence 概念の独自な意味合いをふまえている。ただし，英語の competence / competency に関してはコンピテンシーという訳の方が一般的であることを鑑みると，compétence についても，コンピテンシーと訳す方がより望ましいと思われる。

　一方，compétence を「技能」と訳すことに対しては，筆者は反対の立場である。それは，先述したようにフランス語圏の論者は compétence と技能（savoir-faire）を異なる能力概念として説明している上，compétence を技能と訳すと，compétence は OECD や EU の competence / competency の類概念であることがわからなくなり，混乱を招くと考えるからである。

　フランスの「知識と compétence の共通基礎」は，OECD と EU のコンピテ

---

(43)　European Communities, *op. cit.*. Le Parlement Européen et le Conseil de l'Union Européenne, *op. cit.*.

(44)　たとえば，次を参照。中央教育審議会「幼稚園，小学校，中学校，高等学校及び特別支援学校の学習指導要領等の改善について（答申）」2008年1月17日。中央教育審議会「初等中等教育における教育課程の基準等の在り方について（諮問）」2014年11月20日。勝野頼彦（研究代表者）『社会の変化に対応する資質や能力を育成する教育課程編成の基本原理（教育課程の編成に関する基礎的研究報告書5）』国立教育政策研究所，2013年。

(45)　田﨑徳友・金井裕美子「比較表1　フランス」勝野，前掲報告書，p. 9。

ンシー（competence / competency）概念の影響を受けて制定された。さらに，OECD のコンピテンシー概念は，フランス語圏の compétence 論を論拠の一つにしている（本章第 2 節第 1～2 項を参照）。したがって，compétence を技能と訳すと，OECD の competency/competence も，技能と訳さなければならなくなる。だが，OECD は，competence は技能（skill）と明らかに異なると述べている。⁽⁴⁶⁾また，キー・コンピテンシーのように，competency / competence はコンピテンシーと訳されることが多いため，整合性がとれなくなる。

そもそも筆者は，フランス語の compétence の邦訳を，日本に元からあった言葉で表すことについても慎重な立場である。それは，フランス人にとっても自明ではなく多義的な compétence という能力概念を，一つの解釈に収斂された訳語で語ることは適当ではないと考えるからである。フランスの代表的な辞典である『フランス語宝典』や『ラルース大辞典』には，複数の領域の知識や技能，態度などを総合して特定の文脈の課題を解決する力という compétence の近年の用法は載っていない。⁽⁴⁷⁾この近年の用法に関しては，本節第 1 項で見たように，フランス語圏の論者によって捉え方が異なっている。このように未確定で多義的な概念を邦訳するときに，一つの意味に限定することはふさわしいとは思われない。この概念を無理に邦訳すると，「文脈依存的問題解決力」という言葉に近いものの，フランスにおいて，この意味で共通理解が得られているわけではない。その上，近年の用法における compétence（英語だと competence / competency）は，OECD や EU をはじめとして世界各国で使われているグローバルな概念であり，国や機関によってその内実は多様であることが予想される。⁽⁴⁸⁾したがって，compétence が多義的な術語であることを明確にする

---

(46)　Rychen and Salganik, *op. cit.*, p. 51（ライチェン・サルガニク編著（立田監訳），前掲書，p. 73）。

(47)　«Compétence» *in* Imbs, *op. cit.*, t. 5, p. 1169. «Compétence», *in* Guilbert L., Lagane R. et Niobey G. (dir.), *Grand Larousse de la langue française*, Paris: Larousse, 1971-1978, 7 vol., t. 2, p. 830.

(48)　勝野，前掲報告書。

第3章 コンピテンシーという新しい能力概念

ためには，カタカナで表記するしかない。

②なぜ「知識」と「コンピテンシー」が並列されたか

ただし読者は，共通基礎を「知識とコンピテンシーの共通基礎」と訳す場合，知識とコンピテンシーを並列するのはカテゴリー・ミステイクだと思うかもしれない。もちろんその通りで，知識は技能と同様にコンピテンシーの一構成要素であり，知識とコンピテンシーの並列は論理矛盾である。コンピテンシーは，問題を解決するために知識や技能などを総合する力であり，知識とはレベルの異なる能力概念であるためである。

しかしながら，各教科の知識の伝達を重視する伝統的中等教育の支持者によるコンピテンシー批判（第5章で詳述）に対して，共通基礎は教科の伝達を軽視していないと納得させるためには，政治的妥協策として，知識とコンピテンシーの並列は「必要悪」だったと考えられる。

初等・中等教員組合のSE-UNSAなどの改革派（第5章第1節第2項参照）は，中等教育が大衆化した以上，エリートの育成を理念とするリセの教育をモデルとして義務教育を構築するのは難しいと考えていた。そこで，博学的な知識ではなく通教科的なコンピテンシーで構成した共通基礎（socle commun）を定め，これをすべての生徒に習得させることで，教育の民主化を達成することをめざしていた。

一方，中等教員組合のSNES（syndicat national des enseignants de second degré）に代表される教養教育派は，教科の知識の伝達を職業的アイデンティティとしていた。そのため，教養教育派は，共通基礎ではなく，精選された教科の知識からなる共通教養（culture commune）を主張した。コンピテンシーに基づいた教育は，効率のよい労働力の養成へと学校の役割を矮小化し，経済的要請に学校を従属させることになると彼らは捉えていたからである。その上，大衆階層の子弟には最低限のコンピテンシーを育成し，恵まれた階層の子弟には高度な教養を伝達するといったように義務教育が階層化され，教育の不平等が拡大すると彼らは危惧していた。ゆえに彼らは，共通基礎の策定が決まった後も，共通基礎の中に，教科の知識をできるだけ盛り込もうと画策していた。

第Ⅱ部　教養とコンピテンシーの相克

　学習指導要領改訂をめぐる論争史を研究しているピカルディー大学行政学・政治学研究センターのクレマン（P. Clément）によると，このように教員組合間で激しい対立があったため，共通基礎の策定計画は，改革派と教養教育派のどちらかに肩入れしすぎないように進められたのだという。実際，第5章第1節第3項で後述するように，国会では，国民運動連合をはじめとするコンピテンシー教育推進派の議員と，社会党やフランス共産党の教養教育派の議員の間で，教員組合間と同様の議論が繰り広げられている。

（4）　コンピテンシーと教養・エスプリの違い

　続いて，教養やエスプリというフランスの伝統的な能力概念とコンピテンシーはいかに異なるのだろうか。

　① フランスにおける教養教育の欺瞞

　序章第1節第3項で述べたように，教養とは，断片的な知識の集積ではなく，体系的な学習で会得される非職業的・一般的な知識の構造・ネットワークである。それゆえ教養は，物事を判断し，行動する拠り所になる。この教養を身につけることで，精神・知性としてのエスプリが陶冶されていくというのが伝統的な学力観であった。

　バカロレア試験に象徴されるように，組織だった知識を活用して思考を表現する論述試験や口述試験が中等教育の評価方法の中心であるのは，その表れといえる。○×で採点できる客観テストでは，断片的な知識しか測れないため，知識が構造化されていて状況に応じて組み替えられるかどうかはわからない。知識を自由に活用できる人物であるかどうかは，論述試験や口述試験でないと判断できないのである。

　ところが，教養・エスプリを育む場である中等教育では，教科内容（知識）

---

(49) Clément P, *Genèse du socle commun de connaissances et de compétences. Une sociologie du champ de production des politiques scolaires*, Mémoire de master présentée à l'École des Hautes Études en Sciences Sociales École Normale Supérieure, 2007, p. 55, p. 58, p. 88, p. 92, p. 94, p. 117, p. 118.

第3章 コンピテンシーという新しい能力概念

の伝達が重視されてきた。デュルケーム（É. Durkheim）は1938年に、教科内容はエスプリを形成する手段にすぎないものの、教科内容の伝達を目的視して指導する教員が多いと論じている。「特に中等学校では、数学者や文学者、物理学者、あるいは博物学者を養成することが目的ではなく、文学や歴史、数学、物理、化学、自然科学を手段として、エスプリを形成することが重要なのである。しかし、〔中略〕各教師は自分の専門に閉じこもり、その教師の担当教科は常にそのために従わなければならない目的のための手段でしかないのに、それだけが唯一の教科であり、あるいは目的であるかのように考えて授業をしているのである[50]」と彼は語る。

　知識を活用して問題解決する基盤としての教養やエスプリを育むために、なぜ中等教育では知識を活用して組織化する学習ではなく、知識の伝達が行われるのだろうか。知識を教授するだけでは、生徒の頭の中で知識が互いに結びついたり、知性として人格化したりすることは期待できないのではないだろうか。

　先述したクレマンは、インタビューで次のように説明する[51]。論述の導入部の作り方といった知識の活用方法は小学校で学ぶものであり、社会の指導者層を育てる場である中等教育でそれを教えると、教育の品位が下がり、「小学校化」してしまう。それゆえ、知識の活用法が中等教育で指導されることはあまりないが、評価は知識の活用を求めるものであるため、それを家庭で学べない社会階層の生徒の多くが学業に失敗する。

　そこで教育社会学者のブルデュー（P. Bourdieu）とパスロン（J.-C. Passeron）は、出身社会階層にかかわらず成功の可能性が拓かれる教育の民主化を達成すべく、「合理的教育学（pédagogie rationnelle）」を提示した。合理的教育学は、従来家庭での形成に委ねられてきた知識を活用して思考・表現する力を、

---

(50) Durkheim É., *L'évolution pédagogique en France*, Paris: PUF, 1938, p. 13（デュルケーム É.（小関藤一郎訳）『フランス教育思想史』行路社，1981年，pp. 27-29)．原著を参照して訳を一部修正した。
(51) クレマン（P. Clément）氏の自宅で行った，筆者によるクレマン氏へのインタビュー，2013年9月3日。

学習可能な技能として体系化し，どの社会階層の生徒にも学校で教授することを謳う教育論である。「文学教師が，自分が伝えている教養の内容そのものに結びついていると理由もなく思っている口頭表現や文書表現の名人芸を生徒に期待してもいいとすれば，それはただ，文学教師がこうした力をあるがままのものとして，すなわち訓練によって獲得できる能力として捉え，それを獲得する手段をすべての生徒に提供するよう責任を持って務めるという条件のもとでだけである(52)」と。ところが合理的教育学は広まらず，中等教員は教科内容の伝達に固執したままだとクレマンは述べる。

②教養・エスプリとコンピテンシーの相違点

さらに，教養・エスプリとコンピテンシーの違いについて，クレマンは次のように説明する。コンピテンシーを知識などの個別的な要素に細分化し，それを一つひとつ習得していくことで，最終的にコンピテンシーが身につくという能力の分割・総合の考え方は，伝統的な教養教育にはないという。

他方，ラヴァルは，インタビューで次のように説明する(53)。中等教育では伝統的に，特定の職業への準備教育を行うのではなく，一貫した知の体系に基づいて教養を伝授し，教養によって自己実現する市民を育成することがめざされてきた。一方，コンピテンシーは具体的な問題を解決する力である。社会・経済生活の様々な問題一つひとつが特定のコンピテンシーに対応している。それゆえ，コンピテンシーは問題ごとにリスト化され，無制限に細分化して述べられる。生活の要請に応じてコンピテンシーをバラバラに身につけるのがコンピテンシーに基づいた教育であり，知の断片化を伴うという。

(52) Bourdieu P. et Passeron J.-C., *Les héritiers. Les étudiants et la culture*, Paris: Minuit, 1964, p. 110（ブルデュー P.・パスロン J.-C.（石井洋二郎監訳）『遺産相続者たち―学生と文化―』藤原書店，1997年，p. 133）．原著を参照して訳を一部修正した。ブルデューの「合理的教育学」については，次の文献を参照。小澤浩明「P.ブルデューの合理的教育学の展開と再評価―ネオ・リベラリズム批判の視点から―」『日仏教育学会年報』第10巻，第32号，2003年，pp. 89-99。

(53) パリ西ナンテール大学で行った，筆者によるラヴァル（C. Laval）氏へのインタビュー，2013年9月4日。

第3章 コンピテンシーという新しい能力概念

　ラヴァルの説明は次のように解釈できる。伝統的な中等教育は，三原色と黒・白の絵具を与えて描画の原則を教え，後はその５色の絵具を使って各自が描きたいものを描かせるものといえよう。将来，リンゴの静物画を描くことになると，生徒は，描画の原則を活用して５色の絵具を混ぜ合わせ，目の前にあるリンゴと同じ色を創りだしていける。また，風景画を描くことになれば，原則に沿いながら絵具を混ぜ合わせ，風景の中にある様々な色を生み出していける。このように伝統的な中等教育は，教養を体系だてて学んだら，以後はその教養を組み替えて人生の様々な課題に対応できるはず，という考え方に基づいている。対して，コンピテンシーに基づいた教育は，子どもが将来描きたいであろう物の数ごとの無数の色の絵具を与え，物ごとの描き方を教えるというものである。リンゴを描くためにリンゴ色の絵具を与え，その絵具に関する知識やリンゴの描き方を教え，リンゴを描かせる。また，雲を描くための雲色の絵具を与え，その絵具に関する知識や雲の描き方を教え，雲を描かせる。このようにコンピテンシーに基づいた教育は，人生で起こりうる無限の課題ごとの対応力を育成する教育なのである。

　以上のように，古典的な中等教育は，各教科の知識を系統だてて教授することで，教養を体得させることを重視してきた。生徒は，知識を活用して表現する能力を主に家庭で養うことで，教養，さらにはそれが人格化したエスプリを駆使し，人生において臨機応変に自己実現できる市民になると考えられてきたからである。他方，コンピテンシーに基づいた教育は，現実生活の様々な課題に対応する力としてコンピテンシーをリスト化し，各コンピテンシーを構成する様々な教科領域の知識や「能力」，態度を一つひとつ獲得させ，それらを当該の課題に向けて総合する力を高めることで，労働者を育成しようとするものである。ゆえに，特定の状況の具体的な課題を解決するために様々な教科領域の知識を総合する通教科的な力を身につけることが教育の中心となる。

　教養・エスプリを発揮する際に必要となる知識を活用して表現する能力は，これまで家庭での形成に委ねられてきた。コンピテンシーの論理は，この能力を学校で明示的に伝達しようとするものであり，社会的不平等の縮小につなが

る契機を持つと評価できる。

　また，エスプリは知識を活用する状況に縛りがなく汎用性に富んでいるのに対して，コンピテンシーは学習した状況でしか知識を活用できない力であるという違いもある。問題解決力という点で両者は共通しているが，エスプリは未知の状況のどんな問題でも教養を活用して解決する力である一方，コンピテンシーは不特定な状況の問題を解決する力とはならない。この意味では，コンピテンシーよりもむしろエスプリの方が，企業界で求められている柔軟な対応力であると捉えることもできよう。コンピテンシーに基づいた教育は，教科の知識の伝達に偏向した従来の教育を乗り越えるべく知識の活用力の育成を掲げているが，原理原則の習得抜きにパッケージ化された活用問題の解き方だけ学んでも，臨機応変に活用する力は身につかないという自己矛盾に陥っている。

　③コンピテンシーの文脈依存性の程度

　ただし，本節第1項で述べたようにフランスのコンピテンシーの定義は論者によって様々であり，状況の規定力についてラヴァルよりも緩やかな考え方の論者もいる。

　たとえばペルヌーは，状況と同じ数だけのコンピテンシーが存在しているというのではなく，また，どんな状況にも適用できるコンピテンシーが存在するわけではないが，似たような状況のグループにはコンピテンシーは転移可能だと主張している[54]。あるコンピテンシーが特定の一つの状況にしか対応できないなら，人生では非常に様々な状況に出会うので，コンピテンシーを身につけてもあまり役に立たない。だが，人生で出会う状況は全く無秩序なものでも，激しく移り変わるものでもなく，似たもの同士で一定のグループを形成している。似た状況で作られたコンピテンシーは，当該の状況に対応するコンピテンシーの大枠となり，その状況に見合ったコンピテンシーの構築を助けるのだという。「似たような状況のグループに対応することができるから，コンピテンシーは有益だということである。たった一つの状況に対応するために発達させたコン

---

(54)　Perrenoud, *op. cit.*, 1997, pp. 35-37.

ピテンシーというものを考えることができるだろうか。それは一見して意味があまりない。〔中略〕私たちのコンピテンシーのほとんどは,もう少し劇的ではなく,よりゆったりした環境の中で作られる。そしてそれは,大枠が作られたコンピテンシーの漸次的な構築に貢献できるのだ」と。[55]

　これはたとえば,カルチャーセンターで身につけた,ミニトマトを家庭で苗から育てる栽培のコンピテンシーは,300ヘクタールの農地でミニトマトを栽培して販売するという状況には必ずしも転移しないが,ナスを家庭で苗から栽培するという状況には転移するということだといえよう。家庭で少量栽培する場合と違って,商業用に大量に栽培する場合では,栽培のコンピテンシーだけではなく,農業経営のコンピテンシーも必要となる。コストを制限し,おいしく見た目のよいミニトマトを栽培し,販路も開拓しなければならない。したがって,ミニトマトを家庭栽培するコンピテンシーを獲得していたとしても,商業用栽培には失敗することもある。その一方,ナスの家庭栽培では,土の配合比率や植つけの方法などが,ミニトマトの栽培の場合と多少異なるとはいえ,土作り,植つけ,水やり,整枝,追肥,収穫という栽培のプロセスは同じであり,栽培の難易度もほぼ同等である。そのため,栽培の知識や,それを実践する「能力」など,必要となるコンピテンシーの構成要素は類似している。それゆえ,ミニトマトの家庭栽培のコンピテンシーを習得していれば,新たに必要となる知識があるとはいえ,ナスの家庭栽培も乗り切ることができるのである。

3　まとめ

　本章では,コンピテンシーという新しい能力概念の内実について,中等教育の伝統的な能力概念である教養・エスプリや技能・「能力」と比較しながら検討してきた。
　フランスのコンピテンシー概念の特徴は,文脈依存性・領域横断性(通教科

---

(55) *Ibid.*, pp. 37-38.

性)・総合性・実用性・教育可能性という言葉で表すことができる。コンピテンシーは，複数の教科領域の知識や技能，「能力」を総合して特定の文脈の課題を解決する力であり，実社会の複合的な問題の解決に直接役立ちうる上，学校教育を通して育成が可能な力である。

こうしたフランスのコンピテンシー概念については，次の二つの問題点が指摘できる。一つは，コンピテンシーは特定の文脈の課題を解決する力でしかないため，学習した文脈とは異なる文脈の課題の解決につながるかは不明瞭であるという点である。現実社会の文脈は無限にあって予測不可能であり，将来出会いうるすべての文脈における問題解決力を文脈ごとに一つひとつ学習することはできないからだ。ただし，ペルヌーのように，学習した状況と似た状況にはコンピテンシーは転移すると捉えた場合，この問題点は一定程度解消される。もう一つの問題点は，ラヴァルが指摘したように，特定の文脈における問題解決力を文脈ごとに学ぶコンピテンシーに基づいた教育は，学習の断片化を招く危険性と隣り合わせにあるという点である。

このようなフランスのコンピテンシー概念は，OECDやEUのコンピテンシー概念と似通っている。OECDやEUのコンピテンシー概念が，共通基礎策定の基礎になったからである。2006年の政令に，共通基礎は，欧州議会と欧州連合理事会の「生涯教育および生涯学習のためのキー・コンピテンシーの欧州基準枠組み」とOECDのPISA調査を参考に作成されたと述べられている[56]。

先述したように，EUのコンピテンシーは，「状況にうまく適応するために，知識やスキル，態度を組み合わせる」力を意味している。

他方，OECDのDeSeCoのコンピテンシーは，「特定の文脈における複雑な要求」にうまく対応するために，知識や技能，態度，価値観などを結集し，「統合」する能力とされ，あるコンピテンシーは特定の文脈でしか発揮されないと定義されている。どんな構成要素をどのように組み合わせる必要があるかは，生活の中で直面する需要によって決まるからである[57]。

---

(56) Décret du 11 juillet 2006, *B. O.*, no.29, du 20 juillet 2006.

第3章　コンピテンシーという新しい能力概念

　ここで注意すべきなのは，コンピテンシーとキー・コンピテンシーは異なった概念であるとOECDが説明していることである。上述した通り，コンピテンシーは特定の文脈で発揮される能力であり，あらゆる文脈で行使できるわけではないとされている。「コンピテンシーを文脈と関連づける必要性は，状況に埋め込まれた学習の理論をよく反映しており，その理論は，コンピテンシーが発達し使用される文脈から切り離せないものとしてコンピテンシーを捉えている。〔中略〕コンピテンシーの文脈的性質のため，コンピテンシーは，異なる文脈において集められた証拠からは推察できない」[58]。

　その一方，キー・コンピテンシーは，生活・社会の需要ごとにいくつも想定できるコンピテンシーの中から選択された重要なものであり，人生の幅広い文脈の問題解決に有用であるという。「DeSeCoの焦点は，幅広い文脈において重要な個人的・社会的需要に対応するために役立つと考えられるコンピテンシーに置かれていた。〔中略〕これは，キー・コンピテンシーが一つの領域だけに特定されないことを意味する。キー・コンピテンシーは，生活の多様な領域に適用されるという意味で，横断的である」[59]。

　日本では，DeSeCoのキー・コンピテンシーは一般性を持つ能力といわれているため，コンピテンシーもまた汎用的な能力だと誤解する例が見られる[60]。しかしOECDは，コンピテンシーは文脈依存性を持ち，キー・コンピテンシーは一般性を持つと，それぞれを区別して定義しているのだ。

　以上から，フランスとEU，OECDのコンピテンシーの共通点として，次の三つが指摘できる。①認知的側面だけでなく情意など非認知的側面にも及ぶこと，②課題解決に必要な個人の内的属性（知識や技能，態度など）を組み合わせるという，社会の要請に応えるための総合力であること，③特定の状況で行使される文脈依存的な概念であること，である。このように理論レベルでは，

---

(57)　Rychen and Salganik, *op. cit.*, pp. 43-53（ライチェン・サルガニク編著（立田監訳），前掲書，pp. 65-75）．原著を参照して訳を一部修正した。
(58)　*Ibid.*, p. 46, p. 48（同上書，p. 68, p. 70）．原著を参照して訳を一部修正した。
(59)　*Ibid.*, p. 67（同上書，p. 89）．原著を参照して訳を一部修正した。

フランスとEU，OECDのコンピテンシーは非常に似ているといえる。それも当然で，OECDとEUのコンピテンシー概念がフランスのコンピテンシー概念構築のお手本となってきた上，OECDのコンピテンシー概念もまた，ペルヌーやル・ボテフといったフランス語圏の論者の影響を受けているためである。

それゆえ，フランスのコンピテンシー概念のどのような点が独自のものなのかは見えにくい。だが，「何のための能力か」という観点からは違いが見出だせる。OECDは，松下佳代が指摘しているように，「個人の人生の成功（クオリティ・オブ・ライフ）」と「うまく機能する社会」の両者を達成するために習得させるべき力としてコンピテンシーを構想している。つまり，OECDのコンピテンシーは，個人が職業生活だけでなく，市民生活や家庭生活をもよりよく生きるとともに，経済的・政治的・文化的・生態学的に豊かな社会を実現するために，各自が学ぶべき力なのである(61)。そしてEUのコンピテンシーは，個人の私的・社会的・職業的生活を向上させるとともに国家の社会的統合や経済競争力，経済成長を推進するために，ヨーロッパ市民として獲得すべき力である(62)。他方，フランスのコンピテンシーは，労働力としての人材を効率的に育成・選抜するために使用されはじめた概念である。そのため，フランスのコン

---

(60) たとえば，平塚眞樹は，OECDのキー・コンピテンシーだけではなくコンピテンシーも，あらゆる場面に転用可能な汎用的能力だと述べている。「OECDとEUのキー・コンピテンシー概念を概観してきたが〔中略〕以下で簡単にまとめてみよう。〔中略〕第二には，転用可能な能力という性格である。コンピテンシーは，固有の場面・領域に役立つ能力ではなく，現時点では予想もつかない未来のさまざまな場面にも，知識・スキル・態度などの組み合わせを随時変えることで柔軟に対応するための能力と考えられる」（平塚眞樹「能力観の転換と自立像をめぐる変容―キー・コンピテンシーをめぐって―」唯物論研究協会編『自立と管理／自立と連帯（唯物論研究年誌第12号）』青木書店，2007年，p. 51）。

(61) 松下佳代「〈新しい能力〉概念と教育―その背景と系譜―」松下佳代編著『〈新しい能力〉は教育を変えるか―学力・リテラシー・コンピテンシー―』ミネルヴァ書房，2010年，p. 31。

(62) Le Parlement Européen et le Conseil de l'Union Européenne, *op. cit.*.

第3章　コンピテンシーという新しい能力概念

ピテンシーは，個人生活の享受者・社会の担い手である市民になるために獲得すべき力というよりは，人的資源として有用な労働者になるために身につけるべき力である。OECD や EU のコンピテンシーがこれからの社会を創り上げていく市民としての力であるのに対して，フランスのコンピテンシーは，今の社会に要領よく適応する労働者としての力であるという違いがあるといえよう。

　以上のフランスのコンピテンシー概念を伝統的な教養・エスプリと比べると，それぞれの特徴は次のようにまとめられる。教養・エスプリは，市民になるための非職業的な能力で汎用性がある一方，教育可能性に限界がある。他方，コンピテンシーは，労働者になるための実用的な能力であり，教育可能性に富んでいるものの，学習した特定の文脈の課題，もしくは学習した文脈と類似する文脈の課題しか解決できないという問題点を抱えている。

　こうしたコンピテンシーは，実践場面でどのように評価することがめざされているのだろうか。次章では，共通基礎のコンピテンシーを評価するために2010年度から全国の小学校・コレージュで導入されている「コンピテンシー個人簿（LPC）」の実践モデルから，コンピテンシーの具体像に迫ってみよう。

第4章
「コンピテンシー個人簿」に見る新しい評価観

　前章で説明したコンピテンシーは，実践場面でどのように評価することがめざされているのだろうか。共通基礎のコンピテンシーを評価・認証するために，小学校では2008年度から，コレージュでは2010年度から導入されている「コンピテンシー個人簿（livret personnel de compétences: LPC）」（以下，LPC）の実践モデルをもとに，コンピテンシーに基づく新しい評価観に迫ってみよう。

1　「コンピテンシー個人簿」の制度枠組み

　はじめに，LPCの制度枠組みを説明する[1]。

　LPCは，小学校では，従来から使われてきた「学習記録簿（livret scolaire）」の一部である。学習記録簿は，各教科の目標の到達状況を記録するとともに，学習状況を保護者に連絡するという，日本での指導要録と通知表を合わせた機能を持つ文書である。学習記録簿には，各教科の評価の記録や全国学力テストの結果などとともに，LPCの内容が記される[2]。

　コレージュでは，LPCは，学習記録簿と併存する形で位置づいている。学

---

[1] Circulaire du 18 juin 2010, B. O., no.27, du 18 juin 2010. 2016年度から，LPCは廃止され，共通基礎の習得は，改編された学習記録簿に記載されることになった。

[2] 学習記録簿については，細尾萌子「諸外国の評価4　フランス」田中耕治編著『小学校新指導要録改訂のポイント』日本標準，2010年，pp.104-105および，小野田正利「フランスにおける教育評価①　20点満点の到達度評価と簡単な所見―生徒の学習評価―」『週刊教育資料』第694号，2000年，pp.14-15を参照。

習記録簿には，各教科の成績や担任教員の所見，落第・進級の提案が示される。保護者には，学習記録簿とLPCの両方が渡されている。

　LPCには二つの機能がある。一つ目は，共通基礎を構成する七つのコンピテンシーの習得を認証するという制度的機能である。二つ目は，各生徒の習得の過程を義務教育期間を通じて追跡するという教育的機能である。

　一つ目の習得認証の機能を果たすために，共通基礎のコンピテンシーの認証方法が定められている。コンピテンシーの認証は三つの学習期の終了時（小学校2年生末：第1段階，小学校5年生末：第2段階，義務教育終了時（多くの場合はコレージュ終了時）：第3段階）になされ，結果がLPCに記入される。

　第1段階，第2段階，第3段階で習得すべきコンピテンシーはそれぞれ異なっている。第1段階では，①フランス語の習得，③数学の基本原理および科学的技術的教養，⑥社会的公民的コンピテンシーの三つのコンピテンシーだけが評価対象であるが，第2・第3段階では，共通基礎の七つのコンピテンシーすべてが評価対象となる。それは，①フランス語の習得，②一つの現代外国語の実用，③数学の基本原理および科学的技術的教養，④情報通信に関する日常的な技術の習得，⑤人文的教養，⑥社会的公民的コンピテンシー，⑦自律性および自発性，である。

　共通基礎の各コンピテンシーは，いくつかの領域（domaine）から構成されている。さらに各領域は，複数の項目（item）に細分化されている。各項目は，知識，「能力（capacité）」，態度のいずれかである。第3段階（コレージュ）の七つのコンピテンシーは，合計で26の領域，97の項目に分かれている。共通基礎が細かく区分されていることがわかるだろう。表3に，第3段階におけるコンピテンシー3（数学の基本原理および科学的技術的教養）のLPCの全国モデルを示している。

　コンピテンシーの各領域・項目の評価は，生徒一人ひとりについて，担任教師が日常の授業の中で行う。生徒が習得したと判断するたびに，教師が，LPCの該当する領域または項目の欄に習得の日付を記録していく。そして学習期末になると，LPCの記載をもとに，各コンピテンシーの習得の可否を教師集団

第4章 「コンピテンシー個人簿」に見る新しい評価観

表3　第3段階（義務教育終了）におけるコンピテンシー3（数学の基本原理および科学的技術的教養）のコンピテンシー個人簿の全国モデル

		日付
領域	科学的・技術的解法を実践し，問題を解決する。	
項目	有用な情報を探し，抽出し，構成する。	
	指示を遂行し，操作し，測定し，計算し，適用する。	
	実験的解法または技術的解法を推論し，論証し，実践し，証明する。	
	辿った解法や得られた結果を提示し，適切な言語で伝える。	
領域	数学の知識とコンピテンシーを利用できる。	
項目	**データの構成と処理**：比例の状況を識別し，％や表，グラフを利用する。統計的データを活用し，確率の単純な状況に取り組む。	
	数と計算：整数と小数，分数を知り利用する。計算を適切に行う：暗算で，手を使って，計算機で，パソコンで。	
	幾何：幾何図形と空間物体を知り表わす。その性質を利用する。	
	大きさと測定：様々な単位を用いて，測定を実施し（長さ，期間など），値（体積，速さなど）を計算する。	
領域	様々な科学領域の知識を利用できる。	
項目	**宇宙と地球**：宇宙の構造，地球の地質学上の構成と年月を経た変化，物理現象。	
	物質：特徴的な原則，形態と変化，物質と素材の物理的・科学的特性，電子の動き，光との相互作用。	
	生物：組織の統一性と多様性，生物の機能，種の進化，人体の組織と機能。	
	エネルギー：エネルギーの様々な形態（特に電気エネルギー），エネルギーのある形態から他の形態への変化。	
	技術製品：分析と概念，製作。機能と使用条件。	
領域	環境と持続的発展。	
項目	環境と持続的発展に関連する問題を理解するために自分の知識を動員する。	
	コンピテンシー3を認証した	

（出典）　Annexe, arrêté du 14 juin 2010, B. O., no.27, du 8 juillet 2010を筆者が訳出。

の話し合いで決定する。コンピテンシーを構成するいくつかの項目が未習得の場合でも，総合的な判断によってコンピテンシーの習得を認証することが認められている。ただし，ある領域に明らかな欠陥がある場合は，その領域を含むコンピテンシーの習得を認証することはできない。[3]

小学校修了時とコレージュ修了時には，生徒のコンピテンシー習得状況を知

らせるため，LPCのコピーが保護者に渡される。

　続いて，各生徒の漸次的な習得過程を辿るという二つ目の教育的機能を果たすための三つの規定について説明する。第1に，生徒が小学校を修了すると，その生徒のLPCは進学先のコレージュに渡される。LPCは，生徒一人ひとりの得意な点と困難な点をコレージュの教員に伝え，「教育成功個別プログラム（PPRE）」の学習目標を決める手助けになるためである。PPREは，第3章第1節第1項で述べたように，共通基礎の未習得箇所を対象とした，フランス語と数学，外国語・地域語の学習支援である。

　第2に，生徒がコレージュ修了時にコンピテンシーをすべて習得していなかった場合，LPCはリセなど進学先に渡される。これをもとに，進学先の担任教師は入学当初から，ニーズに応じた「個別学習支援（accompagnement personnalisé: AP）」を実施できる。APは，2010～2012年度に実施されたリセ（普通科・技術科）の教育課程改革で新設された領域である。APは，生徒一人ひとりの学習困難の回復や知識の深化，進路計画の支援を目的としている（第6章第1節を参照）。進学先の教師が，コレージュから引き継がれたLPCに，コンピテンシーの評価・認証記録を書き続けることが認められている。

　第3に，LPCの全国モデルが，2010年度から，全国の小学校・コレージュで使用されている。生徒の学習結果を義務教育期間全体で一貫して把握するためである。全国モデルは，どの段階，どのコンピテンシーにおいても，表3と同様の形式を取っている。

　このようにLPCは，総括的評価としての制度的な評価簿であるのみならず，小学校入学から義務教育終了までの一年一年，各生徒の得意な点と苦手な点，およびその発達過程を教師が具体的に把握し，それに応じた指導計画を立てる

（3）　第5章第2節第1項で後述するように，2012年度からは，LPCが簡略化された。大きな学習困難を抱えていない生徒についてはコンピテンシーごとの評価でよく，領域・項目ごとの評価は不要となった。

（4）　LPCの全国モデルは，Annexe, arrêté du 14 juin 2010, B. O., no.27, du 8 juillet 2010 を参照。

第4章 「コンピテンシー個人簿」に見る新しい評価観

ことを助ける形成的評価の仕組みとしても設計されている。

2 「コンピテンシー個人簿」の実践モデル

(1) コンピテンシーの評価方法

　次いで，国民教育省が発行した教師向けの LPC の手引書から，担任教師がコンピテンシーの習得をどのように評価することが推奨されているのかを探る。その際，中等教育期間である，コレージュ 1 年生から義務教育終了までの第 3 段階を取り上げる。

　2011年度から，共通基礎のすべてのコンピテンシーの認証が，前期中等教育修了国家資格（diplôme national du brevet: DNB）授与の基本要件となった[5]。そのため，共通基礎の最終認証段階である第 3 段階ではとくに，LPC の評価方法の妥当性や信頼性が問われている。

　DNB は，後期中等教育への進学要件ではないものの，前期中等教育の修了を認定する資格である。コレージュ 4 年生（最終学年）末に実施される DNB 試験の点数とコレージュ 4 年生の平常点をもとに，DNB の授与が判断される。DNB 試験は，フランス語・数学・歴史地理市民教育の 3 教科の筆記試験と，芸術史の口述試験からなる[6]。2013年度の DNB 合格率は84.5%であった[7]。

　ここでは，第 3 段階で評価対象となっている七つのコンピテンシーのうち，公開資料が豊富で実態が明らかであるコンピテンシー 3 （数学の基本原理および科学的技術的教養）を例として検討する。

（5）　Arrêté du 9 juillet 2009, *B. O.*, no.31, du 27 août 2009. 前期中等教育修了国家資格（DNB）試験に関しては，次の文献を参照。上原秀一「前期中等教育の修了認定試験制度の成立と展開」研究代表者：古沢常雄『フランスにおける社会的排除のメカニズムと学校教育の再構築（平成19～21年度科学研究費補助金基盤研究（B）研究成果報告書）』2010年，pp. 13-26。

（6）　Note de service du 24 février 2012, *B. O.*, no.13, du 29 mars 2012.

（7）　Ministère de l'Éducation nationale, *Repères et références statistiques*, 2013, p. 238.

第3段階のコンピテンシー3の評価に関しては，国民教育省が4種類の教師用手引書を発行している（教育従事者のための全国サイトÉduscolのサイト[8]でダウンロード可）。それは，①共通基礎の評価・認証の全般的な解説[9]，②コンピテンシーの各項目の評価基準表[10]，③コンピテンシーの各項目に関する学年ごとの発達表[11]，④評価課題・援助の解説・事例集[12]，である。

手引書①によると，コンピテンシーの評価は，次の三つのプロセスで行われる。一つ目は，コンピテンシーが行使される複雑な課題（tâche complexe）の提示である。現実生活で起こるような状況の課題は，探究心を刺激し，生徒を動機づけられると述べられている。二つ目は，学習の援助（aide）である。課題に取り組む姿を観察し，課題が解けない生徒には，それぞれの学習困難に応じて，知識や「能力」の動員方法を自ら考えるための援助を与える。三つ目は，評価である。生徒が教師の援助なしに一人で課題を解決できると，課題で対象とされているコンピテンシーが習得されたと判断する。

手引書②の評価基準表では，評価の客観性を高めるために，コンピテンシーの各項目の習得を判断する規準（critère）として，期待されている行動の質が定義されている。さらに，この規準を具体化するために，各規準の指標（indicateur）として，観察可能または測定可能な行動も示されている。

以上のように教師には，現実的な状況の複雑な課題を課し，全国統一の評価

（8） ÉduscolのHP, http://eduscol.education.fr/cid52432/outils-pour-l-evaluation-des-competences.html, 2014年9月13日確認。

（9） Ministère de l'Éducation nationale, *Repères pour sa mise en œuvre au collège. Le livret personnel de compétences*, 2010.

（10） Ministère de l'Éducation nationale, de la jeunesse et de la vie associative, *Grilles de références pour l'évaluation et la validation des compétences du socle commun*, 2011.

（11） Ministère de l'Éducation nationale, de la jeunesse et de la vie associative, *Aide au suivi de l'acquisition des connaissances et des capacités du socle commun*, 2011.

（12） Ministère de l'Éducation nationale, de la jeunesse et de la vie associative, *Vademecum. Compétence 3. Les principaux éléments de mathématiques et la culture scientifique et technologique*, 2011.

基準に基づいてコンピテンシーの習得を評価し，生徒のニーズに合わせて援助することが求められている。

(2) 数学の実践モデル

このような評価方法をどのように実践することが想定されているのだろうか。コンピテンシー3については，コンピテンシーの育成と評価に使える国民教育省の学習・評価状況バンクが，Éduscolのサイト上に構築されている[13]。コンピテンシー3の育成にとくにかかわる数学と物理・科学，生命・地球科学，技術の4科目の学習・評価状況と，領域横断的な学習・評価状況のモデルが示されている。そこで，国際的な共通性がもっとも高く，日本と比較しやすい数学を取り上げ，コンピテンシーの評価方法の具体的な姿をのぞいてみる。

数学の学習・評価状況は14個提案されている。いずれも日常生活や市民生活，職業など具体的な状況の課題である。このうち，コレージュ4年生対象の「近道」を検討する。

「近道」(図7)では，学校に遅刻するという生活で起こりえる具体的な状況を，数学の概念を活用して克服することが求められている。よってこれは，コンピテンシーの特徴である「文脈依存性」を反映した課題といえよう。ただ，この文脈がすべての生徒にとってレリバンス（学びの意味）の強いものであるかについては疑問も残る。というのも，実際に遅刻しそうなときに，近道を通ることで節約できる時間を計算することは考えにくいからである。この課題で与えられているのは，評価のための人工的な文脈であり，なぜこんなことを考えるのかと，文脈に「乗れない」生徒もいるかもしれない。

この課題について，表4の評価基準が定められている。評価基準では，コンピテンシー3の「科学的・技術的解法を実践し，問題を解決する」領域のすべての項目と，「数学の知識とコンピテンシーを活用できる」領域の項目「数と計算」・「幾何」・「大きさと測定」が対象とされている。具体的には，距離＝速

---

(13) Éduscolの前掲HP。

第Ⅱ部　教養とコンピテンシーの相克

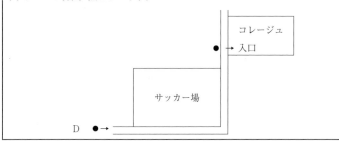

　デニスはコレージュに向かっています。遅刻しているので到着を急いでいます。いつもの道を通る代わりに、デニスとコレージュの間にあるサッカー場の対角線を通ることにしました。デニスは平均時速4.5kmの速度で歩きます。デニスは近道をすることで、どのくらいの時間の節約が期待できますか。
　サッカー場を対角線で横切ることによってデニスが節約できる時間を、分と秒で計算しなさい。すべての計算過程を説明しながら、あなたの展開を明確に示しなさい。
　下の図は、コレージュの地区の地図です。サッカー場は横400m、縦300mの長方形です。デニスは現在、点Dにいます。

図7　数学の学習・評価状況「近道」

（出典）ÉduscolのHP, http://eduscol.education.fr/cid56349/banque-situations-apprentissage-telecharger.html, 2011年9月3日確認を筆者が訳出。

度×時間の公式や、時間・距離の単位（大きさと測定領域）、ピタゴラスの定義（幾何領域）という複数の領域の知識と、計算や比較、表現の「能力」を組み合わせることが必要とされている。ここから「近道」は、前の学年や別の単元で学んだ知識や「能力」を組み合わせて使いこなす、総合性を要する課題とわかる。

　さらにこの課題は、数学の力に加え、正確で明瞭な表現を使うフランス語のコンピテンシーもなければ十分に取り組めない。計算過程を、式と答えだけではなく、文章でも説明することが求められているからである。したがって「近道」は、一定程度の領域横断性を持つ課題であると見ることもできる。

　ただし、アルバイトの労働契約書の条件が法律に則っているかを文章で説明する別の課題（コレージュ4年生「夏休みのバイト」：表5）に比べると、領域横断性は弱い。この課題では、コンピテンシー3（数学の基本原理および科学的技術的教養）・5（人文的教養）・6（社会的公民的コンピテンシー）の三つが評価対象であると明示されており、複数の教科領域の知識や「能力」を総合し

第4章 「コンピテンシー個人簿」に見る新しい評価観

表4　数学の課題「近道」の評価基準

科学的・技術的解法を実践し，問題を解決する。	この状況で評価できる「能力」	成功の指標の例
有用な情報を探し，抽出し，構成する。	・有用な情報を抽出する。表明し直し，表示し，記号化し，解読する。	・図を記号化し，比較すべき二つの行程を識別する。
指示を遂行し，操作し，測定し，計算し，適用する。実験的解法または技術的解法を推論し，論証し，実践し，証明する。	・計算し，公式を使う。・解決方法と計算過程，手続きを提示する。・計算結果を活用する。	・対角線の長さを計算する。・距離＝速度×時間の公式を使って時間を計算する。・有用な距離を計算する。・節約できる時間を適切な方法と一貫したステップで計算する。
辿った解法や得られた結果を提示し，適切な言語で伝える。	・解法と計算結果，解決方法を適切な形で示す。	・解法を，ステップと計算過程を正当化しながら，筆記または口頭で構造的に説明する。

数学の知識とコンピテンシーを活用できる。	この状況で評価できる「能力」	成功の指標の例
数と計算	・数を比較する。・適切な操作を選択する。・計算を巧みに行う。	・二つの行程にかかる時間を比較する。・計算機を一貫性のある方法で使う。
幾何	・解決するために，図形の特性と幾何の定理を使う。・演繹で問題を単純化する。	・ピタゴラスの定義を適用するために，サッカー場の直角を使う。
大きさと測定	・長さと面積，体積，距離，速度を計算する。・当該の大きさに関して単位の変換を行う。	・有用な距離と問題となっている時間を計算する。・1.5分＝1分30秒など，時間を変換する。・時速○kmを秒速○mに変換する。その逆をする。

（出典）　Éduscol の HP，http://eduscol.education.fr/cid56349/banque-situations-apprentissage-telecharger.html，2011年9月3日確認を筆者が訳出。

て問題解決しなければならないことがより明白である。

「近道」では，表4の評価基準の達成に向けて，教師が課題を出し，生徒が自力解決する。教師は生徒の様子を見て，援助の必要な生徒がいると，ニーズ

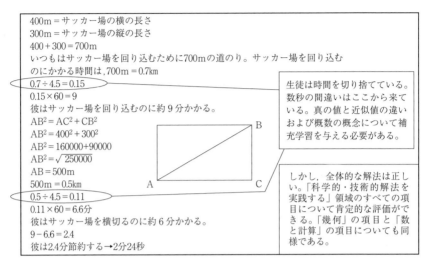

図8 「近道」の生徒の解答に対するコメント

(出典) Éduscol の HP, http://eduscol.education.fr/cid56349/banque-situations-apprentissage-telecharger.html, 2011年9月3日確認を筆者が訳出。

に即したヒントを与える。具体的には，問題状況や教師の指示を理解しているかを確認したり，解法を考える援助をしたり，必要な知識を提供したりする。

自力解決時における生徒の解答と解答へのコメントのモデルを，図8に示している。割算では真の値（$0.7 \div 4.5 = 7/45$）を出す必要があるにもかかわらず，この生徒は近似値（0.15）を商として書いている。そこで，真の値と近似値の違いや概数の概念について補充学習を与えるべきであるとコメントされている。

次に，生徒が何人かのグループになり，各自の解法をグループ内で交流する。複雑な課題では解法は一つではなく，様々な解き方がありうるためである。

そしてクラス全体で，各グループで出てきた解法を共有する。多様な解法や不十分な解法が出てきたら，どの解法がもっとも巧みか，不十分な解法はどこが間違っているかを話し合う。教師はこの生徒間の話し合いを組織し，生徒の知識や「能力」を構造化する。

以上のように実践モデルでは，コンピテンシーの評価は学習過程に組み込ま

第4章 「コンピテンシー個人簿」に見る新しい評価観

表5　数学の学習・評価状況「夏休みのバイト」

状況
セバスチャンは16歳で，今まで働いたことがありません。彼は夏休みの使い走りのアルバイトを見つけました。その条件は次のものです。「7月4日月曜日から7月29日金曜日までの仕事。月から金まで。8：30～13：00および14：00～17：30。計921.60ユーロの賃金。92.16ユーロの有給休暇つき」。資料①②③と計算機，辞書を用いて，雇用主が現行の法律を順守しているかセバスチャンが確かめる手助けをしなさい。論拠を示しながら，文章で答えなさい。

資料①：18歳未満の青年の労働時間（通達 DRT no.2002-15, 2002/8/22）
　青年が軽い仕事，とくに学校休暇中に仕事を行う場合，労働は16歳から許可されている（14歳以上を含む場合もある）。しかし18歳までは，従業員としての仕事であろうと，代替教育または学校教育の枠組みにおける職業社会参入・実践研修であろうと，青年は特別な保護規則の対象となる。

　18歳未満の青年の**労働時間**は，次の限定を受ける。
・一日の実質労働時間は8時間を超えてはいけない。
・実質労働時間が休憩時間なしに4時間半を超えてはいけない。それ以上の時間労働させる場合は，連続して30分の休憩時間を必ず設定しなければならない。
・一日の活動停止時間は連続12時間である。しかしながら，16歳未満は14時間となる。
・週間実質労働時間は法定労働時間である35時間を超えてはいけない。しかし，（雇用先の機関の労働医が許可した後）労働視学官の許可の上で特別な場合は，適用除外として最大5時間延長できる。
・週間の活動停止期間は連続2日である。活動の特別な性質によって正当化される場合は，義務教育期間を終えた青年について，いくつかの条件下で適用除外が可能である。いかなる場合にも，青年の労働時間は，機関で雇用されている成人の一日あるいは週間の労働時間を超えることはできない。

　すべての労働者は，男性であろうと女性であろうと夜間に働くことができる。

　唯一の例外として，18歳未満の青年については，夜間の労働は禁止されている。

資料②：給与と有給休暇の手当（法律 no.2008-1258, 2008/12/3）
　見習い訓練以外の活動セクターで6カ月未満の職業活動を行った18歳未満の労働者については，法的最小**総時間給**が，2011年1月に，次のように定められている。
・17歳未満の青年には7.20ユーロ
・17歳以上18歳未満の青年には8.10ユーロ
　雇用主は総給与の約20％である**所得税**を総給与から引き，**手取り給与**を計算する。
　契約の終了時に，青年は有給休暇の手当てを受け取る。この手当ての金額は次のように決定される。
・青年が受け取った総給与の10％を計算する。
・この金額の約20％である所得税をこの金額から引く。（次頁に続く）

137

第Ⅱ部　教養とコンピテンシーの相克

資料③：契約期間（政令，no.2008-889, 2008/9/2）
14歳から16歳の青年については，契約期間は学校休暇の半分を超えてはいけない。たとえば休暇が15日間の場合，青年の契約期間は7日を超えることはできない。

評価対象
①コンピテンシー3（数学の基本原理および科学的技術的教養）

領域	科学的・技術的解法を実践し，問題を解決する。	成功の指標
項目	有用な情報を探し，抽出し，構成する。	・状況からデータを抽出する。 ・三つの資料から扱うべき要素を抽出する。
	指示を実現し，操作し，測定し，計算し，適用する。	・様々な観点（労働時間や契約期間，給与，手当）の妥当性を決定するために計算結果を活用する。
	実験的解法または技術的解法を推論し，論証し，実践し，証明する。	
	辿った解法や得られた結果を提示し，適切な言語で伝える。	解法と一貫しており明晰な文章を作成する。

領域	数学の知識とコンピテンシーを利用できる。	成功の指標
項目	データの構成と処理	給与（給与総額と手取り給与）と有給休暇の手当を計算する。
	数と計算	道具を用いて計算を適切に行う。％を活用する。
	大きさと測定	時間（実質労働時間，一日の労働時間，一日の活動停止期間，週間の活動停止期間，契約期間）を計算する。

②コンピテンシー5（人文的教養）
領域「知識と指標を持つ」の項目「公民的教養」
③コンピテンシー6（社会的公民的コンピテンシー）
領域「責任ある行動をする」の項目「経済・会計に関する基礎的な概念のいくつかを使用できる」

　（出典）　Éduscol の HP, http://eduscol.education.fr/cid56349/banque-situations-apprentissage-telecharger.html，2011年9月3日確認を筆者が訳出。

れている。評価が，生徒一人ひとりの未習得の知識・「能力」を発見し，それに即した援助を提供し，生徒の間違いや考えの多様さを活かして生徒間で考えを深めさせる契機として位置づけられている。コンピテンシーは，文脈依存性・総合性・領域横断性を帯びた評価課題で習得が判断されるものであるとともに，この課題に取り組むために教師と生徒間，生徒間で学び合う必要が生まれ，その過程を通して生徒一人ひとりに育成される協同の知でもあるといえる。

　ただ疑問なのは，コンピテンシーの評価をいつどのように行っているのか，という点である。本節第1項で見たように，援助なしに一人で課題を解決できてはじめて，対象のコンピテンシーの習得が認められるのだとすると，グループやクラスの話し合いの中で課題を解決できた場合は，該当のコンピテンシーは未習得ということになる。何十人もいる生徒一人ひとりが，完全に自力で課題に取り組めたのか，それともクラスメイトと協力して取り組めたのかを教師一人で判断するのは，現実的には難しいと思われる。自力解決のときに机間指導で生徒のノートを見れば理解度は把握できるかもしれないが，論述式のこの課題では○×で正解が判断できず，解答の文章や式を細部まで検討しないと，該当のコンピテンシーの習得は判定できない。授業の限られた時間で，生徒全員のノートをくまなく点検し，コンピテンシーの習得度をチェックするのは，実現可能性に乏しいと考えられる。

3　「コンピテンシー個人簿」の活用の実際

　これまで見てきたように，LPCは，生徒一人ひとりの共通基礎の習得過程（習得した点・未習得の点）を担任教員が年間を通して把握し，またこの習得過程を義務教育期間の小学校・コレージュ・リセの教員が共通理解することを可能にする制度である。教員はこの評価情報を活用して，PPREやAP，普段の授業において，生徒たちの困難を克服するための手立てを講じることができる。したがってLPCは，共通基礎の習得を認証する総括的評価の制度であるが，評価結果をもとに指導を調整して学力向上につなげる形成的評価の制度でもあ

るといえる。国民教育省が提供しているLPCの実践モデルでも、具体的な評価方法の不明瞭さなど不十分な点は見られるものの、学習支援のための形成的評価としてLPCを活用することが推奨されている。

では、実際にコレージュの現場では、このような制度の理念に沿ってLPCが実践されているのだろうか。

(1)「コンピテンシー個人簿」の活用の難しさ

2012年の中央視学官報告書を見ると、2010年度のLPCの活用方法に関して全国のコレージュで調査を行った結果、LPCを活用している学校は3分の1に過ぎず、活用方法は学校によって様々であり、LPCの制度的理念はまだ十全に浸透していないことがわかる[14]。LPCは、コレージュの就学期間を通して生徒のコンピテンシーの習得状況を追跡し、補充学習のニーズを把握するなど実践に活かすツールとしては教員に認識されていない。そのため、多くのコレージュでは、最終学年の4年生になってはじめてLPCを活用し、1～3年生ではLPCの記載のための情報収集をしていなかった。さらに、教員同士で集まる時間がないとして、コンピテンシーの認証を、特定の教員または校長が行っている学校もあった。評価方法に関しては、共通基礎の各項目や各コンピテンシーを教科ごとに割り振って評価している学校が見られた（コンピテンシー1は文学、コンピテンシー2は外国語、など）。コンピテンシーを全体として対象とする、現実的な状況で問題解決をさせる評価はめったに行われておらず、コンピテンシーを構成する項目ごとの評価課題が出され、知識や「能力」、態度がバラバラに評価されている。またLPCは、小学校・コレージュ間連携やコレージュ・リセ間連携にはほとんど用いられていない。LPCの学校間の引き渡しが困難であるのと、LPCの評価基準があいまいで上級学校に信用されていないためである。

---

(14) Inspection Générale de l'Éducation Nationale, *La mise en œuvre du livret personnel de compétences au collège*, Rapport no. 2012-094, août 2012, pp. 22-33.

第4章 「コンピテンシー個人簿」に見る新しい評価観

　このように，コレージュの現場では，次の三つの制度的理念は浸透していないことが窺える。①LPCはコンピテンシーの総括的評価だけではなく形成的評価を行う仕組みであり，担任教員が日常の指導の中でコンピテンシーの評価を行う必要があること，②コンピテンシーは複数の教科の知識や「能力」，態度を総合する力であるため，コンピテンシーの評価は，複数の教科領域の知識などを総合して解決する現実的な状況の課題を用いて，複数の教科の教員が連携して行うこと，③LPCは，生徒のコンピテンシーの習得過程を義務教育期間中継続して把握し，生徒に応じた指導・進路計画立案に役立てるものであること。

（2）「コンピテンシー個人簿」が十分に活用されない理由

　第3章第2節で紹介したクレマン（P. Clément）は，インタビューの中で，中等教員組合のSNESと初等教員組合のSNUiPPの連合であるFSUの研究員をしてきた経験から，LPCの実態とその理由を次のように説明する[15]。

　多くの教師は，LPCを，総括的な評価簿・形式的文書としてしか受け止めていない。彼らはLPCについて，項目ごとの評価に向けて生徒を準備させ，LPCのマス目に習得・未習得を書いていく，教員の仕事を増やすだけのものと理解している。LPCは，教授行為の改善につながったり，生徒の興味を引いたりするものではないと考えられている。そのため，各生徒の学習状況を継続的に捉える形成的評価という制度の理念通りには，LPCは使われていないという。

　クレマンは，こうした実態の原因として，次の二つを挙げている。

　一つ目の原因は，LPCの制度的理念が教員に正しく伝わっていないことである。LPCに関する国民教育省の通達[16]が2010年6月に出されたが，通達を読む教員は皆無に近い。そこで通達の内容を各教員に伝えるべく，視学官による

---

(15) クレマン（P. Clément）氏の自宅で行った，筆者によるクレマン氏へのインタビュー，2013年9月3日。

(16) Circulaire du 18 juin 2010, *B. O.*, no.27, du 18 juin 2010.

現職教員向けの研修が行われてきた。だが，6月の通達をもとに9月から実施とLPCを急に導入したため，研修スケジュールが間に合わず，LPCの教育的な活用ができる教員はほとんどいない。このように，教員研修が不十分である。

　もう一つの原因は，国民教育省・視学官においてもコンピテンシー概念に関する共通理解がなされていないということである。コンピテンシーは多義的な概念であるため，国民教育省は一つの明確でシンプルな定義を与えることができなかった。そのため，研修を行う講師によって，コンピテンシーの定義やコンピテンシーの評価に関する説明が異なった。その結果，LPCの研修を通して，教員はそれぞれ，コンピテンシー概念やコンピテンシーの評価に関するバラバラの理解をした。このように，当局における概念・理論の未整理が現場の混乱を招いているとクレマンは述べている。

　服部憲児によると，公立コレージュ・リセの教員は国家公務員であり，生涯にわたる現職研修が権利として認められている。教員研修は勤務時間内に行われることが多く，研修への参加には勤務校の校長の許可が必要となる。教員が勤務時間内に研修を受ける場合は，同じ学校に勤務する他の教員が代わりに授業を行うのが一般的であるため，近年では校長が研修を容易に許可しないようになってきている。そのため，年に1回3日間ぐらいしか研修に参加できないという暗黙の相場が教員間で定着している。その上，約2〜3割の教員が，数年間研修を受けていない。また，各教科の知識に関する研修に参加する教師がもっとも多いという[17]。このような現状をふまえると，通教科的な共通基礎のコンピテンシーに関する研修に，すべての中等教員が参加し，学びを十分に深めているとは考えにくい。研修の体制・内容の問題があるだけではなく，そもそもコンピテンシーに関する研修をいまだに受講していない教員がいる可能性が高いだろう。

　また，学力評価研究者であるレンヌ大学のメルル（P. Merle）は，インタ

---

(17) 服部憲児「フランスにおける教員の現職教育—クレテイユ大学区の中等教育教員研修を中心に—」『大阪教育大学紀要』第IV部門，第56巻，第2号，2008年，pp. 130-138。

第4章 「コンピテンシー個人簿」に見る新しい評価観

ビューで，LPC制度が実践現場に広がらない理由として次の3点を挙げている(18)。

　一つ目の理由は，教育方法の自由がなくなる恐れを教員が抱いていることである。中等教員はこれまで，学習指導要領の内容に関して，自由裁量で指導の軽重をつけたり，自分なりの基準・方法で評価したりすることができていた。だが，LPCを制度通りに実施するとなると，LPCの各項目を教育目標として指導し，各項目の習得度を既定の評価基準に従って評価するといったように，指導の方向性が決められてしまう。その不自由さに対する反発が生まれている。

　二つ目の理由は，教員が協働しなければならないことへの抵抗感があることである。教員はこれまで，個人主義的に働いてきた。生徒に何を伝えるか，どのように評価するかを一緒に決めるのは難しいという。

　三つ目の理由は，教員の世界は同業組合的であり，あらゆる変化にためらいがちであるという点である。そのため，新しいものは困難をもたらすとして，どんなものにも反対しがちだという。

　さらに，2013年の中央視学官報告書は，「学習記録簿」とLPCの二重簿状態がLPCの浸透を妨げていると指摘している。コレージュでは，LPCとともに，従来の評価簿である「学習記録簿」が並行して使われている（本章第1節を参照）。LPCを用いてコンピテンシーに基づく評価を行ったとしても，学習記録簿に各教科の評点をつけなくてはいけないため，コンピテンシーに基づく評価が実質無効化しているという(19)。つまり，コレージュの教員は，「学習記録簿」用に教養教育の伝統に沿った従来の評価を行うとともに，LPC用にコンピテンシーに基づいた評価を行わなければならない。負担が重すぎるのである。

　このように，LPCとコンピテンシー概念の理論的未整理や，教員への伝達

---

(18)　レンヌ市内の喫茶店で行った，筆者によるメルル（P. Merle）氏へのインタビュー，2013年9月5日。

(19)　Inspection Générale de l'Éducation Nationale, *La notation et l'évaluation des élèves éclairées par des comparaisons internationales*, Rapport no. 2013-072, juillet 2013, pp. 15-16.

不足,自由主義的・個人主義的・保守的な教員文化とコンピテンシーによる新しい文化との対立,「学習記録簿」とLPCの相互関係の不明瞭さにより,LPCの制度的理念はコレージュの現場でほとんど実現されていないことがわかる。ただ,LPCの実施からまだ間もない状況であり,今後どのようにLPCが活用されていくかに注視する必要があるだろう。

4 まとめ

本章では,コンピテンシーの評価簿であるLPCの制度枠組みや実践モデル,コレージュでの活用の実際を検討することで,コンピテンシーに基づく評価観に迫ることを課題とした。

LPCは,共通基礎のコンピテンシーの習得度を認証する総括的評価の制度であるのみならず,生徒一人ひとりのコンピテンシーの習得過程を義務教育期間を通して担任教員が継続的に把握し,生徒の習得状況を指導の改善につなげるという形成的評価の制度でもある。このLPCをコレージュで実践するために,国民教育省は,様々な資料を教員に配布したり,教員研修を行ったりしてきた。ただあくまでも,LPCの形式や評価課題の内容,援助の方法など,評価の具体的な内容・方法は各学校・教員に任されている。実際にコレージュでは,学習支援のための形成的評価というLPCの制度的理念はほとんど浸透しておらず,LPCは形式的な総括的評価の記録簿と受け止められている。

このようなフランスのコンピテンシー評価のアプローチには,共通基礎のコンピテンシーのもとになったOECDの評価アプローチと比べて,どのような特徴があるのだろうか。

松下佳代が紹介しているように,OECDの発想では,コンピテンシーの素材となる内的属性の個々が直接評価されることはない。コンピテンシーは,特定の状況下で行われるパフォーマンスを通して包括的に捉えられる。また,生活の複雑な要求に直面する反省的実践を行わせる中で,自己の内的属性を結集して特定の要求に応答する力を全体として高めるという,統合的アプローチが

提案されている[20]。OECDの2003年の報告書では次のように述べられている。「コンピテンシーに関して判断するときはいつも（たとえば，評価の場合において），個人が特定のコンピテンシーあるいは構成要素を持っているか，持っていないかを調べることは問題ではない。〔中略〕コンピテンシーは直接測定できないし，観察できない。多数の状況の中で需要に対応するパフォーマンスを観察することで，推察しなければならないのである。〔中略〕効果的な学習戦略には，幅広い文脈の使用や，演繹的というよりは帰納的なプロセス，バラバラで人為的な要素よりも総合的な問題を中心とする学習状況，自己決定学習，自己反省的な学習スタイルがある[21]」。

　他方，フランスでは，第3章第2節第4項で紹介したラヴァルの指摘のように，要素主義的なアプローチが取られている。共通基礎を100ほどの項目に分割して評価する評価簿のLPCに象徴されているように，コンピテンシーを多数の知識や「能力」，態度に細分化し，それを一つひとつ獲得させることで，最終的にそれらが統合されてコンピテンシーが身につくと考えられている。

　この要素主義的なアプローチが取られた要因としては，次の二つが考えられる。一つ目の要因は，評価簿のLPCが，コンピテンシーを要素化した非常に細かい項目を一つひとつ評価する「目標つぶし」であったことである。このLPCの評価項目を埋めるべく，教育現場では，LPCの項目ごとの機械的な学習が行われるようになった。要素主義的な評価方法が学習をアトム化しているのである。教育評価は本来，教育実践の成果を見取るために行われるものであるが，評価が教育実践を一方的に規定する，「評価の逆流現象」が起きている。

---

(20)　松下佳代「〈新しい能力〉概念と教育―その背景と系譜―」松下佳代編著『〈新しい能力〉は教育を変えるか―学力・リテラシー・コンピテンシー―』ミネルヴァ書房，2010年，pp. 1-42。

(21)　Rychen D. S. and Salganik L. H., *Key competencies for a successful life and a well-functioning society*, Cambridge: Hogrefe & Huber, 2003, p. 49, p. 55, p. 58（ライチェン D. S.・サルガニク L. H. 編著（立田慶裕監訳）『キー・コンピテンシー』明石書店，2006年，p. 71, p. 77, p. 80）。原著を参照して訳を一部修正した。

第Ⅱ部　教養とコンピテンシーの相克

　そして二つ目に，第2章で論じた「目標に基づいた教育学（PPO）」の発展上にコンピテンシーに基づく評価が展開されたということも，コンピテンシーに基づく評価が「目標つぶし」になった背景といえるだろう。LPC は，第2章第4節で検討した PPO の目標ガイドとよく似ている。「目標つぶし」の詰め込み学習という PPO の課題を克服できないままにコンピテンシーによるアプローチが広がったために，PPO の課題がコンピテンシーに基づく評価に引き継がれたと考えられる。

　実際，ペルヌー（P. Perrenoud）は，生徒の観察可能な行動として教育目標を表明することを重視する PPO の発想でコンピテンシーを捉え，行動レベルにまで無制限に細分化された目標がコンピテンシーだと理解する間違いが起きていると指摘する。このように行動目標とコンピテンシーを混同すると，複雑な状況で知識を動員できるかを評価するのではなく，行動として観察可能なレベルの知識の習得ばかりを評価することになってしまうのではないかとペルヌーは懸念している[22]。

　以上から，コンピテンシーに基づく評価観に関しては，理論レベルと制度レベル，実践レベルで食い違いが生じていることがわかる。国民教育省の「建て前」である評価制度としては，実践者である複数教科の教師集団が主体となり，教科横断的な総合力であるコンピテンシーを対象として，複数の教科領域の知識や「能力」，態度を統合することを求める課題を用いて，全国統一の評価基準に則って評価することがめざされている。中でも，コンピテンシーの習得度を総括的に評価・認証するだけではなく，義務教育期間を通して日常的・継続的にコンピテンシーの習得過程を把握し，実践の改善につなげるという，形成的評価の役割が重視されている。こういった特徴だけ見ると，前章で述べた理論レベルでのコンピテンシー概念が評価制度にうまく反映されているようにも思える。しかしながら，文脈の需要に応じて様々な知識や「能力」，態度を統合する能力というコンピテンシー概念の理論と，知識や「能力」や態度をコン

---

(22)　Perrenoud P., *Construire des compétences dès l'école*, Paris: ESF, 1997, pp. 23-24.

ピテンシーの要素としてリスト化するLPC制度との間にはずれがある。文脈ごとに必要となる知識や「能力」や態度、さらにそれらの組み合わせ方は変わるのであり、文脈を排除して特定の知識や「能力」、態度を並べたとしても、それらの合計がコンピテンシーになるわけではないからだ。その上、実践現場では、教師が主体であるものの教師の協働はあまり見られず、コンピテンシーを細分化した知識や「能力」や態度の獲得をバラバラに測る課題が出され、あいまいな基準で総括的評価がなされている。このように、理論レベルから制度レベル、実践レベルと進むごとに、コンピテンシーの断片化が進んでいるのである。

　まとめると、コンピテンシーに基づく評価論は、PPOと同様に、フランスの中等教育の伝統的な評価観（目的・主体・機能・対象）を前提としつつも、形成的評価と情意面の評価を取り入れ、評価の機能と対象を拡大していることがわかる。さらに、コンピテンシーに基づく評価論は、教科横断的な総合力を評価するために複数教科の教員が連携して評価を行うという、評価主体の新たな考えを提示している。ただ、このようなコンピテンシーに基づいた評価観は、学校現場で十分に受け入れられているとはいいがたい。

　前章と本章で明らかにしてきたコンピテンシー概念にもとづくアプローチに対して、教育現場や政界ではどのような議論がなされているのだろうか。次章では、コンピテンシーをめぐる基礎学力論争を検討し、議論の論点を探ってみよう。

第5章
コンピテンシーをめぐる基礎学力論争

　フランスではこれまで，義務教育で習得すべき基礎学力の共通理解は得られてこなかった。前期中等教育は長らく複線型であったが，1975年の統一コレージュ設立以降，小学校修了者はみな統一コレージュに進学し，同一の内容を学ぶようになった。そのため，生徒全員が獲得すべき共通教養（culture commune）の定義が幾度も提起されてきたものの，学ぶ知識が少なくなるとして中等教員組合の SNALC（syndicat national des lycées et collèges）などがそのたびに反対し，頓挫してきたという経緯がある。[1]

　ところが，第3章で述べたように，2005年の教育基本法および2006年の政令において，「知識とコンピテンシーの共通基礎」（以下，共通基礎）が規定された。これは，政府がはじめて定めた義務教育における基礎学力の定義である。

　そのため，コンピテンシーの共通基礎をめぐり，義務教育ではどのような基礎学力を身につけさせるべきかについて，政界・教育界で活発な議論が繰り広げられてきた。そこで本章では，この論争においてどのような点が論点であったのかを抽出する。

（1） Lelièvre C., *Les politiques scolaires mises en examen. Onze questions en débat*, Paris: ESF, 2008, pp. 108-110.

表6 共通基礎をめぐる議論の流れ（筆者が作成）

年	項目	特徴
1991	学習指導要領憲章	知識とコンピテンシーで学習指導要領を構成
1994	コレージュ白書	コレージュの「基礎」,「本質的基礎知識」
1994	全国教育課程審議会（CNP）	「知識とコンピテンシーの共通基礎」
1996	フォルー委員会	「主要知識」
2004	国民討論（テロー委員会）	共通基礎を「知識とコンピテンシー，行動規則」で記述
2005	フィヨン法	共通基礎の制定
2006	教育高等審議会	コンピテンシー・アプローチ，共通基礎への「社会的公民的コンピテンシー」と「自律性および自発性」の追加
2006	政令	共通基礎の具体的な内容の制定

1 「知識とコンピテンシーの共通基礎」制定まで

（1） 学習指導要領憲章でのコンピテンシーの公認

　新しい能力概念として登場したコンピテンシーは，学習指導要領改訂をめぐる1990年代の議論を経て，共通基礎として結実する。以下，第1節では，前述したクレマン（P. Clément）の博士論文に沿いながら，コンピテンシーが共通基礎として定められるに至るまでの，知識伝達派とコンピテンシー教育派の学力論争について論じたい。議論の大きな流れについては，表6を参照されたい。
　1980年代までは，国民教育省の中央教育視学部（各教科の専門家）が，学習指導要領の原案を作成していた。しかし，1990年からは，「全国教育課程審議会（CNP: conseil national des programmes）」が学習指導要領の基本方針を提案するようになった。教育制度に労働界の要求を反映させたいというジョスパン（L. Jospin）文相の意向に基づき，CNPの委員の多くは産業界に近い人間であった[2]。
　そのため，CNPは，抽象的な教科内容の伝達を重視する古典的な中等教育

---

(2) Clément P., *Réformer les programmes pour changer l'école? Une sociologie historique du champ du pouvoir scolaire*, Thèse présentée à l'Université de Picardie Jules Verne, 2013, pp. 485-488, p. 492.

第5章　コンピテンシーをめぐる基礎学力論争

観に懐疑的であった。1990年に出された中等教育に関する報告書『教育の細分化と学習時間の緩和（*Parcellisation des enseignements et aménagement du temps scolaire*）』では、「学習指導要領はもはや教科内容の単なる並列によって構成すべきではない」と述べられている。⁽³⁾

　教科の知識伝達よりも知識の実社会での活用を重視する CNP の立場は、学習指導要領改訂に関する議論にも反映された。「学習指導要領の作成と形式」を対象とした部会1（長は教育学者のメイリュー（P. Meirieu））では、従来重視されてきた教科内容よりも、教育目標が優先されている。学習指導要領作成の際には、学年ごとの「一般的な教育目標」を定義した上で、「目標を実現するためにどの教科内容を動員すべきかを決定しなければならない」と議論がまとめられた。⁽⁴⁾ 背景にあるのは、教育内容は、それ自体に価値があるのではなく、教育目標の実現に資する点においてはじめて価値を持つという考えであろう。

　この「教育目標」は、第2章で述べたように、「目標に基づいた教育学（PPO）」の中で注目されるようになった概念である。PPO は、各教科で教えるべき教育内容（内容的側面）のみならず、その教育内容について期待される生徒の行動（認知・行動的側面）も記載する「教育目標」を軸とした方法論であった。PPO では、ブルームが提唱した教育目標の分類枠組み（タキソノミー）に基づいて、教育目標を複雑さのレベルに応じて階層化することが行われた。

　教育内容を活用する能力に着目する PPO の発想は、「学習指導要領の理解しやすさ」を対象とした部会2（長はリール大学学長のミジョン（M. Migeon））の議論にも反映された。ミジョンは議論の結論として、学習指導要領は「基準表（référentiel）」で生徒への要求レベルを明示すべきであると提唱している。⁽⁵⁾

　基準表は、コンピテンシーや活動のリストである。この言葉はとくに、職業

（3）　CNP, «Parcellisation des enseignements et aménagement du temps scolaire», le 11 octobre 1990, Archives du SNI-PEGC, boîte no.1619, cité par Clément, *op. cit.* p. 494.
（4）　Clément, *op. cit.*, p. 508.
（5）　*Ibid*., pp. 508-509.

151

資格における「職業活動基準表（référentiel d'activités professionnelles）」や「資格認証基準表（référentiel de certification）」という表現で使われてきた[6]。職業活動基準表は，各職業資格の保有者が職業生活の初期に遂行できる職業活動の領域や内容，勤務条件を定めた表である。資格認証基準表では，職業活動基準表で示された職業活動を遂行するのに必要となる各コンピテンシーの内容や，各コンピテンシーにおいて動員される知識が示され，ブルームのタキソノミーに基づいて分類されている[7]。このように基準表は，教育目標を学習者の行動として定め，タキソノミーに従って分類するというPPOの理論に基づいた活動・コンピテンシー表であることがわかる。その上，知識や技能を総合して特定の状況で行動する力という意味での「コンピテンシー」は，PPOの流れの中で使われはじめた言葉である[8]。

こうしてPPOを媒介に職業教育を中心としてコンピテンシーの概念が普及してきたこともあり，職業教育を対象とするCNPの部会3の議論では，公的にはじめて「コンピテンシー」という言葉が使用された。学習指導要領には，学年末や学習期末までに獲得すべきコンピテンシーのリストとその評価方法を明確に示すことが求められた[9]。

部会での議論をふまえ，CNPは1991年に『学習指導要領憲章（Charte des programmes）』を策定した。学習指導要領憲章は，知識を羅列する従来の学習指導要領を批判し，知識とコンピテンシーで学習指導要領を構成することを推奨している。「学習指導要領は，生徒の理解力の範囲と相いれないほどの知識

（6）　Gauthier R. F., «Référentiel», in Champy P., Étévé C., Forquin J.-C. et Robert A. D., Dictionnaire encyclopédique de l'éducation et de la formation, 3e éd., Paris: Retz, 2005（1994）, p. 850.

（7）　Porcher B., Thiery J.-P. et Vacquier P., Pour enseigner dans la voie professionnelle. Du référentiel à l'évaluation, Paris: Delagrave, 2013, pp. 26-27, pp. 53-59.

（8）　«Compétence» in Arenilla L.（dir.）, Dictionnaire de pédagogie, Paris: Bordas, 2000, p. 55.

（9）　コンピテンシーの概念は，他の部会の議論ではほとんど使用されていなかったが，部会3の議論では頻出していた（Clément, op. cit., p. 510）。

の山積みであってはならない。〔中略〕学習指導要領は，習得すべき知識とコンピテンシーという形で教科内容を表明する[10]」と述べられている。

コンピテンシー概念に関する国民教育省のワーキンググループのメンバーであるアミアン大学のロペ（F. Ropé）とパリ10大学のタンギー（L. Tanguy）は，学習指導要領憲章に対して，教科の知識の伝達からコンピテンシー育成へと教育の方向性が転換する契機になったと評価している。すなわち，「学習指導要領憲章は，教科の知識を中心とした教育から，特定の状況や課題で検証できるコンピテンシーを産み出すことをめざす教育への移行を組織し，正当化する原則の表れとして捉えられる[11]」という。

学習指導要領憲章は，教員組合連合の FEN（fédération de l'éducation nationale）や，その最大組合である小学校教員組合の SNI-PEGC（syndicat national des instituteurs）に好意的に受け入れられた。

しかし，最大の中等教員組合である SNES（syndicat national des enseignants de second degré）は，学習指導要領に「基準表」を示すと知の細分化につながるため，学習指導要領は教育目標やコンピテンシーではなく，知識を表明すべきであると主張した。「部分の合計は必ずしも全体にはならない[12]」と。これは，目標をコンピテンシーとして生徒の行動レベルで細かく定め，目標に向けて指導し，目標の達成を評価する教育では，知識・技能を断片的に身につけることしかできないという批判である。

(2) 国民討論による共通基礎の社会的認知

こうした批判はありながら，学習指導要領憲章で公認されたコンピテンシーによるアプローチは教育政策に根づき，共通基礎の制定につながっていく。

---

(10) «Charte des programmes», Charte du 13 novembre 1991, *B. O.*, no.8, du 20 février 1992.

(11) Ropé F. et Tanguy L., *Savoirs et compétences de l'usage. De ces notions dans l'école et l'entreprise*, Paris: L'Harmattan, 1994, p. 17.

(12) Clément, *op. cit.*, pp. 510–511.

第Ⅱ部　教養とコンピテンシーの相克

①共通基礎の提唱

　中央視学官のブーシェ（A. Bouchez）が1994年にバイルー（F. Bayrou）文相に提出した報告書『コレージュ白書（*Livre blanc des collèges*）』において、「基礎（socle）」という語がはじめて公的に使われた。ブーシェによると、コレージュで落第などの学業失敗が多い一因は、抽象的な教科内容を伝達するリセの教育方法をコレージュにそのまま導入したことにあるという。そこでブーシェは、小学校とつながる義務教育の枠組みにコレージュを位置づけることが重要であるという立場から、すべての生徒がコレージュ修了までに獲得すべき「本質的基礎知識（socle fondamental des connaissances）」の策定を提唱した。[13]

　CNPは、コレージュ白書の提案を受け、長である哲学者のフェリー（L. Ferry）の呼びかけにより、コレージュの「基礎」の定義に乗り出した。会合では、学習指導要領に示された教科内容が多すぎることが学業失敗の原因だとされ、それを解決すべく、コレージュ修了時に習得すべき知識とコンピテンシーを「基礎」として定義することが決定された。

　この決定について、SNESの代表であるパジェ（D. Paget）は、反論する手紙をフェリーに送っている。生徒の学業失敗の原因は、習得すべき知識の量が多いことにあるのではなく、哲学の批判精神や歴史の絶対主義など複雑な問題の理解が求められることにあるという。[14]

　1994年のCNPの報告書『コレージュの学習指導要領の主導理念（*Idées directrices pour les programmes du collège*）』では、「知識とコンピテンシーの共通基礎（socle commun de connaissances et de compétences）」という表現がはじめて公式に使われた。「表現」「人類に関する知識」「世界に関する知識」という柱ごとに、コレージュ修了時にすべての生徒が習得すべきコンピテンシーが示された。[15]

　1995年にはシラク（J. R. Chirac）が大統領になり、元産業・国土整備相の

---

(13)　*Ibid.*, pp. 526-528. Bouchez A., *Livre blanc des collèges* remis le 17 janvier 1994 à F. Bayrou（consultable à la bibliothèque de Sciences-Po）, cité par *ibid.*, p. 520.

(14)　Clément, *op. cit.*, pp. 531-533.

フォルー (R. Fauroux) を長とする委員会が設置された。委員会の1996年の報告書では，CNP の共通基礎に基づいて，教科の柱ごとの六つの「主要知識 (six savoirs primordiaux)」を義務教育の軸とし，16歳のすべての生徒に主要知識を保障することが提唱された。

この提案に対して教員組合の立場は分かれた。[16] 反対派の SNES は，知を平等に全国民に伝えるという公教育の原則を破壊し，社会的不平等の拡大につながると批判した。主要知識を定めると，主要知識以外の知識の伝達は学校の義務でなくなり，その知識は学校外教育や家庭で学ぶことになるため，家庭環境が恵まれない生徒は学べなくなるという主張である。また，家庭環境が恵まれない生徒が通う学校では主要知識しか教えず，家庭環境が恵まれた生徒が通う学校では主要知識以外の発展的な内容も教えるといった，学校間格差も生むと懸念された。一方，賛成派のＦＥＮは，主要知識の制定は社会的不平等の克服につながると捉えた。大半の生徒が習得できない難しい知識を伝達するよりは，主要知識をすべての生徒に獲得させる方が，すべての生徒が成功する学校になると考えたためである。このように，教育格差の克服という理念は共通しつつも，主要知識が格差の軽減につながるかどうかに関して，意見が対立していた。

②共通基礎をめぐる国民討論

以上のような共通基礎の是非をめぐる意見対立は，教育基本法改正に向けた議論の中で激しさを増していく。CNP の長であったフェリーは，2002年に文相に任命されると，生徒を教育制度の中心に置くという1989年の教育基本法 (ジョスパン法) の理念は大衆扇動的であると主張し，国民討論 (débat national) をもとに教育基本法を改正することを宣言した。[17]

ジョスパン法は，生徒の多様性に応じた教育を基本原理としていた。さらに，

---

(15) Conseil National des Programmes, *Idées directrices pour les programmes de collèges*, rapport au Ministre de l'Éducation nationale, décembre 1994.

(16) Clément, *op. cit.*, pp. 554-561. クレマン氏からの筆者宛てメール，2014年3月18日 (公開確認済み)。

(17) *Ibid.*, p. 572.

第Ⅱ部　教養とコンピテンシーの相克

　この法律は,「フランス国民は，今後10年間で，同一年齢人口のすべての者を最低限職業適任証（CAP）あるいは職業教育修了免状（BEP）の水準に，また同一年齢人口の80%をバカロレア水準に到達させることを目的と定める」とし，学業の成功を生徒全員に保障するという平等的な側面をも持っていた。この多様性の重視に対して，フェリーは，共和国の思想であった共通の価値や共同体の規範の解体につながると危惧していたのである。[18]

　フェリーの試みに対抗すべく，2003年には，初等教員組合のSNUIPP（syndicat national unitaire des instituteurs, professeurs des écoles et PEGC）や，初等・中等教員組合のSE（syndicat des enseigants）-UNSA，大衆教育運動団体のLigue de l'enseignement，新教育運動系雑誌のCRAP-Cahiers Pédagogiques，保護者団体のFCPE（fédération des conseils de parents d'élèves de l'enseignement public）など，教育運動家の連盟「統一コレージュに関する国民討論に向けて（Pour un débat national sur le collège unique）」が結成された。連盟は，教育社会学者のデュベ（F. Dubet）と教育史学者のルリエーヴル（C. Lelièvre）らによる記者会見やシンポジウムを開催し，最小限の共通教養としての基礎的な知識とコンピテンシーをすべての生徒に保障することをコレージュの目的にすべきであると表明した。[19] これは，フェリーが批判したジョスパン法の精神に立ち戻ろうという主張だといえよう。

　こうした主張をふまえつつ，ラファラン（J.-P. Raffarin）首相は2003年に「学校の未来のための国民討論委員会（Commission du débat national sur l'avenir de l'école）」を召集し，教育経済学者のテロー（C. Thélot）を議長に任命した。国民討論は2003～2004年にかけて行われた。2万6千回の会合が全国で開かれ，100万人以上が参加した。

　討論の準備カードでは，共通基礎をすべての生徒に習得させることの是非ではなく，共通基礎の内容が議題とされた。準備カード案では，「義務教育の各

---

(18)　上原秀一「新しい教育基本法と哲学者＝国民教育大臣リュック・フェリー」『フランス教育学会紀要』第16号，2004年，pp. 79-82。

(19)　Clément, *op. cit.*, pp. 572-577.

第5章　コンピテンシーをめぐる基礎学力論争

段階の修了までに生徒が優先的に習熟すべき知識，コンピテンシー，行動規則（règles de comportement）の共通基礎を定義すべきか」といった議題が挙げられていたが，準備カードの最終版では，「義務教育の各段階の修了までにどのような知識，コンピテンシー，行動規則の共通基礎を生徒に優先的に習熟させるべきか」などの議題に替えられたためである。この変更は，共通基礎は必要かという論点に議論が向かうことを避けるためのテローの術策であった。

この議題に対して SNES はバイアスがかかっていると批判したものの，共通基礎の定義は，国民討論の会合でもっともよく議論された問題の一つとなった。こうして，共通基礎の制定を前提とする議論が展開されるうちに，共通基礎は自明のものとして社会に受け止められるようになっていった。[20] テローの政治的作戦は成功したのである。

共通基礎が支持を得た背景として，テローが「基礎」という語を使ったことも挙げられる。テローの親友であるボドロ（C. Baudelot）によって広まった「文化的最低賃金（SMIC culturel）」も共通基礎と重なる概念であったが，政治的合意を得られないとして，無垢で，確固たるイメージがある，基礎という語が選ばれた。[21] ボドロたちが主張した「文化的最低賃金」は，もっともレベルの低いコレージュのもっとも低位の生徒がそれなしには身を落としてしまう最低限の知を意味していた。[22] それゆえ，文化的最低賃金をすべての生徒に保障するという主張よりは，共通基礎をすべての生徒に保障するという主張の方が「聞こえ」がよく，人々の支持を得やすかったと考えられる。

2004年には，テロー委員会の最終報告書『すべての生徒の成功に向けて

---

(20) *Ibid.*, pp. 585-593.

(21) *Ibid.*, p. 590.

(22) Baudelot C. et Establet R., «Pour l'instauration d'un smic culturel à l'école. Quelques éclaircissements», *Sociologie et Sociétés*, vol.23, no. 1, 1991, pp. 181-187. 彼らは，「文化的最低賃金」と「基礎」を同義として捉えつつ，「文化的最低賃金」の考えが世間に受け入れられていないと認めている（Baudelot C. et Establet R., «Pour un Smic scolaire et culturel», *Cahiers Pédagogiques*, 439, 2006, p. 26)。

(*Pour la réussite de tous les élèves*)』が出された。共通基礎は，フランス語と数学，国際的コミュニケーション英語，情報技術・コミュニケーションの習熟，民主主義社会の共同生活教育で構成し，「知識とコンピテンシー，行動規則」で記述すると提言された。

　この最終報告書に対して，改革派のSE-UNSAは，共通基礎は生徒がよりよい進路を選択することを可能にするよいツールだと評価した。一方，SNESは，貧弱な共通基礎中心の教育を推奨し，上方志向の目標をあきらめることで，教育制度全体を下方に引きずると批判した。クレマンによると，基本的な内容をすべての生徒に保障するという言葉を隠れ蓑にして，発展的な内容をすべての生徒に習得させるという学校の任務を放棄することで，全体の学力水準が低下するという指摘だという。

（3）　教育基本法による共通基礎の制定

　フェリー文相の後を継いだフィヨン（F. Fillon）は，国民討論を経て社会的認知を得た共通基礎を，制度として具体化させることになる。フィヨン文相は，学業失敗を克服すべく，すべての生徒に共通基礎の習得を保障すると掲げ，法案において共通基礎の内容を提案した。

　この法案は，国会で審議される。フランスの国会は，上院（元老院）と下院（国民議会）の二院制である。法案は下院で審議された後，上院で再審議される。共通基礎に関しては下院の審議において論点がより明確であったため，下院の審議に絞ってその内容を見ていく。

　まず，2005年2月9日に，文化・家庭・社会委員会から報告書が提出された。

---

(23)　La Commission du Débat National sur l'Avenir de l'École présidée par Claude Thélot, *Pour la réussite de tous les élèves. Rapport de la commission du débat national sur l'avenir de l'école*, Paris: La Documentation Française, 2004, p. 52 et II.

(24)　Clément, *op. cit.*, p. 600, pp. 603-609.

(25)　クレマン氏からの筆者宛てメール，2014年3月18日（公開確認済み）。

(26)　Clément, *op. cit.*, pp. 613-614.

第5章　コンピテンシーをめぐる基礎学力論争

報告者は，与党国民運動連合のライス（F. Reiss）議員である。ライスは，すべての生徒を学業で成功させるためには，学校で知識を伝達するだけではなく，実社会で必要とされるコンピテンシーの共通基礎をすべての生徒に習得させねばならないと論じている。「基本的な知識の伝達に加えて，学校には，社会や経済，職業に向けられた現代的な一般教養を生徒に獲得させることも求められている。〔中略〕基礎学習を学校の中心とし，一般教養と呼ばれることもある，不可欠なコンピテンシーの共通基礎（socle commun de compétences）を，すべての生徒が習得するように保障することが強く求められている[27]」と。

同日に行われた委員会の審議でも，共通基礎は，教科の知識の伝達からコンピテンシーの育成へと教育の方向性を転換させる象徴であることが押さえられている。ライスは，「この共通基礎は，教科のアプローチではなく，コンピテンシーのアプローチに対応している」と述べている。共通基礎の定義を司る委員会の部会「学校で教えるべき知の定義」の長となった国民運動連合のペリソル（P.-A. Périssol）議員も，「共通基礎は教科を対象とするのではなく，知識とコンピテンシーを対象とするべきである」と同調した[28]。

この委員会の報告書に基づいた2月15日の下院の審議でも，フィヨン文相は，コンピテンシーで構成される共通基礎を支持している。「共通基礎に取り上げられる知識は，現代社会の生活や普遍的教養への到達に不可欠なコンピテンシーであるように思われる[29]」と述べている。

こうした論調に対し，野党フランス共産党は，全面的に批判的な立場を取っ

---

(27) Assemblée Nationale, *Rapport de M. Frédéric Reiss, au nom de la commission des affaires culturelles, familiales et sociales sur le projet de loi d'orientation pour l'avenir de l'école*, no.2085, le 9 février 2005, http://www.assemblee-nationale.fr/12/rapports/r2085.asp，2014年12月26日確認。

(28) Assemblée Nationale, *Compte rendu de la commission des affaires culturelles, familiales et sociales*, no.28, le 9 février 2005, http://www.assemblee-nationale.fr/12/cr-cafc/04-05/c0405028.asp，2014年12月26日確認。

(29) Assemblée Nationale, *Compte rendu intégral. 2ème séance du 15 février 2005, Journal officiel*（以下，*J.C.*），p. 1104.

159

た。リベルティ (F. Liberti) 議員は，2月15日の下院の審議で，共通基礎の観点は貧弱だと批判した。学校では教養を伝達すべきであるにもかかわらず，共通基礎は教育内容を狭く限定しすぎているという。「我々にとって教養は，人類が生み出した知の蓄積された宝庫であり，我々は，教養に到達する道をすべての人に拓くことを大志としている。〔中略〕学校の本来の任務は，今もなお，人類を解放する価値や知識，教養を構築し，伝播し，獲得するための主要な媒介であることなのである」と。この批判に対し，フィヨン文相は，EUやOECDの勧告の方向性と一致していると共通基礎を正当化している[30]。

また，フランス共産党のジャンブ (J. Jambu) 議員は，2月17日の下院の審議で，リセの修了までに生徒に保障すべき「共通教養 (culture commune)」を定めるべきだと主張する。バランスの取れた教養は，あらゆる教科の学習を進める鍵となり，世界を理解し，様々な分野で自己表現し，行動することを可能にすると彼は論じる。そして共通教養は，功利主義的な観点で定義してはならないと念を押した。しかし，国民運動連合のライスは，「学校の共通教養」という表現は共通基礎に新しいものをつけ加えるものではないとして却下した[31]。

野党社会党も，共通基礎に代わる提案を行った。ロイ (P. Roy) 議員は，2月16日の下院の審議で，共通基礎を批判した。「文化的最低賃金」に過ぎず，教育のレベルを引き下げるとして，教員が共通基礎に反対していることに応えるべきだとロイは迫る。これについて，国民運動連合のリュカ (L. Luca) 議員が応戦する。共通基礎は，教員組合の提案に端を発するものであり，国民討論によって教員に広く支持されたはずである，という[32]。

さらに，社会党のデュラン (Y. Durand) 議員は，共通基礎の文言を「知識・

---

(30) Assemblée Nationale, *Compte rendu intégral. 3 ème séance du 15 février 2005, Journal officiel*（以下，*J. O.*），p. 1140, p. 1146.

(31) Assemblée Nationale, *Compte rendu intégral. 2 ème séance du 17 février 2005, J. O.*, p. 1312, p. 1314.

(32) Assemblée Nationale, *Compte rendu intégral. 1 ère séance du 16 février 2005, J. O.*, pp. 1175-1176.

コンピテンシー・教養の共通基礎（socle commun de connaissances, de compétences et de culture）」に修正する案を提出した。共通基礎は，読み・書き・計算という基礎に留まっているとデュランは指摘する。芸術的教養や体育・スポーツ，市民性教育といった多様な教養を共通基礎に含みこめ，義務教育においてそれを生徒に保障すべきであると彼は論じる[33]。本章第3節で述べるように，この「知識・コンピテンシー・教養の共通基礎」の提案は，2013年の教育基本法改正を待って実現することとなる。

このように，SNESなど教養教育派の教員組合とSE-UNSAなど改革派（共通基礎やコンピテンシーの支持者）の教員組合の対立と同じく，教養教育vs.コンピテンシー教育の構図が，フランス共産党や社会党と国民運動連合との対立にも見られることがわかる。前者は教養（知識）の伝達を重視し，共通基礎のコンピテンシーは功利主義的で限定されすぎており，教育のレベルを低下させると批判した。一方，後者は，実社会で有用なコンピテンシーの基礎を習得させることで，すべての生徒が学業で成功できると主張した。

こうした審議を経て，教育基本法（フィヨン法）は2005年4月に可決された。そこでは，共通基礎について，9条で次のように示された。「義務教育は，〔中略〕知識とコンピテンシーの全体で構成される共通基礎の獲得に必要な手段を生徒一人ひとりに保障しなければならない。共通基礎には，フランス語の習得，数学の基本原理の習得，市民性を自由に行使するための人文的・科学的教養，少なくとも一つ以上の現代外国語の実用，情報通信に関する日常的な技術の習得が含まれる[34]」。

（4） 政令による共通基礎の具体化

フィヨン法で示された共通基礎の五つの柱を具体化するために，歴史・地理の中央視学官のナンブリニ（J.-L. Nembrini）を長とするワーキンググループが，

---

(33) Assemblée Nationale, *Compte rendu intégral. 2ème séance du 17 février 2005*, *J. O.*, pp. 1315-1316.

(34) Article L122-1-1, loi, no.2005-380 du 23 avril 2005, *J. O.*, du 24 avril 2005.

国民教育省内に2005年に設置された。彼は，小学校教員，コレージュ教員，リセ教員，大学教員，グランド・ゼコール（各分野の指導者層を育成する高等教育機関）の一つであるエコール・ノルマルの教員を経験し，CNP委員でもあったという経歴が評価され，共通基礎策定の中心人物となった。

　このワーキンググループの13人の委員のうち，8人が視学官であった。共通基礎は課題を解決するために様々な分野の知識を組み合わせるという通教科的なコンピテンシーであるにもかかわらず，教科の専門家である視学官が多く選ばれたのは，共通基礎が教員に受け入れられるための妥協策であった。[35]

　この委員構成により，2005年に出されたワーキンググループの共通基礎原案には，視学官委員が体現している教科の論理と，それ以外の委員が支持するコンピテンシーの論理との衝突が映し出されている。[36]「人文的・科学的教養」という共通基礎の三つ目の柱は，教科内容の伝達を重視していた。この柱は，「文学・芸術作品の知識の人文・科学教養への寄与」や「人文・社会科学の人文・社会科学教養への寄与」，「実験科学・観察科学の人文・科学教養への寄与」といった教科内容を中心に構成されている。他方，「現代外国語の実用」という共通基礎の四つ目の柱には，教科内容を使いこなすコンピテンシーの論理が表れていた。生徒ができなければいけない「行動」として内容が記述され，習得を認証するための行動のレベルが設定されている。

　この共通基礎原案は国民教育省によって内密に修正され，政府の諮問機関である教育高等審議会（HCE）に提出された。すると，提出された原案は教科内容を並べ立てるばかりで，通教科的なコンピテンシーの概念を反映していなかった。そこで教育高等審議会は，共通基礎を再定義することとなった。[37]

　教育高等審議会は，ド・ロビアン（G. de Robien）文相に2006年に，『共通基

---

(35)　Clément, *op. cit.*, pp. 622-624.
(36)　この共通基礎原案は，クレマン氏が入手した内部文書であるため，直接参照することはできなかった。原案の内容に関する記載は，クレマン氏の博士論文による。Clément, *op. cit.*, pp. 632-633.
(37)　*Ibid.*, pp. 633-634, p. 643.

礎の勧告（*Recommandations pour le socle commun*）』を提出した。クレマンによると，この勧告には，次の二つの特徴が見られる[38]。一つ目は，「コンピテンシーという言葉で共通基礎を考案する」と表明した点である。「学校や生活の複雑な課題や状況において学んだことを活用する生徒の能力を重視する」と述べられている。二つ目は，「社会的公民的コンピテンシー」と「自律性および自発性」という柱を共通基礎に加えた点である。これは通教科的なコンピテンシーであり，EU のキー・コンピテンシーの「人間関係・異文化理解に関するコンピテンシーおよび社会的公民的コンピテンシー」と「起業家精神」から着想を得たものである。この教育高等審議会勧告に基づいて，ナンブリニを中心に，共通基礎の内容を具体的に定めた2006年7月11日の政令が作成された[39]。

教育高等審議会勧告でコンピテンシー・アプローチが強調された背景には，EU と OECD の影響がある。勧告は次のように述べている。「コンピテンシーの〔中略〕アプローチは先進国で発展しており，『生涯教育および生涯学習のためのキー・コンピテンシー』の『欧州基準枠組み』計画で取り入れられているものである。〔中略〕この精神においては，例外を除き，生徒の学習到達度調査（PISA）が有用な参照軸となる[40]」。OECD の PISA 調査におけるコンピテンシー概念と，EU のキー・コンピテンシー概念を受けて，フランスの共通基礎もコンピテンシーで定義することが謳われたのである。

なお，EU のコンピテンシーは「状況にうまく適応するために，知識やスキル（フランス語は aptitude，英語は skills），態度を組み合わせる」力として定義されているものの，aptitude は生得的な特性を指しているため，共通基礎の各コンピテンシーは知識と「能力（capacité）」，態度の組み合わせで策定すると示された。

OECD と EU の主張を意識したこのコンピテンシー・アプローチは，共通

---

(38) *Ibid*., p. 645.
(39) *Ibid*., p. 647.
(40) Haut Conseil de l'Éducation, *Recommandations pour le socle commun*, le 23 mars 2006.

基礎の内容を定めた2006年の政令に引き継がれた。すなわち,「共通基礎の定義は,『生涯教育および生涯学習のためのキー・コンピテンシー』に関する欧州議会と欧州連合理事会の勧告提案にも基づいている。さらに,共通基礎の定義は,生涯にわたって必要な知識とコンピテンシーの比較尺度を提案する生徒の学習到達度調査(PISA)などの国際評価を参照している。〔中略〕共通基礎は七つのコンピテンシーで組織される」と述べられている。[41]

そして共通基礎に基づいて,2008年にはコレージュの学習指導要領が改訂された。『学習指導要領憲章』に基づいた1998年改訂時には知識の伝達からコンピテンシー育成への転換状況が教科によって異なっていたのと比べると,共通基礎におけるコンピテンシーの論理は今やコレージュに広く浸透していることが窺える。たとえば,1998年改訂時の数学(4年生)の学習指導要領は教科の領域ごとに身につけるべきコンピテンシーの一覧表として構成されていた一方,歴史・地理(4年生)の学習指導要領は教科内容の羅列となっていた[42]。それが2008年改訂時には,歴史・地理(4年生)の学習指導要領も,教科の領域ごとに獲得すべき知識・「能力」と学習アプローチ(démarche)の一覧表として構成されている[43]。

以上のように,従来の中等教育では教科内容(知識)を大量に教授することで学業失敗を招いているという批判を受け,職業教育から始まり普通教育においても,知識を活用する通教科的な力であるコンピテンシー概念が広がってきた。コンピテンシー概念は『学習指導要領憲章』で公認され,教育政策の柱の一つとなった。さらに,すべての生徒への学力保障という観点から,「本質的基礎知識」や「知識とコンピテンシーの共通基礎」,「主要知識」が提案された。このように義務教育の基礎学力を定める動きに対し,教員組合のSNESは批判的立場を貫いてきた。コンピテンシー教育は学習の断片化を招く上,基礎学力を定めると社会的不平等の拡大につながると考えるからである。しかしなが

---

(41) Annexe, décret du 11 juillet 2006, B. O., no.29, du 20 juillet 2006.
(42) Arrêté du 15 septembre 1998, B. O., hors-série, du 15 octobre 1998.
(43) Arrêté du 15 juillet 2008, B. O. spécial, no. 6, du 28 août 2008.

ら，教科の知識の伝達かコンピテンシーの育成かという議論が教員の間で繰り返される中，国民討論を経て共通基礎は社会的に認知されていく。国会でも，教養の伝達を重んじる社会党やフランス共産党と，コンピテンシー教育を推進する国民運動連合との間で論戦が展開された。そして，EUやOECDのコンピテンシーの影響を受け，フィヨン法と政令において共通基礎が策定された。

2　共通基礎に対する教員の反発と賛同

(1)　反対派教員の意見

　こうして定められた共通基礎に対して，実践の当事者である教員はどのように反応したのだろうか。中等教員組合のSNESやSNALCは強く反対した。彼らは，伝達する教科の知識が減少して「文化的貧弱化」が起こり，中等教育のレベルが下がると批判した。

　政府の諮問機関である教育高等審議会が，批判の背景を三つ指摘している。一つ目は，中等教員は教科内容の専門家を自認しており，教科内容の伝達に執着していることである[44]。

　二つ目は，共通基礎改革が，小学校の読み・書き・計算・推論といった基礎基本（fondamentaux）への回帰と混同されていることである。共通基礎は現代外国語の実用や科学的技術的教養，人文的教養など七つのコンピテンシーで構成されているが，フランス語と数学のコンピテンシーだけに矮小化して理解される場合が多い。そのため，基礎基本の学習が重視されるあまり，上位層の生徒の学力向上が疎かになると懸念されている。

　三つ目は，共通基礎がしばしば評価簿のLPC（前章を参照）と同一視されていることである。LPCを厳密に遂行すべく，共通基礎を分割した非常に細かい項目ごとに学習し，評価することで，知識の細分化，つまり断片的な知識を身につける機械的な学習になってしまうと危惧されている[45]。

---

(44)　Haut Conseil de l'Éducation, *Le collège. Bilan des résultats de l'École*, 2010, p. 32.

第Ⅱ部　教養とコンピテンシーの相克

　一つ目の教科への執着は，教員の養成方法や地位によって生み出されたと考えられる。教員志望者には，学士課程で教科の専門性を高めることが期待されている。2006年の調査によると，中等教員の8割は担当教科の学位を取得している。教員養成課程が始まる大学院レベルでも，教科の学習が重視されている[46]。その上，中等教育機関には，生徒指導や保護者対応を行う「生徒指導専門員」が配置されており，教員の仕事は担当教科の知識の伝達に特化されている。様々な教科の知識を統合する通教科的なコンピテンシーの育成は，教科内容の伝達という教員の職業的アイデンティティに反する上，教科内容の伝達の軽視につながると懸念されたのであろう。

　二つ目の背景について，共通基礎の基礎（socle）は，物事の支えになるものという意味であり，彫刻の「台座」や地質の「基盤」の他，建物の「基礎」という意味もある[47]。この基礎という意味合いを踏まえ，国民教育省は，初歩的な基礎基本として共通基礎を周知した[48]。その上，共通基礎の改革は，多くの教師に，LPCや全国学力テスト（フランス語と数学），PPRE（フランス語と数学，外国語・地域語）の実施として受け止められた[49]。この過程において，「共通基

---

(45) Haut Conseil de l'Éducation, *Mise en œuvre du socle commun. Bilan des résultats de l'École*, 2011, pp. 17-18（次の文献で全文が翻訳されている。藤井穂高「フランスの教育高等審議会報告書『共通基礎（socle commun）の実施』(2011年)：翻訳と解題」『教育制度研究紀要』第9号，2014年，pp. 67-82). Haut Conseil de l'Éducation, *Rapport 2012*, 2012, p. 3.

(46) 園山大祐「フランス」研究代表者：吉岡真佐樹『教師教育の質的向上策とその評価に関する国際比較研究』（平成16年度～平成18年度科学研究費補助金（基盤研究(B)）研究成果報告書）2007年，pp. 111-112。

(47) «Socle», *in* Imbs P. (dir.), *Trésor de la langue française : dictionnaire de la langue du XIXe et du XXe siècle (1789-1960)*, Paris: Éditions du Centre National de la Recherche Scientifique, 1971-1994, 16 vol., t.15, pp. 580-581.

(48) たとえば，LPCに関する保護者への通達は，「七つのコンピテンシーが，知識とコンピテンシーの共通基礎，つまり教育基本法によって定められた基礎知識（savoirs fondamentaux）を構成している」と述べている（Arrêté du 14 juin 2010, *J. O.*, du 1 juillet 2010)。

礎＝基本教科であるフランス語と数学の基礎基本」と誤解され，共通基礎を重視すると教育のレベルが下がると捉えられたと考えられる。

　三つ目の背景は，第3章第2節第4項のラヴァルの批判と重なる。2012年の中央視学官報告書によると，LPCに対して，コレージュでは，評価項目が細かすぎて生徒の状況の継続的な把握に使いにくい，評価の労働負担が重い，評価基準があいまいで公正性を担保できないといった教員の不満が多く見られた。(50)そこで国民教育省通達により，2012年度からLPCは簡略化された。大きな学習困難を抱えていない生徒についてはコンピテンシーごとの評価でよく，領域・項目ごとの評価は不要となった。あるコンピテンシーが未習得の場合でも，領域ごとの評価を記入するのみとなった。(51)それでも，LPC批判は根強い。SNESがパリを含むクレテイユ大学区で2012年10月に行った調査によると，教員の94％がLPC廃止に賛成であった。(52)

（2）賛成派教員の意見
①共通基礎支持の三つの立場

　このように共通基礎に反対する教員がいる一方，共通基礎を支持する教員もいる。クレマンによると，新教育運動系団体と，保守的教育の信奉者，ニュー・パブリック・マネジメント（NPM: new public management）（後述）や「効果のある学校」論（école efficace）の信奉者が共通基礎に賛成している。(53)

---

(49) Clément, *op. cit.*, p. 652.
(50) Inspection Générale de l'Éducation Nationale, *La mise en œuvre du livret personnel de compétences au collège*, Rapport no. 2012-094, août 2012.
(51) Note de service du 24 septembre 2012, *B. O.*, no.35, du 27 septembre 2012.
(52) Mallaval C., «École: un livret de compétences qui perd des cases», *Libération*, du 30 octobre 2012.
(53) Clément, *op. cit.*, pp. 649-650. Laval C., Vergne F., Clément P. et Dreux G., *La nouvelle école capitaliste*, Paris: La Découverte, 2011, p. 238. クレマン（P. Clément）氏の自宅で行った，筆者によるクレマン氏へのインタビュー，2013年9月3日。クレマン氏からの筆者宛てメール，2014年3月26日（公開確認済み）。

まず、新教育運動系団体（Ligue de l'enseignement や CRAP-Cahiers Pédagogiques, フレネ教育団体(54)など）は、古典的な中等教育を、抽象的な教科内容を伝達して上位の生徒を伸ばすことを重視するエリート主義の教育だと批判してきた。彼らは、子どもの表現活動や自発性、協同性を中心にすえた新教育で育んできた問題解決力と共通基礎は重なると考えた。そのため、彼らは、共通基礎をどの生徒にも獲得させることで、教育の民主化を達成できると期待した。教育の民主化とは、教育を通して、すべての社会階層の生徒が成功するチャンスを等しく持てるようにすることである。こうした彼らには、複数の教科の知識を総合して生活・社会の具体的な問題を解決する力という、共通基礎のコンピテンシーの通教科的な特徴が支持されたといえよう。

次に、新教育反対の立場である保守主義者も、共通基礎の賛同者である。文学の中等教員組合である「文学を救え（Sauver les lettres）」や、数学の中等教員組合である「数学を救え（Sauver les maths）」といった保守主義者は、活動を通して学ぶ子ども中心主義の新教育は学力レベルの低下を招くと批判してきた。彼らは、知識伝達を重んじる伝統的な教育方法へと回帰する「基礎に戻れ（*back to basics*: retour aux fondamentaux）」を主張している。「基礎に戻れ」運動は、基礎的な知識・技能の習得を学校に要求する運動である。この運動は、子どもの多様なニーズや適性、能力に配慮した1970年代の「人間化」重視カリキュラム（オープンスクール、フリースクール、「カフェテリア方式」のカリキュラムなど）への批判として、1970年代後半から1980年代のアメリカで展開された(55)。この「基礎に戻れ」を標榜する保守主義者がなぜ共通基礎を支持したのだ

---

(54) フレネ教育というと日本では初等教育のイメージが強いが、フランスではフレネ教育を適用している中等教育機関も見られる。その一例については、次の文献を参照。細尾萌子・大津尚志・宮橋小百合・堀内達夫「フレネ教育実験コレージュ・リセにおけるカリキュラム開発の独自性」『フランス教育学会紀要』第24号、2012年、pp. 79-92。

(55) 佐藤三郎『アメリカ教育改革の動向―1983年「危機に立つ国家」から21世紀へ―』教育開発研究所、1997年、pp. 4-8。

ろうか。それは，彼らが，共通基礎に対して，彼らが重視する読み・書き・計算といった基礎基本の力を意味すると解釈したからである。

そして，初等・中等教員組合の SE-UNSA など，NPM や「効果のある学校」論の支持者は，共通基礎は学校を合理的に管理する手段になると受け止めた。NPM とは，経営資源の使用に関する裁量を広げる代わりに成果による統制を行うことで，経営の効率化を図る理論である。これを教育分野に適用すると，各機関が生徒の成績などの目標を定め，目標の達成度を評価し，評価結果に応じた報酬を受けることになる[56]。共通基礎を習得させる方法は，学校や教師の自律性に委ねられている。しかしながら，学校や教師は，全国学力テストやLPC によって学習成果の継続的な評価を受けるため，共通基礎を確実に習得させられる教育方法を取らざるをえない。全国学力テストの学校別結果公開やLPC の結果の給与への反映は行われていないものの，共通基礎は，評価によって教師や学校に圧力を与え，学習成果を向上させる梃になると考えられた。

② NPM と「効果のある学校」論の関係

では，「効果のある学校」論と共通基礎支持はどう結びつくのだろうか。日本では，「効果のある学校」論というと，社会的・経済的に不利な立場の子どもたちの学力（学業達成）を高めている学校の特徴を探り，その研究成果を不利な子どものための学校改善に役立てようとする論だと一般に理解されている。この理解は，学校と生徒の学業達成との関連を研究する「学校効果研究」を行うアメリカの潮流のうち，エドモンズ（R. R. Edmonds）を中心とする1970年代後半以降の研究領域を反映している。エドモンズたちは，平等性を追求するために，マイノリティの子どもに「効果のある学校」をめざしていた。

しかし1980年代以降，アメリカでは，マイノリティの子どもだけにではなく，すべての子どもにとって「効果のある学校」をめざし，学校運営の効率性を追求する学校効果研究が進んだ[57]。

フランスで近年語られる「効果のある学校」論は，日本で参照されるエドモ

---

(56) Laval, Vergne, Clément et Dreux, *op. cit.*, pp. 28-30.

ンズの潮流ではなく，この効率性重視の潮流である。ストラスブール大学のノルマン（R. Normand）によると，「効果のある学校」論のパラダイムは，生徒全体の学業達成を向上させて学校運営の効率性を高めている要因をテストで特定し，学校に関する政治的・経営的決定の根拠となるデータを提供することだという。その上，NPMを推進する1980年代以降の保守政権は，学校効果研究の測定ツールを用いて学校運営の効率性を評価している。⁽⁵⁸⁾よってフランスでは，「効果のある学校」論は，効率性向上を旗印としてNPM政策を正当化する理論として理解されていると解釈できる。

実際，前述のクレマンによると，NPMは教員の自律性を損ないうるとして教員の受けが悪いため，SE-UNSAはNPMの観点から共通基礎に賛同しているにもかかわらず，表立ってはNPM支持を打ち出さず，「効果のある学校」論の名目で共通基礎支持を主張しているという。⁽⁵⁹⁾

③玉虫色の共通基礎

このように異なる理由で共通基礎が支持されたのは，共通基礎の概念があいまいであったことによるとクレマンは述べる。新教育運動者は共通基礎のコンピテンシーの通教科的な性質に目を向け，保守主義者は共通基礎における基礎重視の側面に着目し，NPM論者（「効果のある学校」論者）は共通基礎のコンピテンシーの経営的ツールという側面を重視したのである。クレマンもいうように，支持者たちは，共通基礎の中に，自分たちの見たい概念を見取ったのであった。⁽⁶⁰⁾

結局，実施された共通基礎は，新教育の理念とは異なるものになった。共通

---

(57) 川口俊明「『効果のある学校（Effective School）』論の検討—欧米の学校効果研究を中心に—」大阪大学教育文化学研究室『教育文化学年報』第1号，2006年，pp. 13-21。

(58) Normand R., «L'école efficace ou l'horizon du monde comme laboratoire», *Revue Française de Pédagogie*, 154, 2006, pp. 33-43.

(59) クレマン氏からの筆者宛てメール，2014年4月4日（公開確認済み）。

(60) Clément, *op. cit.*, p. 649.

基礎は，基礎基本の学習を重視し，全国学力テストやLPCなど評価の圧力によって効率向上を図る教育として体現された。[61]保守主義者とNPM論者が勝利したのである。

そこで新教育運動系団体は，2012年6月にペイヨン（V. Peillon）文相に手紙を出し，共通基礎やＬＰＣの改革を迫っている。それは，「共通基礎は，単純化された『基礎基本』を中心とした，教育制度や生徒の『パフォーマンス』の評価のためのテクノクラシーの道具に変わってしまった。〔中略〕いくつかの課題が挙げられる。共通基礎の内容の修正および学習指導要領と共通基礎の関係という課題，学力の評価・認証方法の課題（とくに，活用方法に関する教員の不満が多く見られ，現場に適応しない道具であるＬＰＣの抜本的な改革）」[62]というものである。

以上のように，教員の中でも，共通基礎の賛成派と反対派の間で意見が対立していた。反対派の教員は，教科の専門家という職業的アイデンティティが揺らぐ上，基礎学習の重視によって知識の伝達が軽視されて中等教育のレベルが低下し，コンピテンシーの評価によって学習が断片化することを懸念している点で一致していた。一方，賛成派の教員の立場は多様であった。教育の民主化を願う新教育運動系団体と，基礎的な知識・技能の習得を重視する保守主義者，新自由主義的なNPMの信奉者が，（互いに相反しているようにも見える）それぞれの理念をかなえる方途として共通基礎を支持していた。

こうした様々な意見を受け，教育基本法改正論議の中で，共通基礎の再定義が問題となる。

---

(61) Clément, *op. cit.*, p. 653.
(62) La ligue de l'enseignement, *Lettre ouverte à Vincent Peillon*, le 8 juin 2012, http://www.laligue.org/lettre-ouverte-a-vincent-peillon/, 2014年2月18日確認。

3 共通基礎の再定義に向けた国会の議論

(1) 下院——共通基礎への教養の追加

　教育高等審議会は2012年12月の報告書において，共通基礎の文化的側面を斟酌しないために共通基礎に反対する者がいると認め，新しい教育基本法では，共通基礎における知識とコンピテンシーの関係について明示すべきだと勧告した[63]。これは，共通基礎には，⑤人文的教養や，③数学の基礎原理および科学的技術的教養といった教養の柱もあることに目を向けず，共通基礎に基づいたコンピテンシー教育を推進すると教養の伝達が疎かになると批判する中等教員たちのことを念頭に置いた指摘であろう。

　勧告を受け，国会では，教育基本法（フィヨン法，本章第1節第3項を参照）の改正に向けて，共通基礎の再定義について議論することとなった。

　まず下院では，2013年2月28日に，文化・教育委員会の報告書が提出された。委員会では，共通基礎の文言が議題となった。報告者である与党社会党のデュラン議員は，共通基礎の文言を，従来の「知識とコンピテンシーの共通基礎」から「知識・コンピテンシー・教養の共通基礎（socle commun de connaissances, de compétences et de culture）」に修正することを提案した。これに対し，野党国民運動連合のブルトン（X. Breton）委員は，教養は科学的・技術的・人文的教養として「知識とコンピテンシーの共通基礎」の「知識」にすでに含まれているので追加する必要はない上，「教養」を加えると共通基礎の定義が際限なく広がる恐れがあると指摘した。しかし報告者は，共通基礎の文化的側面を軽視する功利的解釈を避け，教養，とくに古典人文教養（humanités）が学校で認められるようにすることが重要だと反論し，「教養」の追加が承諾された（教育基本法7条）[64]。

　本章第1節第3項で述べたように，「知識とコンピテンシーの共通基礎」を

---

(63) Haut Conseil de l'Éducation, *Rapport 2012*, 2012, p. 3.

「知識・コンピテンシー・教養の共通基礎」に修正する提案は，2005年のフィヨン法案の審議過程において，すでにデュランが行っていたことである。しかし当時，社会党は野党だったこともあり，この修正案は破棄されていた。今回の修正提案は，デュランにとって，積年のリベンジであった。

「教養」の追加を提案したデュランは，歴史・地理の教員としてリセでの教授経験を持ち，教育問題を専門としている。2013年6月5日に開かれた中等教員の評価に関するSNESのシンポジウムで発表しているように，彼はSNESと関係が深い。こうした経歴からデュランは，SNESの中等教員たちが示してきた教科の論理の観点から「教養」という語の追加を主張したと考えられる。

続いて，2013年3月15日の下院の審議では，野党民主・独立連合のゴメス（P. Gomès）議員が，教養の中身が不明瞭だとして「教養」の語を抜く修正意見を出したが否決された。ペイヨン文相は，最小限の「文化的最低賃金」（本章第1節第2項を参照）だと解釈して共通基礎に反対する教員が多いと認め，共通基礎が学校の礎となるためにはまず，共通基礎を実践する教員を安心させねばならないと述べている。教員の賛同を得るには，中等教育の核である「教養」という言葉の追加が不可欠だという政治的判断が働いたと解釈できよう。

---

(64) Assemblée Nationale, *Rapport de M. Yves Durand, au nom de la commission des affaires culturelles et de l'éducation sur le projet de loi d'orientation et de programmation pour la refondation de l'école de la République*, no.767, le 28 février 2013, http://www.assemblee-nationale.fr/14/rapports/r0767-tI.asp, 2014年5月17日確認。

(65) EducPrs.fr の HP, http://www.letudiant.fr/educpros/personnalites/durand-yves-131.html, 2014年3月3日確認。

(66) Snetap-FSU, http://www.snetap-fsu.fr/%EF%BB%BFColloque-du-SNES-FSU-sur-l.html, 2014年3月3日確認。

(67) Assemblée Nationale, *Compte rendu intégral. 1ère séance du 15 mars 2013. XIV législature. Session ordinaire de 2012-2013*, http://www.assemblee-nationale.fr/14/cri/2012-2013/20130178.asp, 2014年5月17日確認。

（2） 上院——下院の修正案の検討

　2013年5月14日の上院の審議では，下院で可決されたフィヨン法の修正（7条）が支持された。そして，「共通基礎は，生涯教育および生涯学習のためのキー・コンピテンシーに関する2006年12月18日の欧州議会と欧州連合理事会の勧告（2006/962/CE）を参照する」という文章が7条に追加された[68]。

　5月23日の上院の審議では，この法案7条に対する修正意見が続出する[69]。その中から，教養とコンピテンシーの関係にかかわる三つの意見を検討する。

　第1の修正意見は，「共通基礎の『教養』を削除すべき」というものである。国民運動連合のルジャンドル（J. Legendre）議員は，「教養」が共通基礎の文言に入ったことを批判した。フランスの教育には教養を重視する伝統があるが，教養は学校でのみ伝えられるものではなく，家庭や友人，地域，宗教などとのかかわりの中で育まれるものだという。さらに，「教養」という意味が広すぎる語を追加すると，共通基礎の概念があいまいになり，何を共通のものとして身につけさせるのかわからなくなると指摘した。

　これに対し，野党共和国市民共産党のゴンティ・モラン（B. Gonthier-Maurin）議員は，「教養」を追加することで，フィヨン法がもたらした学習の功利主義化（経済的有用性につながることをめざす傾向）を食い止められると反論した。教養を育む場はもちろん学校だけではないが，学校は，功利主義から離れた無私な態度で，自律的な思考や批判的精神といった教養を構築する場である。一方，フィヨン法で導入された「コンピテンシー」は，欧州議会のキー・コンピテンシーのように，「雇用可能性（employabilité）」や労働市場に適した実用主義的な力となりうる危険を帯びており，コンピテンシーの育成だけを学校教育の目的にすることはできないという。

---

(68) Sénat, *Rapport du 14 mai 2013. Projet de loi d'orientation et de programmation pour la refondation de l'école de la République*, http://www.senat.fr/rap/112-568/112-5689.html#oc170, 2014年5月17日確認．

(69) Sénat, *Compte rendu intégral des débats. Séance du 23 mai 2013*, http://www.senat.fr/seances/s201305/s20130523/s20130523_mono.html, 2014年5月17日確認．

また、ペイヨン文相は、共通基礎に対する教員の支持を広く得るためには、共通基礎から教養を抜くのではなく、共通基礎からコンピテンシーを抜くのでもなく、教養とコンピテンシーの両方を入れるべきだと主張した。

　ルジャンドル議員の修正意見に対して、文化・教育・コミュニケーション委員会の報告者である与党社会党のカートン（F. Carton）議員は、委員会の反対意見を述べた。「教養」の語を追加することで、共通基礎は、教科の知識やコンピテンシーだけではなく、人文主義的エスプリ（esprit humaniste）も含むと示すことができるという。

　第2の修正意見は、「『知識・コンピテンシー・教養の共通基礎』を『共通教養（culture commune）』に変更すべき」というものである。ゴンティ・モラン議員は、功利主義的なコンピテンシーの育成を重視することで、学校教育が企業の即自的な要求に隷属してしまうと問題視している。そのため、共通基礎から「コンピテンシー」の語を抜くべきだとして修正意見を提出した。

　修正意見に対して、カートン議員は、委員会の反対意見を述べた。「知識とコンピテンシーの共通基礎」という表現はすでに教育現場に普及しており、「共通教養」とまとめると現場の混乱を招くという。

　第3の修正意見は、「EUのキー・コンピテンシーを参照するという文章は削除すべき」というものである。ルジャンドル議員とゴンティ・モラン議員は、「共通基礎は、生涯教育および生涯学習のためのキー・コンピテンシーに関する2006年12月18日の欧州議会と欧州連合理事会の勧告（2006/962/CE）を参照する」という文章の削除を求めた。ゴンティ・モラン議員は、困難を抱えた生徒のための最小限の力というフィヨン法が招いた共通基礎の誤ったイメージを乗り越え、すべての生徒に保障するレベルの高い力として共通基礎を定めることが教育基本法改正の目的であるならば、コンピテンシーの概念と決別する必要があると主張する。中でもEUのキー・コンピテンシーは、教養や知識を排除したコンピテンシーであり、下院の修正案で追加された「教養」と相いれない概念であるため、共通基礎と結びつけて言及すべきではないと述べた。

　この修正意見に対して、カートン議員は、委員会の賛成意見を述べた。共通

基礎の理念はコンピテンシーの育成だけを重視しようとするものではなく、またEUのキー・コンピテンシーに言及すると共通基礎が最小限の力と誤解されうるのであれば、EUのキー・コンピテンシーへの言及は削除すべきだという。

最終的に、委員会の意見通り、第1と第2の修正意見は否決され、第3の修正意見は可決された。

以上のように国会では、SNESなど教養教育を支持する中等教員の意向を受け、共通基礎の文言に「教養」を追加する議案が提出された。教養は広すぎる概念で共通基礎の中身があいまいになるという反対意見が出たものの、この議案は可決される。教養を追加することで、古典人文教養という中等教育の伝統的な理念と共通基礎は重なるというイメージを与え、教養教育派の教員も共通基礎を支持しやすくなると考えられたためである。古典人文教養とは、序章第1節第3項で述べたように、ギリシャ・ラテン古典文献の読解と古典語の表現練習を通して学ばれる、人間形成のための知識・思考方法のことである。また国会では、学校教育へのコンピテンシー概念の導入は、労働市場で高い生産性を発揮する力を育成する教育の牽引力となり、学習の功利主義化を招くと批判された。共通基礎における「教養」と「コンピテンシー」の並列は、教養教育派とコンピテンシー教育派に教員が二分されていることをふまえ、共通基礎への両者の支持を得るための政治的妥協であったといえる。

このような国会での審議を経て、2013年7月8日に、新教育基本法（ペイヨン法）が公布された[70]。共通基礎は、「知識・コンピテンシー・教養の共通基礎」と示された。

4 まとめ

本章は、2013年の教育基本法改正に至るまでのフランス中等教育における基

---

(70) Loi no. 2013-595 du 8 juillet 2013 d'orientation et de programmation pour la refondation de l'école de la République, *J. O.*, du 9 juillet 2013.

第5章　コンピテンシーをめぐる基礎学力論争

礎学力論争をたどった。共通基礎をめぐり，各教科の知識の伝達を重んじる教養教育派と，コンピテンシーの育成を推進するコンピテンシー教育派との間で論争が繰り広げられてきた。前者は，教科内容を体系的に教授することで教養を身につけさせ，エスプリを発揮して自己実現する市民を育てることを是としている。後者は主に，様々な教科領域の知識や技能などを総合して特定の状況の課題を解決するコンピテンシーを育成することで，実社会で有用な人的資源としての労働者を輩出することを理想としている。この構図は，現場教員にも，政府の委員にも，政治家にも共通していた。

　ただし，コンピテンシー教育の推進派には，人的資源の効率的な育成を狙う新自由主義的立場の教員だけではなく，すべての生徒への学力保障を志す新教育運動家や，新教育反対で基礎学力重視の保守主義者も見られることは興味深い。コンピテンシーや「基礎」の概念規定が政府によって明確になされていないため，各自が自らの利害に有利なようにコンピテンシーや「基礎」という言葉を利用していることが窺える。

　フランスは，教養教育という中等教育の伝統からコンピテンシーに基づく教育へと一気にかじを切ったわけではなく，その間で折り合いをつけようとしている。2013年のペイヨン法で，共通基礎の文言にコンピテンシーと並んで教養の語がつけ加えられたのはその表れである。

　ペイヨン法で設立された国民教育省の諮問機関である「学習指導要領高等審議会（conseil supérieur des programmes: CSP）」は，2014年4月の「学習指導要領憲章（*Charte des programmes*）」で，ペイヨン法における共通基礎の修正のねらいは教養教育の復権だと説明している。「立法者は，［筆者注：知識の学習，コンピテンシーの学習，教養の学習と］学習を層に分ける（stratifier）危険を冒して，［知識とコンピテンシーと教養という］三つの規準（référence）を同じ次元で並列するつもりなのではなく，真の教養に到達できるようにさせるという教育の大志をよみがえらせ，知識とコンピテンシーの間で時折保たれている人工的な対立を乗り越えることで，教育全体に意味を与えることがねらいなのである」と。[71]

177

さらに2014年6月に，ＣＳＰは，共通基礎の具体的な内容を示す提案を発表している。ここでも，教養は知識やコンピテンシーよりも上位の包括的概念であり，義務教育は教養を涵養するものであるという認識が示されている。「義務教育は，不可欠な知識とコンピテンシーに基づいた共通教養を生徒に与える。〔中略〕共通基礎は，生きた教養への入り口をすべての生徒に開く知識とコンピテンシーを定義する」と述べられている。この提案に基づいた新しい共通基礎は，2016～2017年の新学期から施行されている。このように，共通基礎の知識とコンピテンシーを介することで教養に到達できるというロジックの背景には，教養教育派とコンピテンシー教育派の両者を取り込もうという政策意図が見え隠れしているように思われる。

　コンピテンシーをめぐるフランスの基礎学力論争，とくに，教養教育派のコンピテンシー教育批判からは，コンピテンシーに基づいた教育に関する次の三つの論点を導き出すことができる。

　一つ目は，コンピテンシーの要素となる知識を一つひとつ個別に習得させて評価するという要素主義的な学習アプローチでは，コンピテンシーに基づいた教育は断片的な知識の伝達と化し，学習の体系性が失われるのではないか，という点である。コンピテンシー全体を包括的に育み評価する学習アプローチを開発すべきだと考えられる。

　二つ目は，コンピテンシーを高めるために知識を総合する学習活動が重視されるあまり，知識の習得が疎かにならないか，という点である。もちろん，知

---

(71) Conseil Supérieur des Programmes, *Charte relative à l'élaboration, à la mise en œuvre et au suivi des programmes d'enseignement ainsi qu'aux modalités d'évaluation des élèves dans l'enseignement scolaire*, le 3 avril 2014, p. 9, http://cache. media. education. gouv. fr/file/04_Avril/37/5/charte_programme_csp_312375.pdf, 2014年9月1日確認。

(72) Conseil Supérieur des Programmes, *Projet de socle commun de connaissances, de compétences et de culture*, le 8 juin 2014, p. 1, http://cache.media.education.gouv.fr/file/06_Juin/38/8/CSP_Socle_commun_de_connaissances_competences_culture_328388.pdf, 2014年9月1日確認。

識を活用する学習を通して知識の習得が深まるということはあるものの，基本的な知識を十分に獲得させていない状態で知識の活用を求める教育を行うと，家庭や塾など学校外で知識を身につけられる家庭環境の生徒しか授業についていけず，取り残されてしまう生徒が出てくる。知識の習得を軽視したコンピテンシー教育は，社会的不平等や学力格差の拡大を招きうる。

　三つ目は，誰のための，何のためのコンピテンシーなのか，という点である。国家・企業の競争力を高める人的資源として有用な労働者となるための力なのか。それとも，学習者が，労働者としてだけではなく，市民としても，また家庭人としても，よりよい人生を切り拓いていくための力なのか。コンピテンシーは多義的で中身が見えにくい能力概念であるからこそいっそう，どのような目的の能力なのかを検討しておくことが重要だろう。

　本章では，コンピテンシー教育をめぐる論点を描いてきた。教養教育とコンピテンシー教育の論争では，どちらかというとコンピテンシー教育の負の面が浮き彫りになっていた。次章では，コンピテンシーを育む学習支援の実践を検討し，コンピテンシー教育の可能性に目を向けてみたい。

第6章
コンピテンシーを育むポートフォリオ法の実践

　第3章第1節第1項で述べたように，コンピテンシーに基づいた教育は，共通基礎の習得状況を継続的に評価し，共通基礎を十分に習得していない生徒には学習支援を与えるという，学力評価と学習支援の二本立ての教育である。コンピテンシーに基づいた学力評価のあり方については，第4章で検討した。そこで本章では，共通基礎の第7の柱である「自律性・自発性（l'autonomie et l'initiative）」のコンピテンシーを対象としたリセの学習支援の実践として「ポートフォリオ法（portfolio）」を取り上げ，その特徴を検討する。

　「自律性・自発性」は，情意面のコンピテンシーである。自律性は，様々な学習方法を取ったり，論理的に推論したり，自己評価したりしながら，自分で判断して行動する力である。自発性は，個人的・集団的計画を率先して考案し，実行し，実現する力である。

　共通基礎の内容を定めた2006年の政令で，「共通基礎の他の諸要素の習得は，このコンピテンシーの獲得と切り離すことができない」と述べられている[1]。「自律性・自発性」は，共通基礎の諸種のコンピテンシーが発達する基盤として捉えられていることがわかる。

　なお，ポートフォリオというと日本では，ポートフォリオ評価法のイメージが強い[2]。しかし，ここでのポートフォリオ法は，学習支援の方法である。

（1）　Annexe, décret du 11 juillet 2006, B. O., no.29, du 20 juillet 2006.
（2）　ポートフォリオ評価法の代表的な文献としては，次のものが挙げられる。西岡加名恵『教科と総合に活かすポートフォリオ評価法―新たな評価基準の創出に向けて―』図書文化社，2003年。

第Ⅱ部　教養とコンピテンシーの相克

1　制度としての「個別学習支援」

　フランスの義務教育は16歳までであり、一度も留年なく進学した場合、リセ1年生までを指す。また、飛び級した生徒の場合、義務教育期間がリセ2年生あるいはリセ3年生までに該当する場合もある。さらに、ペイヨン（V. Peillon）文相は、ペイヨン法（第5章第3節第2項を参照）に関する2013年3月15日の下院の審議で、16歳以上の生徒であっても、共通基礎を完全に習得できるまでは、学校で学習支援を受けられるべきだと答弁している。そのため、リセにおいても、共通基礎をすべて習得できなかった生徒に対する学習支援が必要とされている。

　第4章第1節で説明したように、コレージュ終了時に共通基礎をすべて習得していなかった場合、生徒のLPCはリセに送付される。このLPCの記録に基づいて、リセの教師は、生徒のニーズに基づいた「個別学習支援（accompagnement personnalisé: AP）」を行うとされている。

　APは、リセ改革で新設された教育課程の領域である。社会問題となっている落第や無資格での離学などの学業失敗を減らすため、「すべての生徒の成功」をめざしたリセ改革が実施された。リセには、普通科（普通教育中心）と技術科（普通教育と職業教育）、職業科（職業教育中心）という三つのコースがある。このうち普通科と技術科の新しい教育課程が、2010年度からは1年生、2011年度からは1・2年生、2012年度からは1・2・3年生のすべての学年で施行されている。職業科の新教育課程は、2009年度から完全実施されている。

　改革により、リセ（普通科と技術科）の教育課程は、以下の三つの柱のもと、

（3）　Assemblée Nationale, *Compte rendu intégral. 1ère séance du 15 mars 2013. XIV législature. Session ordinaire de 2012-2013*, http://www.assemblee-nationale.fr/14/cri/2012-2013/20130178.asp、2014年5月17日確認。

（4）　堀内達夫・伊藤一雄「フランスにおける職業高校の改革と現状」『技術教育研究』第68号、2009年、pp. 32-37。

より漸次的・個別的なものへと変化した。①より開かれた漸次的・的確な進路指導を行う，②就学期間を通して生徒一人ひとりにいっそう「寄り添う（accompagner）」，③教育課程を時代により適応させる（外国語学習と文化へのアクセス，「生徒に責任感を」），である。

1年生の教育課程は教科，「探究教育（enseignement d'exploration）」，APの3領域，2年生の教育課程は教科，AP，指導つき個別学習（TPE）の3領域（技術科はTPEなし），3年生の教育課程は教科とAPの2領域となった。探究教育とは選択科目であり，生徒が2科目履修する（うち1科目は経済・社会科学など経済領域の科目）。進路選択の援助となるよう，新たな科目になじむことが，「探究教育」の目的である[5]。また，指導つき個別学習は，複数の教科にまたがる課題について，生徒が個人またはグループでレポートを作成する総合学習の領域である[6]。

この改革の主要施策が，②の柱に基づいて設けられたAPの実施である。APは週に2時間で，1～3年生のすべての生徒が参加する。生徒一人ひとりの学習困難の回復や知識の深化，進路計画の支援を目的としている。そのため，生徒を少人数グループに編成し，学習支援や深化学習，学習方法の援助，進路選択の援助を行う。教科横断的学習やＩＣＴを取り入れることも推奨されている。ただし，APの具体的な実施形態・方法は各学校に委ねられており，生徒のニーズに応じた多様な活動の提供が求められている[7]。

2 ポートフォリオ法の導入の契機

このようにリセでは，共通基礎を未習得の生徒に対しては共通基礎を完全に

---

(5) Ministère de l'Éducation nationale, *Le nouveau lycée. Voies générales et technologiques: les informations utiles pour la rentrée 2011*.

(6) 大津尚志「フランスにおける高校『総合学習』の実地調査報告」『中央学院大学社会システム研究所紀要』第8巻，第2号，2008年，pp. 89-99。

(7) Circulaire du 29 janvier 2010, *B. O. spécial*, no. 1, du 4 février 2010.

習得させるため，また共通基礎を習得済みの生徒に対してはさらなる学習の深化を図らせたり，進路指導を行ったりするため，APという少人数制の学習支援の制度が整えられている。

ところが，フランス東部のブルゴーニュ地方のシャロン・シュル・ソーヌ市に位置するリセの教師の一部は，とくに「自律性・自発性」のコンピテンシーを育むべく，APに加えて，「ポートフォリオ法」という個別的な学習支援も実践している[8]。なお，ポートフォリオ法はこの市だけではなく，少数の実践ながら他の地域でも行われている。2012年に国民教育省の「開発研究・革新・実験部門」が追跡調査したコレージュやリセの2000件の教育実験のうち，22件がポートフォリオ法の実践であった[9]。APがあるにもかかわらず，教師たちはなぜポートフォリオ法を導入しているのだろうか。

フランスでのポートフォリオ法について日本では，主に外国語教育分野において，生徒の自己評価法の一つとして研究がなされてきた。欧州評議会が「ヨーロッパ言語共通参照枠」に基づいて2001年に開発した「ヨーロッパ言語ポートフォリオ」の構成や実践，成果と課題が紹介されている[10]。しかしながら，ポートフォリオを用いて教師が学習者をいかに支援しているか，その方法はど

---

(8) プロヴァンス大学で行った，同大学の学力評価研究者であるカパロ・マンカシ(N. Capparos-Mencacci) 氏への筆者によるインタビュー，2011年3月16日。

(9) Inspection Générale de l'Éducation Nationale, *La notation et l'évaluation des élèves éclairées par des comparaisons internationales*, Rapport no. 2013-072, juillet 2013, pp. 15-16. 2000件の教育実験のうち，418件がコンピテンシーに基づく評価の実践，122件が生徒の自己評価の実践，66件が数値による評定の廃止，37件が生徒同士の相互評価の実践であった。

(10) 駒形千夏「フランス言語ポートフォリオにおける言語バイオグラフィーの意義」『フランス文化研究』新潟大学大学院現代社会文化研究科，第2号，2009年，pp. 119-131。平尾節子「EU（ヨーロッパ連合）の言語教育におけるポートフォリオの研究―フランスの外国語教育の現状―」『言語と文化』愛知大学語学教育研究室，第9巻，第36号，2003年，pp. 1 -34。細川英雄「内省する教師のためのポートフォリオ―フランス・自分誌活動クラス見学記より―」『英語教育』大修館書店，第57巻，第13号，2010年，pp. 16-18。

第6章　コンピテンシーを育むポートフォリオ法の実践

のような理論に基づいているかは明らかとなっていない。

そこで本章では，シャロン・シュル・ソーヌ市の二人のリセ教師によるポートフォリオ法の実践と，二人の勤務校でのAPの実践とを比較検討することにより，ポートフォリオ法における支援方法の独自性を明らかにする。二人の教師とは，イレー・ド・シャルドネ・リセ（Lycée Hilaire de Chardonnet）の歴史・地理担当のルサージュ（I. Lesage）教諭と，経済・経営担当のジョアンヌ（C. Johannes）教諭である。二人は，後述するポートフォリオ法の開発研究以来，ポートフォリオ法の実践を5年以上続けている。それゆえ，二人の実践は，同市におけるポートフォリオ実践の典型例の一つとして考えられる。二人には，2012年9月3日～9月9日に現地で，インタビュー調査および授業観察，ポートフォリオ検討会の観察を行った。[11]

（1）　ポートフォリオ法の定義と目的

二人の教師がポートフォリオ法を始めた契機は，2007年9月にシャロン・シュル・ソーヌで行われたコレージュ・リセ教師向けの任意参加の官制研修であった。研修は，プロヴァンス大学の教育評価研究者のヴィアル（M. Vial）とカパロ・マンカシ（N. Capparos-Mencacci）が主催した。研修のテーマは「ポートフォリオとコンピテンシーの評価」であった。

ポートフォリオ法は，ブラック（L. Black）の『ポートフォリオ評価法の新しい方向性（*New Directions in Portfolio Assessment*）』（Boynton Cook, 1994）など，アメリカのポートフォリオ研究の成果がフランスの学校教育に導入された結果，1990年代以降，主に初等教育で使われるようになった。[12] 1989年のジョスパン法（教育基本法）により，生徒一人ひとりの学習の歩みを追跡することや形成的評価が重視されるようになり，生徒を学習の中心に位置づけるポートフォリオ法は，新しい教育政策に合致すると考えられたためである。[13]

---

(11)　以下の記述は，ルサージュ教諭（I. Lesage）とジョアンヌ教諭（C. Johannes）へ筆者が行ったインタビューおよび，二人から入手した資料をもとに構成している。

ポートフォリオ法は，学習者の活動の痕跡を何らかの物に集めていく方法として一般に理解されている。しかし，その具体的な機能や形式は論者によって様々である[14]。ヴィアルは，生徒が教師と一対一で協議して習得をめざすコンピテンシーを選び，教師はそのコンピテンシーを向上，深化，発展させる生徒の「伴走（accompagnement）」をする方法であるとポートフォリオ法を定義している。

　ヴィアルらが提唱したポートフォリオ法の目的は，生徒の自己評価の力や学習意欲，思考力を向上させることである。とくに，学習成功の鍵である共通基礎の「自律性・自発性」のコンピテンシーを高めることを重視している[15]。

(2) ポートフォリオ法の開発研究

　上述したヴィアルらによる研修の後，ディジョン大学区長の要請により，

---

(12) ウェイス（J. Weiss）によると，ブラックの本の他，以下の著作などがフランスのポートフォリオ法に影響を与えた（Weiss J., «Le portfolio: instrument de légitimation et de formation», *Revue Française de Pédagogie*, no.132, 2000, p. 12, pp. 20-21）。Garcia E. and al., «Portfolios: an assessment tool in support of instruction», in *International Journal of Education Research*, 14（5），1990, pp. 431-436. Linn R. L., Baker E. L. and Dunbar S. B., «Complex, performance-based assessment: expectations and validation criteria» in *Educational Researcher*, novembre, 1991, pp. 15-21. Moss P. A. and al., «Portfolios, accountability, and an interpretative approach to validity», in *Educational Measurement: issues and practice*, 11（3），1992, pp. 12-21.

(13) Derycke M., «Le suivi pédagogique: des usages aux définitions», *Revue Française de Pédagogie*, no.132, 2000, pp. 7-9.

(14) 自己評価や自律的な学習を促す，メタ認知能力を行使させるなどポートフォリオ法の形成的な機能を重視する論者と，学習成績を証明する認証的な機能を重視する論者とがいる。機能に応じて，ポートフォリオ法の形式は様々である（Weiss, *op. cit.*, p. 12）。

(15) 2009年11月にシャロン・シュル・ソーヌで行われたポートフォリオ法開発研究会の資料，ヴィアル（M. Vial），http://www.michelvial.com/, 2012年11月14日確認。

第6章　コンピテンシーを育むポートフォリオ法の実践

ポートフォリオ法の効果を検証する開発研究（recherche-développement）が始まった。大学区長がポートフォリオ法に関心を寄せたのは，「教育成功個別プログラム（PPRE）」（第3章第1節第1項を参照）などの既存の学習支援制度では，個別的支援を十分に行えず成果が挙がっていないのではないかと，大学区のコレージュ・リセ現場で問題視されていたからである[16]。

　PPRE は，学習困難を抱える生徒のみを対象とする少人数グループでの学習支援である。個別的な学習支援という点では，PPRE はポートフォリオ法と似ている。だが，PPRE では支援対象が基本教科のフランス語と数学，外国語・地域語に限定されており，短期間で支援が終了するのに対して，ポートフォリオ法では学習全般に及ぶ生徒の得意な点や苦手な点が対象とされ，生徒の希望が続く限り支援が行われるという違いがある。そのためポートフォリオ法は，困難を持つ生徒一人ひとりに共通基礎を保障できる新たなツールとして期待されたと考えられる。

　ルサージュ教諭とジョアンヌ教諭が開発研究に参加したのも，勤務校で懸念されている学習困難を抱える生徒に手を差し伸べることができると考えたからである。二人の勤務校には，普通科と技術科（マネージメント・経営工学（STMG）というコース。ただし，移行期間のため，2011年度の3年生はSTMGの前身の経営工学（STG）というコース）がある。2011年の生徒数は592人であり，学習に失敗した経験のある生徒も多く見られる。2011年のバカロレア試験の合格率は，普通科の生徒で平均約86％，技術科STGの生徒で平均約67％であった[17]。全国平均は普通科で88.3％，技術科STGで83.6％であったのと比べると，学業成績は芳しくない[18]。移民の子や労働者階級の子など家庭環境が厳しい生徒，文字が十分に読めない生徒，コレージュで落第した生徒など，入学時からハン

---

(16)　Capparos-Mencacci N. et Vial M., «Titre de la communication: l'autoévaluation des pratiques professionnelles à travers l'usage du portfolio au second degré du scolaire», *21ᵉ Colloque de l'ADEMEE-Europe*, 21-23 janvier 2009.

(17)　ルサージュ教諭からの筆者宛メール，2012年12月8日（公開確認済み）。

(18)　Ministère de l'Éducation nationale, *Repères et références statistiques*, 2012.

デを持った生徒が少なくないためである。このような生徒は一般的に，自尊心が持てず，学習意欲が低く，教師との人間的なかかわりを求める傾向がある。ポートフォリオ法は，生徒の意見を尊重し，学習の進歩を評価し，個別的に支援する方法であるため，すべての生徒を自律した学習者として成功させたいという二人の願いに合致していたのである[19]。

なお，共通基礎は義務教育終了年齢である16歳（通常，リセ1年生）までに習得すべき力と法令上定められているものの，リセ2年生や3年生でも共通基礎を十分に獲得していない生徒がいる。その上，コンピテンシーの習熟には終わりがない。そのためルサージュ教諭とジョアンヌ教諭は，リセ1年生から3年生までの生徒全体を，ポートフォリオ法の対象としている[20]。

開発研究では，研修に参加した教師の有志がポートフォリオ法を実践し，ヴィアルとカパロ・マンカシが指導助言を行った。地域の五つの学校から，複数の教科の20人ほどの教師が参加した。2007～2008年度はポートフォリオモデルや教師の活動基準表，生徒の活動基準表の試行・修正，2008～2009年度は各学校でのポートフォリオ法の本格実施と実践の分析，2009～2010年度は他の教師へのポートフォリオ法の普及と研究の総括が行われた。

教師の活動基準表（表7）と生徒の活動基準表（表8），ポートフォリオモデル（表9）は，ヴィアルとカパロ・マンカシが作成したものである。

開発研究では当初，以下の6プロセスを辿る実践が想定されていた。ポートフォリオモデルは，このプロセスに沿って作成されている。

①ポートフォリオ法の有用性を生徒に説明し，コンピテンシーの習得状況を分析させる。

②学習すべきコンピテンシーを生徒に選ばせ，その理由を考えさせる。

③選んだコンピテンシーが習得できるように学習計画を立案・実施させる。

---

(19) ルサージュ教諭の自宅で行った，筆者によるルサージュ教諭へのインタビュー，2012年9月5日。イレー・ド・シャルドネ・リセで行った，筆者によるジョアンヌ教諭へのインタビュー，2012年9月6日。

(20) ルサージュ教諭からの筆者宛メール，2013年1月5日（公開確認済み）。

第6章 コンピテンシーを育むポートフォリオ法の実践

表7 ポートフォリオ法を行う教師の活動基準表(一部)

コンピテンシー	コンピテンシーの基準	基準の指標	指標の証拠
1. 導く 生徒がコンピテンシーを選択できるように必要な情報を与える	・ポートフォリオ学習とコンピテンシーに基づいた評価について説明する ・生徒によるコンピテンシーの習得状況の総括についてコメントする ・目標とできるコンピテンシーを特定するため,生徒のこれまでの活動を分析する	・生徒の個人的論理(生徒の進歩,困難,期待の幅)に適応する ・身につけたコンピテンシーの総括は生徒を落胆させることなく,意味を感じさせる ・ポートフォリオ学習によって成績を向上させられると生徒が予測する ・生徒がポートフォリオ学習への参加を表明する	
生徒のニーズの枠組みを再構成する	・生徒に活力を与える ・生徒の弱さを抑えるために信頼関係を構築する ・可能性や願い,目的を実現するための方法を考案し,着想することができる妥協点を生徒に見出させる ・ポートフォリオの実物を提示する	・ポートフォリオ法は試行錯誤しながら構築されるものであり,目的に向かって一本の経路を辿るものではないことを生徒が理解する ・生徒は自己についてよりポジティブなイメージを持つ ・生徒が引き受ける ・生徒が個別的なアプローチや参加の困難さを理解する	
生徒が一つか二つのコンピテンシーを選択するのを促す	・生徒の特徴を考慮し,コミュニケーションの方法を差異化する ・なぜそれが優先的だと思われるかを説明しながら,特定のコンピテンシーに向けて導く:意見を与えながら助言する ・生徒のリズムを尊重し,手順を生徒に合わせ,意思決定を支援する	・生徒が決定した作業は実行可能に思われる ・選択は自身で行ったものだと生徒が領得する ・生徒は可能性を探究する	

(出典) ヴィアル(M. Vial), http://www.michelvial.com/ (2012年11月14日確認)を筆者が訳出。

第Ⅱ部　教養とコンピテンシーの相克

表8　ポートフォリオを使う生徒の自己評価用活動基準表（一部）

コンピテンシー	コンピテンシーの基準	基準の指標	指標の証拠
自発性 （コンピテンシー7）	・個人または集団でのプロジェクト学習 ・学校で評価される学習 ・芸術，スポーツ，文化遺産，社会経済の領域の学習	計画を立て，実行し，評価する	
		計画に合ったアプローチを使う（考案，実施，実現，継続的評価）	
		パートナーや専門家と連絡を取る	
		決定し，義務とリスクを負う	
		他者の意見を聞き，意見交換し，情報を集め，自己の学習を構成する	
		遂行すべき作業を決定し，優先事項を定める	
		目標や目的の達成において，好奇心や創造性，モチベーション，毅然とした態度を示す	

（出典）ヴィアル（M. Vial），http://www.michelvial.com/（2012年11月14日確認）を筆者が訳出。

表9　ポートフォリオモデルの構成（要約）

段階1	コンピテンシーの習得状況の総括
段階2	学習すべきコンピテンシーを選ぶ（コンピテンシーの選択，選択の理由，教師との検討会のまとめ）
段階3	選んだコンピテンシーの習得に向けて学習する（行った活動，できたこと，できなかったこと，なぜできなかったか，解決法，教師との検討会のまとめ）
段階4	コンピテンシーの習得を証明する作品を作る
段階5	学習したコンピテンシーを行使した活動について説明する（行ったこと，進歩したと思うこと，その理由，習得したと思うコンピテンシー，教師との検討会の後で考えたこと）
段階6	認証（コンピテンシーが習得されたと判断する理由，習得途上であると判断する理由，習得されていないと判断する理由，習得認証一覧表）

（出典）ヴィアル（M. Vial），http://www.michelvial.com/（2012年11月14日確認）について，筆者が概要を要約して訳出。

第6章　コンピテンシーを育むポートフォリオ法の実践

④選んだコンピテンシーを行使した作品を生徒に作らせる。
⑤その作品でコンピテンシーをどのように行使したかを説明させる。
⑥コンピテンシーの習得段階を，生徒の活動基準表を用いて評価する。

　しかし，学校現場でポートフォリオ法を試行する中で，ヴィアルらが作成したポートフォリオモデルや活動基準表は，教師と生徒にとって複雑で理解が難しいことが明らかになってきた。そのため，生徒の成績レベルや学習困難に合ったポートフォリオを各教師が作成することがめざされた。ルサージュ教諭とジョアンヌ教諭もポートフォリオモデルや活動基準表は用いておらず，後述するように異なった形のポートフォリオを活用している。

　さらに，ポートフォリオ検討会（学習の課題や解決法などについて教師と生徒が検討する会。詳しくは後述）で話すこととポートフォリオに書くことの関係も論点になった。ヴィアルらは，ポートフォリオ検討会で教師や生徒がポートフォリオにメモすることは不可欠であると考えていた。しかし実際の検討会では，メモの内容が学習の選択を縛ったり，書くことに注意がいって自然に話せなくなる生徒が出てきたりした。[21]

3　ポートフォリオ法の独自性

（1）「個別学習支援」の実践

　この開発研究に参加した教師と同僚教師の一部は，今もポートフォリオ法を実践している。イレー・ド・シャルドネ・リセでは，AP開始後も，ルサージュ教諭とジョアンヌ教諭の他，次の3人の教師がポートフォリオ法に取り組んでいる。それは，物理担当のマロフェ教諭（M. Marhoffer），経済・経営担当のヴィルロ教諭（F. Villerot）とオリヴィエ教諭（S. Olivier）である。ポートフォリオ法をどの教師に担当してもらうかは，生徒が決める。ポートフォリオ

---

(21)　2009年2月にシャロン・シュル・ソーヌで行われたポートフォリオ法開発研究会の資料，ヴィアルの前掲HP。

法専門の教師はおらず，教師は，担当教科の授業やAP，校務分掌に加え，正規の勤務時間外の業務としてポートフォリオ法を続けている。なぜだろうか。そこでまず，同校におけるAPの実践の特徴を検討する[22]。

同校のAPでは，フランス語，外国語，歴史・地理，物理，数学のいずれかの教科に生徒が分かれ，15～20人程度のグループで，コンピテンシーの習熟に向けた学習を行う。はじめに，APの登録グループの決定方法を説明する。登録は下記の5段階で行われている。

①生徒はリセ入学後すぐ，数学とフランス語と生命・地球科学の「リセ1年生テスト（Évaluation 2nde）」を受ける。これは市の共通テストである。

②APの最初の5回では，フランス語，外国語，歴史・地理，物理，数学の授業が順番に行われる。毎回，当該教科の課題を解かせる。課題は，「リセ1年生で身につけるべきコンピテンシーのリスト（Proposition de livret pour la Seconde）」（表10。以下，「コンピテンシーリスト」と表記）のコンピテンシーを活用する問題である。

「コンピテンシーリスト」は，1年間を通して生徒に獲得してほしいコンピテンシーを表にまとめたものである。これは同校の教師が作成したものであり，2012年度から使用されている。共通基礎の習得度を評価・認証する「コンピテンシー個人簿（LPC）」（第4章を参照）を参考に開発されたものの，教師と生徒がともに理解できるよう，大幅に簡易なリストとなっている。このくらいの項目数であれば，教師も生徒もリストを念頭に置いて指導や学習を進めることができるだろう。ただし，文脈に応じて知識を活用する力というコンピテンシーの特徴をふまえた項目になっているかについては疑問も残る。第2章で論じたPPOの行動目標から教科内容を取り去ったレベルに留まっている感もある。

APでは課題を解かせた後，このリストを生徒に与え，課題でどのコンピテ

---

[22] イレー・ド・シャルドネ・リセで行った，筆者によるルサージュ教諭へのインタビュー，2012年9月4日。ルサージュ教諭の自宅で行った，筆者によるルサージュ教諭へのインタビュー，2012年9月5日・8日。

表10　リセ1年生で身につけるべきコンピテンシーのリスト

	1	2	3	4
読み，理解し，分析する				
a）必要な知識を習得する				
b）情報を探し，取り出し，活用する				
c）読みのコンピテンシーを深める				
d）情報を分析する				
筆記や口頭で自己表現する				
a）言語の知識を習得する				
b）言語を正確に用いて筆記で自己表現する				
c）言語を正確に用いて口頭で自己表現する				
d）状況に合った言語スタイルを用いる				
推論し，論証する				
a）必要な知識を習得する				
b）推論を行う				
c）論証を展開する				
d）実験的アプローチを取る				
自律的に行動する				
a）自己の個人学習を組織し，取り組む				
b）授業に適切に参加し，話を聴くことができる				
c）グループ学習に取り組む				
d）自己評価する				

（出典）　イレー・ド・シャルドネ・リセでルサージュ教諭から入手。

ンシーを活用したかと発問し，生徒間で話し合わせる。これにより，各コンピテンシーの内実について具体的に理解させる。たとえば，「この課題では『論証を展開する』コンピテンシーが必要」とある生徒が発言する。しかし，論は上手に構成されていても間違った内容を正当化していることもあるため，よい論証をするには，自らの論証の間違いに気づく反証もしなければならない。そのため，この課題では「必要な知識を習得する」コンピテンシーも必要であり，論証のためには知識も要る，といった話し合いが展開される。

　③5回の授業で学んだ5教科のコンピテンシーについて，生徒が各自自己評

価し，各教科のコンピテンシーの習得に関する総括（bilan）を作る。

④AP登録グループの希望教科を，生徒に第4希望まで書かせる。教師は，生徒の総括と「リセ1年生テスト」の結果，生徒の希望をもとにして，各生徒のAPの教科を決める。

⑤以後，各生徒は，フランス語，外国語，歴史・地理，物理，数学のうち一つの教科のAPのグループに所属し，その教科のAPを年間通して受ける。

次に，APでの学習内容について述べる。具体的な内容は教科や教師によって異なるものの，「コンピテンシーリスト」のコンピテンシーの習熟に磨きをかける活動が行われる。

教師は授業が進むごとに，生徒のコンピテンシーの習得度を，「コンピテンシーリスト」に1～4の4段階でチェックしていく。生徒はリセのインターネット評価システム（Sacoche）によって，自身の評価結果をリアルタイムで知り，学習改善に活かすことができる。

たとえばルサージュ教諭は，2010年度のAPで，「筆記や口頭で自己表現する」コンピテンシーの向上をねらい，「女性の性についての専門医はいるが，男性の性に関する専門医はいないのはなぜか」という題について，生徒間で討論・意見交換を行った。

このようなグループ学習は取り入れられているものの，15～20人のクラスであるため，生徒一人ひとりの多様なニーズに一人の教師が対応するのは難しく，「個別学習支援（AP）」という名称とは裏腹に，個別的な指導はほとんどなされていない。教師が生徒全体に学習の指示を出し，学習の進捗状況を監督し，生徒の困難の解決法を与えるといった一斉指導が中心である。それゆえ，APにおける学習の目標や内容，方法は，教師によって決定されている。

（2）ポートフォリオを使わないポートフォリオ法

次に，歴史・地理のルサージュ教諭のポートフォリオ法の実践を紹介する。[23]彼女は教師歴35年のベテラン教師である。

彼女のポートフォリオ法の目的は，教師の助けなしに主体的に学習できると

いう生徒の自律性・自発性のコンピテンシー，とくに学習意欲を育むことである。

そのため彼女は，生徒との信頼関係の構築を重視し，ポートフォリオ検討会で生徒と対話することを実践の中心としている。検討会では，学習の経過や成果をポートフォリオに書くことを生徒に求めない。開発研究の論点と同様，話しながら書くことを求めると，負担が大きすぎる上に検討会が形式化され，検討会が嫌になる生徒が出てくるためである。

検討会では，生徒が宿題などの作品を持ってきたら，作品を一緒に見て，何はできていて何が困難であるのか，作品がよりよくなるには学習をいかに改善したらよいかを検討させる。ただし，主導権は生徒にあると考えているため，作品を持ってくることを強制はしない。生徒が作品を持ってこなかった場合は，教科学習における自分の成功と失敗を生徒に振り返らせ，その解決方法を考えさせる。教師は生徒が自分の行動や学習アプローチ，感覚を振り返り，言葉で表現するのを手助けし，自力でできたこともあることに気づかせる。生徒は思いがうまく言葉にならなかったり，否定的な自己評価をしていたりすることが多いからである。そして，次回の検討会では，生徒が考案した方法がうまくいったのかどうか，うまくいっていない場合はなぜうまくいかなかったのか，どうしたらうまくいくかを再び分析させる。

ポートフォリオ検討会の日程は，教師と生徒がお互いの時間割を見ながら決める。公的に割り当てられた時間はないためである。それゆえ，ポートフォリオ法に関する業務はボランティアである。給与が支払われないのは，認められていないというプライドの問題であり，ポートフォリオ法実践の広がりを妨げていると，ルサージュ教諭は論じている。

ポートフォリオ検討会は，1年間に15人程度の生徒に実施する。落第経験者など，困難を抱えている生徒を対象とする傾向がある。検討会は，基本的にほ

---

(23) ルサージュ教諭の自宅で行った，筆者によるルサージュ教諭へのインタビュー，2012年9月5日。

ぼ一対一で行う。実施期間の長さは生徒により，2年続く生徒もいれば，1回検討会をしてすぐにやめる生徒もいる。

　ポートフォリオ法は，生徒の学習意欲の向上をもたらした。教師が生徒のありのままの姿や人格を認めることで，授業での生徒の学習態度が向上したり，生徒が自身の進路計画を立てられたりするようになった。

　さらに，ルサージュ教諭の実践も変容した。以前は，学習指導要領で定められた教育内容の指導を終わらせるべく，授業での発問とその答えを一本の線のようにあらかじめ考え，その線を辿るような一斉授業を行っていた。生徒の意見に対しては，自分が期待していた意見だけを取り上げたり，予想した意見でないと否定したりすることもあった。

　しかし，ポートフォリオ法に取り組んでからは，生徒同士で討論をさせたり，生徒のどの意見も捨てずに取り上げたりして，生徒を授業に参加させるようになったという。実際，2012年9月5日に筆者が参観したリセ1年生の歴史の授業でも，発問をつなげ，生徒とのやり取りを通して，植民地化の多様な側面を理解させていた。教諭「植民地って何？　説明して」生徒「外国の土地を占領すること」教諭「土地の占領だけ？　支配は他にもどのように表れた？」生徒「学校を作った」教諭「学校で何をした？」生徒「宗教の統一」「言語も」教諭「そう。領土的支配だけではないね」生徒「文化的支配も」教諭「そう。多くの労働者を働かせて富を生むこともした。これは何という側面？」生徒「経済的側面？」教諭「そう！」。

　このようにルサージュ教諭は，自らの達成点と困難点について生徒に気づかせ，振り返りの手がかりを与え，生徒に解決法を見つけさせる。生徒が考えた解決法がうまくいかなかった場合も，なぜ失敗したかを一緒に分析し，別の解決法を考えさせる。彼女はポートフォリオという「物」は用いていないものの，生徒との信頼関係に基づいて，生徒の試行錯誤を「伴走」している。

（3）　デジタル・ポートフォリオ

　続いて，経済・経営のジョアンヌ教諭のポートフォリオ法実践を検討する。[24]

ジョアンヌ教諭は教師歴22年で，ルサージュ教諭より一回り若い。彼女のポートフォリオ法の目的は，自律性・自発性のコンピテンシーを向上させ，生徒を自律した学習者に育てることである。

　その方法として，ジョアンヌ教諭は，勤務校のインターネットサイト上の「デジタル・ポートフォリオ（Portfolio numérique）」を用いている（詳しくは表11を参照）。このポートフォリオ法に参加した生徒は，個人パスワードを用いて自分のページにアクセスし，検討会後に実行できた学習や実行できなかった学習などを，学校や自宅でいつでもポートフォリオに書き足すことができる。教師も教師用パスワードを用いて生徒のページにアクセスし，コメントを書き足すことができる。このようにデジタル・ポートフォリオは，教師と生徒が個人的なやり取りを，時間や空間の制約なしに行うことを可能にしている。

　ポートフォリオ検討会でも，このデジタル・ポートフォリオが活用されている。教師と生徒間の対話の要約を，ジョアンヌ教諭がその場で，ポートフォリオの生徒のページに入力する。それは，自分の考えを話しながら同時に書くのは，生徒にとって難しいためである。

　初回の検討会で，ジョアンヌ教師は，ポートフォリオ法に取り組みたい理由と自分の学習の状況を生徒に話させ，自身の困難の解決方法を考えさせる。さらに，次の検討会までにすることを，教師・生徒間で確認する。筆者が観察した2012年9月6日の検討会では，2年生のはじめからポートフォリオ法を続けている技術科の生徒Aが，3年生になってはじめての検討会を行っていた（表11を参照）。生徒Aは，授業態度は昨年度より向上した上，自宅で授業の復習をする習慣が身についたなどの状況を語り，バカロレア試験に向けて成績の向上方法などについて教師と個別に相談したいという理由から，ポートフォリオ法を続けたいと話していた。さらに，リセの学習成績簿である学習記録簿で担任教師のよい所見をつけてもらえるように，授業に集中して参加して教師に質

---

(24) イレー・ド・シャルドネ・リセで行った，筆者によるジョアンヌ教諭へのインタビュー，2012年9月6日。

第Ⅱ部　教養とコンピテンシーの相克

表11　ジョアンヌ教諭が指導した生徒Aのデジタル・ポートフォリオ

《2012-2013年度　3年生》
第1回検討会　2012年9月6日（木）　＊筆者も観察した
2年生のポートフォリオが何をもたらしたか
生徒　はじめは学習のモチベーションが持てず，勉強していなかった。変わらなければいけないとわかっていた。2年生の最後にフランス語の試験があったし，3年生の最後にもバカロレア試験があるから。いくつかの教科の授業で行動の問題があった。授業中ふざけていた。自宅では勉強していなかった。
教師　1年間ポートフォリオ法に取り組んでみてどう？
生徒　自分の行動が変わった。授業により注意深くなり，ふざけることが減り，教師もそのことに気づき，学習記録簿に書いてくれた。自宅でもいっそう学習するようになった。ポートフォリオ法についてポジティブな総括をしている。
教師　リセでの学習に意欲が持てるようになった？
生徒　はい。今はいっそう興味を持っている。学習に興味を持てるようになった。以前よりも，授業中，静かにしている。
なぜ3年生でもポートフォリオ法に取り組むか
生徒　年度末にバカロレア試験があるから。ポートフォリオは自分の助けとなる。教師とコミュニケーションが取れ，バカロレア試験のことを話␣，教師の経験を活用できる。第三次産業を教えている教師と自分の進路のことも議論したい。
教師　でも担任教師もいるよね？
生徒　ポートフォリオ法と同じではない。ポートフォリオ法は自分のためだけのもの。
3年生の問題
教師　新学期3日間の行動はどう？
生徒　よい。気分がよく，授業に参加している。
教師　英語の授業は？
生徒　よい。でも，授業中に退室した。時間割に関する教師の問題が起こったから。
教師　3年生のポートフォリオでは，授業中の行動はもう対象にしなくていいのね。
生徒　はい，通常は。少し解決した。
教師　3年生になってのあなたの問題は？
生徒　学習と成績。学習は少し改善した。
教師　どうしてそのようにいえるの？
生徒　自分の習慣が変わった。
教師　たとえば？
生徒　スポーツの練習から帰ってきたら，テレビを見る前に手帳で明日の予定を見て，授業の復習をするようになった。
教師　今年度もしている？
生徒　はい。練習から帰ってきたら学習している。
教師　不安なことは何？
生徒　学習記録簿の評価が悪くなること。所見（appréciation）で悪い行動を書かれることと，悪い点数を取ること。
教師　今は授業にも学習にも行動にも何の問題もないのに，自分に自信がないの？
生徒　そう。今年は自信がない。
教師　ポートフォリオに何を期待している？
生徒　自信が持てる方法や成績の向上方法などについて教師と議論できること。

第6章 コンピテンシーを育むポートフォリオ法の実践

教師　先取りの対応をしたいの？
生徒　はい。年度末にバカロレア試験があるから，そのことで頭がいっぱい。
教師　今年もポートフォリオ法によってさらに進歩できると思う？
生徒　はい。
教師　授業中のよい態度や学習習慣を保ち，さらに進歩するために，どんな措置（outil）を実施したい？
生徒　すべきことは，毎授業の最後に…（後略）…

行動
教師　授業中の行動では？
生徒　学習記録簿でよい所見がもらえるように授業に参加する。すべての授業で質問をし，授業に集中する。
　　　授業にどのように参加したかを週末にポートフォリオに書き込む。

学習
教師　学習に関する解決法は？
生徒　毎晩自分の手帳を見る習慣を保っている。2年生のときに，宿題をすることは大事ということと，授業を聞くだけでは十分ではないことに気づいた。自分でも努力をしている。誰かの解答を写すのではなくて，自分で宿題を解いている。
教師　どんな宿題？
生徒　筆記の課題や課題が予告されているときは暗記課題。いつ宿題があるかは，教師の態度でわかる。
教師　どんな解決法を考える？
生徒　翌日に行われる科目の前の回の授業ノートを読み返す。

生徒の2012年9月23日（日）の書き込み
授業には適切な態度で参加している。宿題をしている。毎晩授業のノートを見返すことは，実行するのが難しい習慣だ。今年度，宿題の復習を始めた。学習記録簿の結果が満足のいくものであるか見てみる。すべては実行の途上だ。

→教師のコメント：9月23日以降は何もしていないの？

生徒の2012年10月6日（土）の書き込み
もし可能なら，次回のポートフォリオ検討会で，進路について議論したい。毎晩の復習は芳しくない，むしろ不可能だともいえる。学習記録簿の結果がとてもよいわけではなかったので，学習にもっと身を入れなければならない。授業での行動は適切だ。

第2回検討会　2012年10月23日（火）
学習の総括
生徒　これまで取り組んできた学習ができなかった。ストレスを感じている。マーケティングのバカロレア模擬試験があったから。試験期間中，学習の計画を立てることができなかった。
　　　試験のためだけにしか勉強していない。寝る前に授業のノートを見返している。
教師　模擬試験の結果は？
生徒　組織マネージメントは20点満点中9点（前回より向上），マーケティングは9点（前回より下降）
教師　なぜスポーツにつぎこむのと同じくらいの努力が勉強ではできないの？

第Ⅱ部　教養とコンピテンシーの相克

> 生徒　授業はおもしろいが，巡査になるために必ずしも役立たないから。時間を管理することが苦手だ（ストレスの原因）。時計を持ち歩いていないからいっそう。自宅ではほとんど勉強していないが，授業には非常によく参加するようになった。
>
> **マーケティングのバカロレア模擬試験**
> 生徒　すべての問題を解いたが，自分の解答を発展させる余地を残してしまった。
> 教師　よい学習構成？
> 生徒　「ひどく悪い」構成。授業でわからないところがあったが，復習を十分にできなかったと思う。学ぶことと「復習する」ことは違う。マーケティングの試験で15点取れたとき，そのことがわかった。
>
> **次の検討会までにすべきこと**
> ・明日から時計を持ち歩く。
> ・マーケティングの資料を読む。
> ・授業で質問をする。残った時間は他の問題の活動に割り振る。
> ・金曜のバカロレア模擬試験に向けて，経済・法律の三つの章を学習する。
> ・すべての授業に参加する必要がある。
> 　よい休暇を！

（出典）　イレー・ド・シャルドネ・リセの「デジタル・ポートフォリオ」，http://portfolio-dp.ac-dijon.fr/chardonnet.php，2012年11月21日確認。ジョアンヌ教諭の許可を得て，生徒Aの個人ページを参照した（Aは仮名）。

問し，前回の授業のノートを読み返す予習を自宅で行いたいと述べていた。

　次の検討会では，前回の検討会で生徒が考えた解決方法のうち，何がうまくいき，何がうまくいかなかったのかを生徒に振り返らせる。その上で，前回より進歩した点を自覚させるとともに，うまくいかなかった要因を分析させ，次の検討会までの目標を立てさせる。2012年10月23日の第2回検討会で，生徒Aは，前回の検討会で自ら考えた①授業への積極的参加と②授業のノートを読み返す自宅学習という解決法のうち，①は実行できたが②は実行できなかったと振り返った。そして彼は，自宅学習をできなかった原因は学習計画と時間管理の弱さにあると分析し，バカロレア模擬試験に合わせて学習内容を絞るとともに時計を持ち歩くという次の目標を立てていた（表11を参照）。

　学習をどう総括するか，どんな解決法を立てるか，検討会での決定権はつねに生徒にある。筆者が観察した9月6日の検討会でも，ジョアンヌ教諭は，「どういうこと？」「他の変化はある？」「たとえば？」「どうしてそのようにいえるの？」「授業に参加したかどうかをどうやって確かめるの？」と，生徒Aの発言を引き出すことに徹していた。

生徒Aは、2年生の開始時、学習意欲を持たず、授業では友だちとふざけたり、おしゃべりをしたりすることが多く、自宅でもほとんど学習していなかった。しかし彼は、ポートフォリオ法を続けることで、授業を注意深く聞くようになり、自宅で復習をする習慣が身につき、学習記録簿の所見も向上したと、ポートフォリオ法の効果を語った（表11を参照）。

この生徒Aは、9月6日の検討会に、何も持たずにやってきた。ジョアンヌ教諭もルサージュ教諭と同じく、授業のノートや宿題などの作品を持ってくるかどうかは、生徒の自由に任せている。

検討会は基本的に、教師と生徒の一対一で行う。ポートフォリオ法の根幹である、教師と生徒間の信頼関係を保つためである。

ポートフォリオ法には、参加したい生徒だけが参加する。ポートフォリオ法をいつまで続けるかは生徒が決める。したがって、ポートフォリオ法の期間は生徒によって様々である。

ジョアンヌ教諭によると、ポートフォリオ法の生徒への効果として、生徒が教師を信頼するようになり、学習意欲や授業での行動が大きく改善したという。さらに、自分は何ができて何ができないのかを自覚できるようになり、苦手な点を集中的に学習でき、学習成績も向上していくと彼女は述べる。実際、2年間ポートフォリオ法に参加した生徒Bは、数学の1学期の成績が20点中4点だったが、ポートフォリオ検討会で自問することにより、成績がよくないのは授業を聞いていなかったからだと気づいた。その後、授業をよく聞き、わからないことを毎時間質問し、成績のよい友だちと一緒に学習するという解決法を見出だし、3学期には成績が10点に向上した。

また、ジョアンヌ教諭自身も、生徒の見方が変わった。生徒の声をより聴くようになり、生徒に共感し、より意見交換するようになった。

このようにジョアンヌ教諭は、①学習の総括（前回の検討会で決めた目標のうちできたこと、できなかったこと、困難の要因）、②次の検討会までの目標設定という構成で検討会を行っている。「デジタル・ポートフォリオ」というサイトを使うことで、検討会の限られた時間だけではなく、長期休暇中や土日も

含め，生徒の学びの履歴にたえず寄り添うことができる点が，ジョアンヌ教諭の実践の特徴といえる。

(4)「個別学習支援」とポートフォリオ法との違い

ルサージュ教諭とジョアンヌ教諭は，勤務校でのAPと自身のポートフォリオ法との違いについて，どのように認識しているのだろうか。ルサージュ教諭は，APは教師に強いられて行う学習であり，いわばマリオネットの操縦であると切り捨てる。APの登録教科は生徒の自己評価や希望に基づいて決定されるものの，APにおける学習目標（身につけるべきコンピテンシー）や学習内容・方法は教師が決め，生徒はそれに従う。APは教師が学習の主導権を持つ生徒の「誘導（guidage）」であり，このような学習を続けると，生徒は教師の援助がなければ学べない非主体的な学習者になってしまうという。ジョアンヌ教諭も同意見である。

他方，二人が実践しているポートフォリオ法では，主導権はつねに生徒にある。ポートフォリオ法に参加するか，ポートフォリオ検討会に作品を持ってくるか，学習の成果や困難をどのように総括するか，どんな解決法を取るか，ポートフォリオ法をいつまで続けるか，決めるのは生徒である。生徒の自律性や学習意欲を育むことが目的であるゆえ，学習の目標や内容，方法は，生徒が責任を持って決定する。教師は，検討会で生徒の語りを聞き，気持ちを言葉にすることを助け，学習成果を褒め，解決法を提案するが，決定権は生徒に委ねる。これが，生徒の主体的な進歩を支える「伴走」であると，二人は論じる。

この「伴走」と「誘導」の定義は，前述の開発研究において，ヴィアルが紹介したものである。彼によると，「伴走」では，教師は生徒がどこにどのように歩んでいくべきかを指示しない。目的と達成の方法は生徒が決める。その決定は生徒の人生にかかわっているからである。教師は生徒が意思決定できるよ

---

(25) ルサージュ教諭の自宅で行った，筆者によるルサージュ教諭へのインタビュー，2012年9月8日。イレー・ド・シャルドネ・リセで行った，筆者によるジョアンヌ教諭へのインタビュー，2012年9月6日。

うに，情報や意見，考える観点を提案するが，選択権は生徒にある。

対して「誘導」では，失敗がないように教師が進むべき道を選び，生徒に示す。教師は自分が持っている答えに向けて生徒を導く。生徒は与えられた知を習得する存在であり，教師の追随者となる，という生徒観がその背景にある。

4 まとめ

本章では，二人のリセ教師のポートフォリオ法実践とAPの支援方法を比較検討した。ここから，APは教師が主導権を持つ一斉指導主体の「誘導」であるのに対して，ポートフォリオ法は生徒に主導権を持たせ，生徒の自律的・主体的な前進を個別的に励ます「伴走」であるという独自性が明らかになった。学習支援という点ではAPとポートフォリオ法は共通しているが，学習における主導権の所在と支援の学習形態が異なっている。これはたんなる方法の違いではなく，教師が選択した知識・技能を生徒に「詰め込む」ための支援なのか，生徒がリセを離れて寄り添う教師がいなくなっても一人で学習を進めていける力を保障するための支援なのかという，理念の違いともいえる。

この理念の違いは，ルサージュ教諭とジョアンヌ教諭の生徒観や実践の変化にも表れている。予想外の意見も含めて生徒の声が取り入れられ，生徒が主人公となる授業が展開されるようになった。その結果，生徒の学習意欲が向上し，主体的に行動できるようになった。

生徒に必要と教師が判断した学習支援を行えば十分なのか。生徒の自律性・自発性を発達させるための支援であれば，支援内容の決定に，教師だけではなく生徒も参加すべきなのではないか。フランスのポートフォリオ法は，「支援の決定主体」の視点から，生徒への学習支援を捉え直すべきではという問いを投げかけているといえよう。

---

(26) Vial M. et Capparos-Mencacci N., *L'accompagnement professionnel? Méthode à l'usage des praticiens exerçant une fonction éducative*, Bruxelles: De Boeck, 2007, pp. 21-27および，2009年11月のポートフォリオ開発研究会の前掲資料。

第3章第2節第4項で述べたように,中等教育では,教科の知識を体系的に伝達して教養を涵養することが重視され,知識を活用して表現する能力の形成は家庭に委ねられていた。この知識の活用力以上に,「自律性・自発性」のような情意面は,中等教育における教育の対象として重視されてこなかった。序章第1節第3項で説明したように,学校の仕事は知育による理性の研磨であり,生徒各自の内心形成を侵害してはならないと考えられてきたからである。

シャロン・シュル・ソーヌのポートフォリオ法の試みは,全国的な広がりをまだ見せておらず,教師のボランティアによる草の根の実践に留まっているものの,家庭に任されていた情意面の形成を学校で担うことで,どの生徒にも学力を保障しようとする,コンピテンシー教育の可能性を照らし出している。教師たちは,学力の基盤とされる「自律性・自発性」を個別的な学習支援によって育むことで,困難を抱える生徒であっても,またリセを修了した後も,自ら課題を見つけ,克服していけると信じている。実際,その成果は表れつつある。

さらに,ポートフォリオ法を導入した教師たちは,中等教育の授業そのもののあり方も変革しようとしている。教師と生徒は,教養の体現者である教師が,既定の知識を無知な生徒に伝達するという従来の一方方向の関係ではなく,ともに考えを出し合って知を創造していくという新しい関係を紡ぎ始めている。コンピテンシー教育が生んだこの動きは,中等教育における教養教育の伝統を問い直し,生徒が身につける学力の内実を変革する展望を拓いているといえる。

終 章
フランスの学力・評価観の変遷
―― 本書で得られた知見 ――

　本書では，1920年代から現在にいたるまでのフランス中等教育における学力評価論の展開を検討し，中等教育における学力・評価観の変遷を明らかにしてきた。先行研究では学力評価の制度面に焦点を合わせた検討や個別の学力評価論の部分的な紹介が多い。これに対し，本書では，学力評価の理論と制度と実践がいかに関連しながら歴史的に展開されてきたかを検討した。さらに，アメリカやOECD・EUの学力評価論がフランスの学力評価に与えてきた影響にも着目して分析を進めてきた。フランスの学力・評価観の特徴は，学力評価論が制度や実践としてどのように具体化されているかを見たり，フランスの学力評価アプローチを外国・国際機関の学力評価アプローチと比較したりすることでより浮き彫りになると考えたためである。

　本章では，これまでの論述を振り返った上で，本書で明らかになった点と，今後の課題として残された点を示す。

1　本書の結論

（1）　アメリカの影響に対する伝統的な学力・評価観の根強さ
　第Ⅰ部では，「ドシモロジー」（1920～1930年代と1960～1970年代）と「PPO」（1970～1980年代）の展開を，アメリカの学力評価論と比較しながら検討した。これにより，フランス中等教育の伝統的な学力・評価観がいかに変容してきたかを明らかにした。

①ドシモロジーが示した評価基準の重要性

　フランスの中等教育の学力観は，教養・エスプリを軸としてきた。断片的な知識の蓄積ではなく，非職業的・一般的な知識の構造・ネットワークである教養を体系的な学習で会得させることで，精神・知性としてのエスプリが育まれていくと考えられてきた。そして，評価が実践を害さないように，実践者である教師が評価の主体となり，教養・エスプリを把握できる論述試験や口述試験を用いて，主に総括的評価を行うというのが伝統的な評価観であった。

　ドシモロジーは，評価の公正性を担保するために測定の客観化を志す学力評価論である。この理論は，アメリカのテスト研究を下敷きに発展してきた。初期のドシモロジーは，能力の個人差は生得的であるという前提に立ち，正規分布曲線を規準とする標準テストや客観テストを提案したものの，中等教育の学力評価の典型である論述試験の座を奪うことはできなかった。テストは専門家でないと使用できず教師が主体となれない上，教育現場で重視されてきた教養を全体として評価できないため，テストを採用すると実践が歪められると中等教員が反発したからである。

　1960～1970年代になると，ドシモロジーは，論述試験における評価の信頼性を高めるためのモデレーション技法を開発し，またアメリカの「エバリュエーション」論とドシモロジーを融合させた修正版ドシモロジーを提唱した。修正版ドシモロジーは，能力の発達可能性を前提とし，教育目標を規準とし，教育活動改善の資料を得るために形成的評価を取り入れ，教師が参加して量的・質的評価を行うという，初期ドシモロジーとはパラダイムが異なる理論である。

　この理論的展開に対しては，教育実践の改善に結びつかないという批判が寄せられた。しかし，モデレーションは，バカロレア試験の評価規準を採点者間で統一するしくみとして制度化される。さらに，修正版ドシモロジーを通して「評価とは何か」が問われるようになり，PPOなどの「エバリュアシオン（評価）」論が誕生する。ドシモロジーは，フランスの「エバリュアシオン」論の礎になるとともに，「公正性」「信頼性」「教育活動の改善」という視点から，評価制度を教師の手で洗練させることを迫る役割を果たした。

ドシモロジーのこのような展開を，ドシモロジーに影響を与えたアメリカの「メジャメント」運動と比べると，次の三つのフランス的特徴が浮かび上がった。①ドシモロジーと「エバリュエーション」の融合が生じたものの，②ドシモロジーは能力別編成とつながらず，①教育制度・実践への影響は部分的であった，という点である。

 以上から，ドシモロジーの時代においては，フランス中等教育の伝統的な学力・評価観は強固に保たれていたことがわかる。教育実践を害さないように，教養を見取れる論述試験を用いて，実践者である教師が評価に参加すべきであると考える中等教員は，ドシモロジーというアメリカ由来の新しい評価論を批判的に吟味し，実践を歪める恐れがあると見て取ると頑として受け入れなかった。教養・エスプリを軸とする学力観および，評価の目的・主体・対象・方法に関する観念は揺るがなかったのである。だが，ドシモロジーによって，評価の公正性を保つためには評価の信頼性を確保できる評価基準が必要であるという新しい観点が，評価観に加わることとなった。

② PPO による学力の分析的な捉えと形成的評価の提唱

 次の PPO は，アメリカの教育目標・評価論の影響を受けて成立した学力評価論である。その特徴は，教師が生徒の行動として教育目標を設定し，目標の達成度を指導過程で継続的に評価し，生徒のニーズに即して支援を与えるという点にある。PPO は，メイジャーの教育目標設定論やブルームのタキソノミーとマスタリー・ラーニングなどのアメリカの理論を下敷きにしている。しかしながら，PPO は，フランスでの理論研究や実践研究を経ることで，フランス独自の理論として発展した。

 学力の認知行動面に着目する PPO に対して，知識軽視につながるという中等教員の抵抗が見られたものの，PPO は1970〜1980年代の中等教育政策に導入され，学校現場に普及した。しかし，学習の方向性が目標に縛られてしまう点や，目標に向けた詰め込み学習を招く点などの問題点が指摘され，PPO は下火になっていった。

 この PPO の実践をアメリカのマスタリー・ラーニングと比較すると，①学

習指導要領を分析して目標を設定する点，②要求する目標の達成レベルは生徒によって異なる点，③評価に論述形式の問題も使う点が，フランスの独自性として見出せた。そしてその背景として，教師の教科専門性の高さや，生徒それぞれの成長を望む発達観，評価が実践を歪めないための論述形式の評価へのこだわりがあると指摘した。

　以上から，PPOの時代においても，フランス中等教育の伝統的な学力・評価観（評価の目的・主体・対象・方法）はあまり揺らがなかったことがわかる。評価によって生徒のつまずきを把握して支援活動につなげるために，評価規準となる目標の分析や評価課題の作成，採点はすべて教師が行っている。その上，評価が実践を損ねないよう，教養を活用して表現する力を捉えられる論述形式の問題が出されている。

　しかしながら，変化も見られた。まず学力観については，新しい観点が二つ加わった。一つ目は，教育目標という分析的な学力の捉え方がなされるようになったことである。エスプリは包括的かつ全人的な能力概念であり，それを学校で獲得させるための学習を体系化することは難しかった。ゆえに，家庭の形成力を期待できない恵まれない階層の生徒は，エスプリを十分に高められず，学業に失敗することも多かったのである。一方，教育内容と認知・行動とによって構成される教育目標は，単元レベルに具体化して定義できる。そのため，どの生徒にも学力を保障するための教育活動を設計することが可能となった。二つ目は，学力には認知面だけではなく情意面も含まれるということを明示した点である。フランスの学校は知育を主な目的としてきたものの，情意面も行動目標化できるというPPOの提起は，情意面の育成へも教師の目を向かわせる契機の一つになったと考えられる。

　そして評価観については，形成的評価という新しい評価の機能が加わった。中等教育の従来の評価では，総括的評価が主流であった。しかし，PPOは，実践の改善に評価を活かすためには，総括的評価だけではなく，形成的評価も行うことが必要だと提唱した。

（2） 教養ベースの伝統とコンピテンシー・ベースの潮流のせめぎ合い

続く第Ⅱ部では，OECD や EU の影響を受けて1980年代から興隆しているコンピテンシーに基づく評価論を検討し，コンピテンシーという新しい能力概念に基づく学力・評価観と中等教育の伝統的な学力・評価観との間でいかなる相克が生じているかを明らかにした。

フランスでは，義務教育段階で生徒全員が習得すべき基礎学力として，「知識とコンピテンシーの共通基礎」（共通基礎）が2005年の教育基本法で定められて以降，コンピテンシーに基づく教育が義務教育全体で推進されている。これは，共通基礎の習得状況を継続的に評価し，習得が不十分な生徒には学習支援を与えるという，学力評価と学習支援の二本立ての教育である。

①フランスのコンピテンシー概念の特徴と限界

そこで第1に，フランスのコンピテンシー概念の内実を検討した。コンピテンシー概念の特徴は，文脈依存性・領域横断性（通教科性）・総合性・実用性・教育可能性という言葉で表せる。コンピテンシーは，特定の状況の課題を解決するために，複数の教科領域の知識や「能力」，態度を総合する力である。コンピテンシーは実社会の具体的な問題の解決につながる力である上，知識や「能力」，態度といった単位に細分化することで，学校で教育することができる。

このフランスのコンピテンシー概念を OECD や EU のコンピテンシー概念と比較すると，次の3点が共通点であることがわかった。①認知的側面だけではなく情意など非認知的側面にも及ぶ能力であること，②問題を解決するために知識や技能，態度などを組み合わせるという，社会の要請に応えるための総合力であること，③特定の状況で行使される文脈依存的な概念であること，である。他方，OECD や EU のコンピテンシーはこれからの社会を創り上げていく市民としての能力であるのに対して，フランスのコンピテンシーは現在の社会に適応する労働者としての能力であり，背景となる人間像が異なっていることを指摘した。

以上のフランスのコンピテンシー概念は，知識などを総合して問題を解決する力という点では，伝統的な教養・エスプリと重なる。だが，違いもある。エ

スプリは市民になるための非職業的・一般的な能力で，どのような状況の問題であっても教養を発揮して解決する汎用性に富む力である一方，必ずしも学校で育成できない。他方，コンピテンシーは，労働者になるための実用的な能力で，教育可能性に拓かれているものの，学習済みの状況とは異なる状況の問題は解決できないという課題を持つ。コンピテンシーは社会の要請に柔軟に対応するための知識の活用力という理念であったはずが，状況に縛られた能力概念であるために，様々な状況に活用できないという自己撞着を起こしている。

② LPC に表れたコンピテンシーに基づく評価観

第2に，共通基礎のコンピテンシーを評価・認証するためにコレージュで2010年度から導入されている「コンピテンシー個人簿（LPC）」の制度と国民教育省の実践モデルを検討し，コンピテンシーに基づく評価観を分析した。

コレージュの共通基礎のコンピテンシーは，26の領域，97の項目に分かれている。LPC は，生徒一人ひとりについて，各項目の習得を担任教員が日常的に評価し，コレージュ終了時には複数教科の教師が協議しながら各コンピテンシーの習得を認証し記録する評価簿である。このように LPC は，総括的評価の制度であるのみならず，生徒一人ひとりのコンピテンシーの習得度を担任教員が継続的に把握し，指導の改善につなげるという形成的評価の制度でもある。制度枠組みや実践モデルでは，複数の教科領域の知識や「能力」，態度を総合することを求める課題を用いて，全国統一の評価基準に基づいて評価することが想定されていた。しかし，この制度的理念は，教員研修がなされているにもかかわらず，教師にほとんど浸透していない。実際の学校現場では，教師が評価主体であるものの教師の協働はあまりなされておらず，コンピテンシーの要素である個々の知識や「能力」を別々に評価する課題が出され，その評価基準もあいまいなものとなっている。LPC は総括的な評価簿として受け止められている。

このようなフランスのコンピテンシー評価のアプローチは，OECD のコンピテンシー評価のアプローチと異なっている。OECD では，総合的な課題を通してコンピテンシーを包括的に評価する統合的アプローチが推奨されている。

これに対して，フランスでは，LPC に代表されるように，コンピテンシーを多数の知識や「能力」，態度に細分化し，それを一つひとつ評価する要素主義的なアプローチが取られている。

以上から，コンピテンシーに基づく評価論は，PPO と同様に，フランスの中等教育の伝統的な評価観（目的・主体・機能・対象）をベースとしつつも，形成的評価と情意面の評価を取り入れ，評価の機能と対象を拡大していることがわかる。さらに，コンピテンシーに基づく評価論は，教科横断的な総合力を評価するために複数教科の教員が連携して評価を行うという，評価主体の新たな考えを提示している。ただ，これらの評価観は，学校現場で十分に受け入れられていない。

③教養教育派とコンピテンシー教育派の論争

第3に，共通基礎のコンピテンシーをめぐる基礎学力論争を検討し，論点を抽出した。共通基礎をめぐり，各教科の知識の伝達を重んじる教養教育派とコンピテンシー教育派との間で闘争が繰り広げられてきた。教養教育派は，教科内容を体系的に教授することで教養を身につけさせ，市民を育てることをねらいとしている。他方，コンピテンシー教育派は，コンピテンシーを育成することで，実社会で有用な人的資源としての労働者を輩出することをめざしている。この対立は，中等教員にも，政府の委員にも，政治家にも共通していた。最終的にフランスは，教養とコンピテンシーのどちらかに依って立つのではなく，両者の折り合いをつけるという選択をした。2013年の新教育基本法で，共通基礎が，「知識・コンピテンシー・教養の共通基礎」に改められ，コンピテンシーと教養が並列されたのはその表れである。知識とコンピテンシーを習得させることで教養を獲得させるという論理のもと，共通基礎への教養教育派とコンピテンシー教育派の両者の支持を得ようという政策意図があるのではないかと指摘した。

以上の論争からは，コンピテンシー教育に関する次の三つの論点を導き出せた。一つ目は，コンピテンシーの要素となる知識や「能力」を個別に習得させて評価するという要素主義的なアプローチでは，コンピテンシー教育は断片的

な知識の伝達になり、学習の体系性が失われるのではないか、という点である。二つ目は、コンピテンシーを育成するために知識や「能力」を総合する学習活動が重視されるあまり、知識の習得が疎かにならないか、という点である。三つ目は、誰のための、何のためのコンピテンシーなのか、という点である。

④コンピテンシーを形成するポートフォリオ法の試み

第4に、共通基礎の第7の柱である「自律性・自発性」のコンピテンシーに焦点を当てたリセの学習支援の実践として、「ポートフォリオ法」を取り上げ、その特徴を検討した。「自律性・自発性」は、自分で判断して率先して行動するという情意面のコンピテンシーであり、その他のコンピテンシーが発達する基盤として考えられている。

リセでは2010～2012年の改革により、「個別学習支援（AP）」という学習支援の領域が設定された。しかし、シャロン・シュル・ソーヌ市の一部のリセ教員は、APだけではなく、ポートフォリオ法という個別的な学習支援を行っている。そこで、APの実践とポートフォリオ法実践の特徴を比較した。これにより、APは教師が主導権を持つ一斉指導主体の支援であるのに対して、ポートフォリオ法は生徒に主導権を持たせ、生徒の自律的・主体的な前進を励ます個別学習支援であるという違いが明らかになった。ポートフォリオ法は、生徒の自律性・自発性を発達させるための支援であれば、支援内容の決定に生徒も参加すべきであるという発想に立っているのである。

フランスの中等教育の主な目的は知育であり、生徒の内心に学校が立ち入ってはならないと考えられてきた。ポートフォリオ法の試みは、草の根の実践に留まってはいるものの、家庭に任されていた情意面の形成を学校で担うことで、どの生徒にも学力を保障して教育の民主化を達成しようとする、コンピテンシー教育の可能性を照らし出している。

（3）　本書で明らかになった点

以上の本研究の成果をふまえると、結論は次のようにまとめられる。フランスの中等教育の学力評価は、二度の教養の危機に見舞われてきた。一回目は、

ドシモロジーとPPOという科学の圧力である。知の体系を全体として捉えるのではなく，科学を用いて学力を客観的・分析的に測ることが主張された。この主張は評価の制度や実践に部分的に反映され，評価基準が着目されたり，教育目標という学力の捉え方や，形成的評価という評価の機能が生まれたりした。しかし，教養は科学に取って代わられなかった。二回目は経済界からの圧力である。功利主義的関心から離れた教養・エスプリではなく，実社会で有用なコンピテンシーを評価することが提唱され，複数教科の教員が共同で評価するという新たな考えが出てきた。だが，教養教育派の善戦が続いている。フランスの学力・評価観は，アメリカやOECD，EUの影響を受け，科学の，また経済の要請という二度の衝撃で揺らいだり発展したりしたものの，教養・エスプリや教師主体，論述試験，教育実践の保護を軸とする伝統が今も根強いといえる。

2　今後の課題

続いて，本書に残された今後の課題は，以下の3点にまとめられる。

第1の課題は，フランス中等教育における職業教育コースの拡大による学力・評価観の変容に迫ることである。1863年に文相に就任したデュルュイ（V. Duruy）は中等教育改革に乗り出し，1865年には古典語学習を行わない「専科中等教育」コースが生まれた。このコースは，産業界の中堅幹部を養成すべく，社会の要請に応じた実学的な知識・技能を授けることを目的としていた。以後，職業教育コースの生徒にもバカロレア試験受験資格を認めるかという点をめぐり，古典語学習中心の普通教育コース擁護派と職業教育コース推進派との間で攻防が繰り広げられてきた[1]。1968年には技術者バカロレア試験（1986年に技術バカロレア試験に改称），1985年には職業バカロレア試験が創設され，職業教育コース（リセの技術科と職業科）の生徒も大学に進学できるようになった。2013年では，バカロレア試験合格者の48％を技術科と職業科の生徒が占めてい

（1）　宮脇陽三『フランス大学入学資格試験制度史』風間書房，1981年。

る。本書では普通教育コースを検討の対象としたが，このように中等教育において職業教育が拡大し，正当性を得ていく過程において，非職業・一般的な教養を核とする伝統的な学力・評価観が影響を受けてきたことが推察される。筆者がリセ職業科の歴史の授業実践を分析したところ，資料に基づいて文章を論述する練習など，これまで家庭での形成に委ねられてきた教養を活用して表現する能力の育成が図られている様子が見られた。職業教育の拡大が中等教育の学力・評価観に与えてきた影響を探究したい。

　第2の課題は，フランスの形成的評価論の展開を検討することである。本書において形成的評価論は，「修正版ドシモロジー」のマスタリー・ラーニングの方法論として第1章で，また「目標に基づいた教育学（PPO）」の方法論として第2章で検討した。そこでは，成績判定のために指導後に行う総括的評価とは異なり，評価結果を指導改善に活かすために指導過程で継続的に行う評価であるという特徴を紹介した。しかしながら，フランスの形成的評価論は単一の方法論ではなく，複数に分岐している。学力評価論者のカパロ・マンカシ（N. Capparos-Mencacci）によると，形成的評価論は，「形成的評価論（évaluation formative）」と「創造的評価論（évaluation formatrice）」に大きく二分されているという。この違いは，評価の主体にある。前者では評価基準を教師が決めるのに対して，後者では評価基準を教師と生徒の話し合いで決定するのだとカパロ・マンカシは説明する。形成的評価論として具体的にどのような潮流があり，それぞれが中等教育の学力評価の制度や実践にいかに反映されてきたのかを分析したい。

（2）　Ministère de l'Éducation nationale, *Repères et références statistiques*, 2014, p. 245.

（3）　細尾萌子「フランスの職業バカロレア試験に向けた学力の育成―歴史・地理の授業を例として―」『京都大学大学院教育学研究科紀要』第57号，2011年，pp. 421-433。

（4）　Mencacci N., «Pour une pratique humaniste de l'évaluation en ASH», *La Nouvelle Revue de l'Adaptation et de la Scolarisation*, no.46, 2009, p. 199.

（5）　プロヴァンス大学で行った，筆者によるカパロ・マンカシ（N. Capparos-Mencacci）氏（プロヴァンス大学）へのインタビュー，2011年3月16日。

第3の課題は，多様な環境における中等教育の実践を検討し，コンピテンシーに基づく評価論の可能性と限界を具体的に明らかにすることである。本書で検討したコンピテンシー教育は，「知識とコンピテンシーの共通基礎」に代表されるように，すべての生徒に基礎学力を獲得させるという，教育の民主化の観点から主に提唱されたものであった。情意面のコンピテンシーの育成をめざす「ポートフォリオ」法も，学習困難を抱える生徒を対象とした学習支援の実践であった。教科の授業に関しても，新教育運動系雑誌の *Cahiers Pédagogiques* 関連の中等教員が，すべての生徒にコンピテンシーを習得させるための様々な実践を開発している(6)。他方，フランスの中等教育の伝統であるエリート層の育成においても，コンピテンシー・アプローチが導入されているのだろうか。というのも，バカロレア試験は今も教養教育の路線に沿っており，優れた成績を収めるには教養・エスプリが依然として求められているからだ。社会の指導者層となる上流階層の子弟には従来の教養教育を行い，労働者となる大衆階層の子弟にはコンピテンシー教育を行うという，コンピテンシーを媒介とした階層の再生産が生じる恐れはないのだろうか。教育困難校やエリート校においてコンピテンシーがいかに指導・評価されているのかを調査することで，コンピテンシーに基づく評価論の意義と課題により多角的に迫りたい。

　最後に，続く補章では，本書で明らかにしたフランスの中等教育における学力評価の理論・制度・実践の展開が，日本の学力評価にどのような示唆を与えているかについて論じる。

（6）　たとえば，次の文献を参照。Natanson D. et Berthou M., *Des ceintures pour évaluer les compétences des élèves*, Paris: Fabert, 2013. Zakhartchouk J.-M., *Travail par compétences et socle commun*, Amiens: CRDP de l'académie d'Amiens, 2009.

補　章
日本への示唆

　本章では，本書の結びとして，日本への示唆について述べる。日本の学力評価を考える上で，これまで示してきたフランスの中等教育における学力評価の展開から，何を学び取れるのかについて論じたい。第1節では，日本の学力評価の特徴をまとめる。第2節では，日本の学力評価の現状を概観する。第3節では，フランスを鏡として照射することで浮かび上がる，日本の学力評価に関する三つの論点について述べる。

1　日本の学力評価の特徴

　日本とフランスの学力評価を比べると，類似点と相違点があることがわかる。
　まず類似点としては，①指導改善に活かす機能よりは，生徒の序列化・選抜の機能が主流であったこと，②学校教育の内容が試験によって規定されてきたこと，③アメリカの学力評価論の影響を受けていること，が挙げられる。
　フランスでは，序章第1節で述べたように，学力評価は伝統的に，生徒の進級や進路を決定するために行われてきた。そのため，バカロレア試験のような，人生の選択に影響を及ぼす試験に向けた受験準備教育によって，下級学校の教育が歪曲されてきた。また，ドシモロジーやPPOという，アメリカの学力評価論に依拠した学力評価論が展開された。
　日本でも，学力評価の目的は指導の改善に役立てることだということが，明治期末期には理念的にも法規上でも確認されていたものの，実践の場では，選抜的機能が強く働いてきた。それゆえ，大正期には中学校の入学者選抜試験が

受験準備教育の弊害を小学校にもたらすなど，入学試験が下級学校の教育を規制してきた。そして，第1章第5節で先述した「メジャメント（教育測定）」運動が大正期に流入し，第二次世界大戦後には「エバリュエーション（教育評価）」論が紹介されるなど，アメリカの学力評価論が教育界に影響を与えてきた[1]。

しかしながら，以下の3点が，フランスと異なる日本の学力評価の特徴として浮かび上がる。

（1） 断片的な知識が評価対象

一つ目の特徴は，断片的な知識を習得したかどうかが評価対象になる傾向が強いことである。学制期以来，授業で各教科の知識を伝達し，試験ではその知識を記憶したかどうかを判定するということが行われてきた[2]。この傾向は，第二次世界大戦後も長く続いた[3]。

フランスでも，序章第1節で述べたように，各教科の知識が体系だてて伝達され，その知識の獲得を吟味する試験が実施されてきた。しかしながら，断片的な知識の詰め込みではなく，学問的体系に沿った知識の伝達がめざされており，知識を構造化して使いこなせるかどうかが，論述試験や口述試験で問われていたという点が，日本と異なる。

フランスは，各教科における個々の知識を組織だてた，知識のネットワークとしての教養のことを指して「知識」と表しているのに対して，日本は，暗記の対象となる各教科の断片的な知識のことを指して「知識」と表している。同じ「知識」という言葉でも，その内実が，フランスと日本とで異なるのである。

（2） 認知面だけではなく情意面も評価対象

二つ目の特徴は，認知面だけではなく，態度などの情意面も，評価対象とし

（1） 天野正輝『教育評価史研究』東信堂，1993年，p. 155, p. 181, pp. 262-264．
（2） 同上書，p. 55, p. 268．
（3） 田中耕治『教育評価』岩波書店，2008年，p. 5．

て重要視されている点である。学制期の小学校では，教室内の秩序を保持するために，児童の平素の素行を観察・記録する「行状評価」が行われていた。1900（明治33）年には，指導要録の前身である学籍簿に，「操行」欄が設けられた。富国強兵に向けて訓育の効果をあげるため，児童の品性や行為，情操などが評定された[4]。第二次世界大戦後に学籍簿が指導要録に改められた後は，「行動の記録」や「行動および（及び）性格の記録」という欄が一貫して設けられている。さらに，1980年以降導入されている「観点別学習状況」欄でも，「関心・態度」や「関心・意欲・態度」という観点が設定されている[5]。

翻ってフランスでは，序章第1節で先述したように，知育による教養の啓培が中等教育の目的とされてきた。生徒個人の内面形成を侵してはならないとして，徳育は積極的には行われてこなかった。初等教育でも，学力評価の対象となるのは，各教科の知識である。生徒の行動面は，教師が落第の決定をする際に，斟酌されることがある程度である。学習記録簿のような公的な評価簿には，興味や態度といった情意面の欄は設けられてこなかった[6]。

学校教育において，知育だけではなく訓育も重視するゆえ，生徒の行動や態度などの情意面を評価対象として前面に出すのは，日本の学力評価に特徴的な点であるといえよう。

（3）相対評価へのこだわり

三つ目の特徴は，相対評価に対して強いこだわりを持っている点である。

明治初期には評価の客観性への意識は希薄であったものの，第一次世界大戦のころの財政難から教育の効率化に注目が集まり，教授の効果を客観的に測定することが試みられるようになった。その中で，正規分布曲線に基づいた相対評価が，評価の客観性を確保する方法として提案されている[7]。相対評価とは，

（4）　天野，前掲書，pp. 49-50, p. 123, p. 127, p. 146。
（5）　田中耕治「戦後児童指導要録の特徴」田中耕治編著『小学校新指導要録改訂のポイント』日本標準，2010年，pp. 149-150。
（6）　Merle P., *Les notes. Secrets de fabrication*, Paris: PUF, 2007.

集団の中での子どもの位置・序列を規準とする評価の立場を指す。ただし，全体としては，学力評価は教師の主観的な判断に委ねられていた。

この反省から，第二次世界大戦後の日本の学力評価は，相対評価に支配されてきた。評価の客観性を得るべく，戦後の指導要録では相対評価が導入された。その後，2001年改訂の指導要録で「目標に準拠した評価」が採用されるまで，相対評価が一貫して採用されてきた。目標に準拠した評価とは，教育目標を達成したかどうかを規準とする評価の立場である[8]。

しかしながら，2001年の指導要録改訂後も，相対評価の「呪縛」から日本社会は抜け切れていない。多くの保護者が，目標に準拠した評価について不安を覚えている。2009年度の文部科学省委託調査によると，「評価に，先生の主観が入っているのではないか不安がある」と感じている小・中・高等学校の保護者が約38％，「学級や学年など集団の中で位置付けが分からず，入学者選抜などに向けて不安がある」と感じている保護者が約46％であった[9]。さらに，自治体によっては，各中学校の内申書における成績評価を公表して，「特異」な分布をしている中学校（たとえば，「5」の評定率が多いとか，「1」と「2」の評定率が少ないとかの学校）に対して指導助言を行い，結果としてほぼ相対評価に近い分布がめざされているという[10]。

他方，フランスでは，試験制度はバカロレア試験のような資格試験が基本であり，また小学校から課程主義が敷かれているため，いつの時代も学力評価の規準は教育目標であった。第1章で紹介したバカロレア試験のモデレーションなど，正規分布曲線に基づいた評価結果の調整が行われることがあるとしても，それは教育目標に基づいてなされた評価の結果の補正に過ぎない。

（7） 天野，前掲書，p. 166, p. 172。
（8） 田中，前掲書，2008年，p. 208, pp. 219-220。
（9） 日本システム開発研究所「学習指導と学習評価に対する意識調査報告書（平成21年度文部科学省委託調査報告書）」2010年。
（10） 田中耕治「『目標に準拠した評価』をめぐる現状と課題―内申書問題が提起するもの―」『教育目標・評価学会紀要』第18号，2008年，p. 3。

以上のように，日本の学力評価の特徴としては，断片的な知識を暗記したかどうかが評価対象になる傾向が強いものの，情意面も評価対象として重視され，評価の客観性確保のために相対評価にこだわるという点が指摘できる。こうした特徴をふまえ，近年の日本の学力評価では何が問題になっているのかを次節で述べる。

2　日本の学力評価の現状

（1）　資質・能力をふまえた目標・内容

　学校で子どもたちに獲得させるべき能力概念として，近年，「資質・能力」という言葉がよく使われるようになった。

　この「資質・能力」の意味については，共通理解が得られているわけではない。資質と能力の相違や包含関係，資質は先天的なものか後天的に習得するものかなど，論者によって定義が様々である。

　たとえば，国立教育政策研究所（以下，国研）の2013年の報告書は，「『資質・能力』という用語を『スキル』より長期的かつ領域普遍的な『知識』『技能』等の総体として用いる。『資質』と『能力』の区別はせず，一体として扱う」と述べている[11]。一方，文部科学省に設置された「育成すべき資質・能力を踏まえた目標・内容と評価の在り方に関する検討会」の2014年の「論点整理」は，「『資質』とは，『能力や態度，性質などを総称するものであり，教育は，先天的な資質を更に向上させることと，一定の資質を後天的に身につけさせるという両方の観点をもつものである』とされており，『資質』は『能力』を含む広い概念として捉えられている」と示している[12]。ただ，検討会の座長を務め

---

(11)　勝野頼彦（研究代表者）『社会の変化に対応する資質や能力を育成する教育課程編成の基本原理（教育課程の編成に関する基礎的研究報告書5）』国立教育政策研究所，2013年，p.6。

(12)　文部科学省「育成すべき資質・能力を踏まえた教育目標・内容と評価の在り方に関する検討会―論点整理―」2014年3月31日，p.3。

た安彦忠彦は，「『資質＝生まれつきの性質や才能，資性，天性』（広辞苑）という辞書的定義からして，『もって生まれた資源としての性質』という理解の下で，『後天的に身につけさせるために，教え育てること』が可能な『能力』とは異なり，『生来の性質で，中には磨かないと外へ明瞭に表れないもの』もあります」と記している[13]。

このように定義が不明確であるものの，「資質・能力」は，認知的側面だけではなく情意的側面も含んだ全人格的な特性として用いられている。

国研は，上述の報告書で，今後求められる資質・能力として「21世紀型能力」を提唱している。これは，「思考力」と「基礎力」と「実践力」から構成されている。第1に，中核である思考力は，一人ひとりが自ら学び，判断し，自分の考えを持って他者と話し合い，考えを比較吟味して統合し，よりよい解や新しい知識を創り出し，さらに次の問いを見つける力である。第2に，思考力を支える基礎力は，言語・数・情報を道具として使いこなす力である。第3に，思考力の使い方を方向づける実践力は，日常生活や社会，環境の中に問題を見つけ出し，自分の知識を総動員して，自分やコミュニティ，社会にとって価値のある解を導きだすとともに，その解を社会に発信し，協調的に吟味することを通して，他者や社会の重要性を感得できる力である。

昨今の社会は，グローバル化や資源の有限化，少子高齢化など，複合的な諸課題に直面している。これらの問題は，一部の専門家が既定の知識や技能を適用するだけでは解決できない。様々な人が知識やアイデアを出し合い，それを統合しながら解を探していかないといけない。そのため，新しい知識やアイデア，技術の革新が重視される知識基盤社会となり，革新のために他者とのコミュニケーションやコラボレーションが重視されている。また，それらが効果的に行えるように，人と人をつなぐICTが注目されている。したがって，これからは，教科の知識・技能だけではなく，それを超えた資質・能力が必要と

---

(13) 安彦忠彦『「コンピテンシー・ベース」を超える授業づくり―人格形成を見すえた能力育成をめざして―』図書文化社，2014年，p. 105。

なる。

　さらに世界においても，断片的な知識や技能ではなく，人間の全体的な能力をコンピテンシーとして定義し，それをもとに目標を設定し，政策をデザインする動きが広がっている。この目標の傾向として，思考力や学び方を中心とする認知スキルと，社会や他者との関係やその中での自律にかかわる社会スキルとに重きが置かれ，それらは教科を超えた汎用的な能力として規定されている。

　以上をふまえ，「21世紀型能力」は，社会の変化に対応するための，教科横断的で汎用的な資質・能力として示された(14)。

　上述の「論点整理」も，次期学習指導要領について，従来のように各教科の内容に関する記述（「何かを知っていること」）を中心とするのではなく，これからの時代に育成すべき資質・能力（知っていることを活用して「何かをできるようになること」）と，この資質・能力を育成するための各教科等の具体的な教育目標・内容とを明示すべきだと提言している。これにより，各教科等で教科内容の伝達に留まりがちであった状況を改善し，教科内容を活用する資質・能力を確実に身につけさせることがめざされている。

　そして，育成すべき資質・能力をふまえた教育目標・内容の視点として，次の三つが提案されている(15)。

ア）教科等を横断する，認知的・社会的・情意的な汎用的なスキル（コンピテンシー）等に関わるもの
　①問題解決，論理的思考，コミュニケーション，意欲，など
　②メタ認知（自己調整や内省・批判的思考等を可能にするもの）

イ）教科等の本質に関わるもの（教科等ならではの見方・考え方，表現方法等）

ウ）教科等に固有の知識・個別スキルに関わるもの

　以上のように，社会の変化や世界的な潮流などを受け，教科横断的で情意面も含む汎用的な「資質・能力」を，目標・内容として位置づけることが主張さ

---

(14)　勝野，前掲報告書，pp. 9-30。
(15)　文部科学省，前掲報告書，p. 1, p. 21。

れている。

（2） 汎用的な能力というコンピテンシーの捉え方

　前項で挙げた「21世紀型能力」や「論点整理」でも用いられていたように，「汎用的能力」や「汎用的なスキル」といった表現が，近年散見されるようになった。その背景には，教育課程の世界の潮流が，汎用的な能力としてのコンピテンシーを軸にしているという捉え方がある。

　松下佳代によると，1980年代以降，特に90年代に入ってから多くの経済先進国で教育目標に掲げられるようになった能力に関する諸概念（〈新しい能力〉）は，脱文脈的アプローチと文脈的アプローチとに区分けできるという。たとえば，日本の「学士力」の中の「汎用的技能」は，様々な状況を超えて適用できるというスキルの汎用性を強調している点で，脱文脈的アプローチを取っている。その一方，OECD の DeSeCo のコンピテンシーは，文脈依存性を持つものとして考えられており，文脈的アプローチを取っている。[16]

　ところが，後者の文脈的アプローチの存在は日本ではあまり注目されておらず，〈新しい能力〉が，汎用的な能力として一括りにされている傾向がある。先述の国研の報告書は，「汎用的な能力を構造的に定義して，全体的能力を育成しようとしている潮流」とまとめている。[17]　学力論者の石井英真や教育心理学者の奈須正裕も，領域横断的で汎用的なコンピテンシーをベースとした教育が模索されていると概括している。[18]

　このように汎用的な能力というコンピテンシーの捉え方が広がっている要因

---

(16) 松下佳代「〈新しい能力〉概念と教育―その背景と系譜―」松下佳代編著『〈新しい能力〉は教育を変えるか―学力・リテラシー・コンピテンシー―』ミネルヴァ書房，2010年，p. 2，pp. 29-30。
(17) 勝野，前掲報告書，p. 14。
(18) 石井英真『今求められる学力と学びとは―コンピテンシー・ベースのカリキュラムの光と影―』日本標準，2015年，p. 2 および，奈須正裕「知識基盤社会とコンピテンシー・ベイスの教育」奈須正裕編著『知識基盤社会を生き抜く子どもを育てる―コンピテンシー・ベイスの授業づくり―』ぎょうせい，2014年，p. 2。

として,次の三つが考えられる。一つ目の要因は,「汎用的」という言葉に,①教科横断的と,②脱文脈的の二つの意味が込められていることである。たとえば,OECD のキー・コンピテンシーは,どんな国のどんな文脈にも適用できるという脱文脈的な意味での汎用的な能力であるのに対して,「21世紀型能力」は,教科横断的という意味での汎用的な能力である。「21世紀型能力」の場合,「特定領域での学習がどの程度広範な領域に『転移』するか,それとも学習成果は『領域固有』で転移し難いか」の検討は,今後の課題として残されている[19]。しかしながら,①教科横断的な能力か,あるいは②脱文脈的な能力であれば,「汎用的な能力」と表現される。したがって,a)教科横断的で文脈依存的な能力も,b)特定の教科に対応した脱文脈的な能力も,c)教科横断的で脱文脈的な能力も,すべて「汎用的な能力」という言葉で表せるのである。

　二つ目の要因は,日本では,脱文脈的という意味での汎用的な能力概念がすでに複数提唱されており,諸外国の〈新しい能力〉も同じ枠組みで理解した方が容易だったことである。日本経営者団体連盟の「エンプロイヤビリティ」(1999年) に始まり,厚生労働省の「就職基礎能力」(2004年),経済産業省の「社会人基礎力」(2006年),文部科学省の「学士力」(2008年) といった,労働政策や高等教育,職業教育に関連する能力概念の多くは,文脈について取り立てて言及することなく,能力の汎用性を強調している[20]。

　三つ目の要因は,OECD の DeSeCo のコンピテンシーとキー・コンピテンシーが混同されて日本に紹介されていることである。第3章第3節で述べたように,DeSeCo のコンピテンシーとキー・コンピテンシーは異なった概念であると OECD は説明している。コンピテンシーは特定の文脈で発揮される能力であり,あらゆる文脈で行使できるわけではないのに対して,キー・コンピテンシーは,人生の幅広い文脈の問題解決に有用である。すなわち,コンピテンシーは文脈依存的な能力であるが,キー・コンピテンシーは汎用的な能力だと

---

(19)　勝野,前掲報告書,p.34。
(20)　松下,前掲論文,p.3,p.30。

いう。

　しかし，DeSeCo のキー・コンピテンシー報告書の監訳者である立田慶裕でさえ，キー・コンピテンシーとコンピテンス（コンピテンシー）を混同しているような記述をしている。「このプロジェクト［筆者注：DeSeCo プロジェクト］では，コンピテンスを『学習への意欲や関心から行動や行為に至るための広く深い能力，人の根源的な特性』と定義し，特にキー・コンピテンシーとは，『人が特定の状況の中で（技能や態度を含む）心理社会的な資源を引き出し，動員して，より複雑な需要に応じる能力』と定義した。［中略］また，個々人のコンピテンスは，動機づけから態度や技能，知識とその活用に至る要素からなる資源を複雑な状況でも適切に活用する能力を含む」。この記述を見ると，キー・コンピテンシーとコンピテンスは同義語だと思える。しかし，立田が引用したキー・コンピテンシーの説明は，DeSeCo の報告書において，コンピテンスの説明として書かれている内容である。「［筆者訳］コンピテンスは，特定の状況において，（認知的側面や非認知的側面を含む）心理社会的な資源を動員することにより，複雑な需要にうまく応じる能力として定義されている」。このコンピテンスの定義をキー・コンピテンシーの説明として引用すると，コンピテンス（コンピテンシー）とキー・コンピテンシーは同じであるという誤解を招くと考えられる。

　実際，国研の総括研究官の松尾知明は，DeSeCo のキー・コンピテンシーとコンピテンシーを混同している。「コンピテンシーとは，人が『特定の状況の中で（技能や態度を含む）心理社会的な資源を引き出し，動員して，より複雑な需要に応じる能力』と定義されている。それは，①個人の成功にとっても，

---

(21)　立田慶裕『キー・コンピテンシーの実践―学び続ける教師のために―』明石書店，2014年，p. 38。
(22)　Rychen D. S. and Salganik L. H., *Key competencies for a successful life and a well-functioning society*, Cambridge: Hogrefe & Huber, 2003, p. 43（ライチェン D. S.，サルガニク L. H. 編著（立田慶裕監訳）『キー・コンピテンシー』明石書店，2006年，p. 65). 原著を参照して訳を一部修正した。

社会の発達にとっても価値をもつもので，②さまざまな状況において，複雑な要求や課題に応えるために活用でき，また，③すべての人にとって重要なものである」。だが，DeSeCo の報告書によると，①と②と③は，コンピテンシーの条件ではなく，キー・コンピテンシーの条件として挙げられているものである。キー・コンピテンシーは，生活・社会の需要ごとにいくつも想定できるコンピテンシーの中から，①と②と③の規準で選ばれた重要なものである。言い換えると，①や②や③の規準を満たさないコンピテンシーも存在し得る。

このように DeSeCo のコンピテンシーとキー・コンピテンシーが混同されており，日本では脱文脈的なキー・コンピテンシーの方が取り上げられるため，文脈依存的なコンピテンシー概念も脱文脈的な概念であると誤解されていると推察できる。ゆえに，DeSeCo のコンピテンシーのようなコンピテンシーの文脈依存的アプローチは，あまり注目されないのではないかと考えられる。

以上の3点などを受けて，教科横断的という意味であるのか，脱文脈的という意味であるのかが必ずしも明示されないまま，「汎用的な能力」としてのコンピテンシーという理解が広がっている。そのため，育成すべき資質・能力が，教科横断的でかつ脱文脈的な汎用的能力であるのか，それとも教科横断的でかつ文脈依存的な汎用的能力であるのかどうかは明確ではない。

（3） 資質・能力を育む学力評価

上述の「論点整理」では，求められる資質・能力を効果的に育成するためには，評価のあり方についても，「何を知っているか」（教科の知識など）を評価するに留まらず，「知っていることを活用して何ができるか」（資質・能力）を評価するものへと発展させていく必要があると述べられている。そして，資質・能力をふまえた教育目標・内容のうち，汎用的なスキルや教科等の本質に

---

(23) 松尾知明『21世紀型スキルとは何か―コンピテンシーに基づく教育改革の国際比較―』明石書店，2015年，p. 15。

(24) Rychen and Salganik, *op. cit.*, p. 66-67（ライチェン・サルガニク編著（立田監訳），前掲書，pp. 88-89）。

かかわる内容を評価する方法として、「パフォーマンス評価」が推奨されている[25]。

パフォーマンス評価は、2010年改訂の指導要録に関する中央教育審議会の報告書でも、思考力・判断力・表現力等の評価方法として紹介されている[26]。

パフォーマンス評価とは、「学習者の振る舞いや作品（パフォーマンス）を手がかりに、知識・技能の総合的な活用力を評価する方法[27]」を指す。パフォーマンス評価は、狭義には、真正のパフォーマンスを引き出す課題（パフォーマンス課題）を設計し、それに対する活動のプロセスや成果物を評価する「パフォーマンス課題に基づく評価」を意味する。しかしながら、パフォーマンス評価は、授業中の発言や行動、記述などを手がかりに、学習のプロセスを形成的に評価する、「パフォーマンス（表現）に基づく評価」という広義の意味で用いられることもある。「パフォーマンス評価」という言葉が必ずしも使われていなくとも、子どもの活動の観察や、発問、自由記述式問題、実技テストなど、「表現に基づく評価」の実践が、教室で自然と行われていることも多い。

「パフォーマンス課題に基づく評価」（狭義のパフォーマンス評価）では、「パフォーマンス課題」と「ルーブリック」が使われる。パフォーマンス課題とは、生活や社会で直面するようなリアルな状況で、知識・技能を使いこなすことができるかどうかを見取る評価課題である。たとえば、博物館の学芸員として、武士の時代の魅力を伝えるパンフレットを作る、などの課題が考えられる。このパフォーマンス課題での子どものパフォーマンスは、正解か不正解かという二分法では評価できない。学んだ知識や技能をどのくらいよく活用できたかという、パフォーマンスの質の深まりを捉える必要がある。そのため、教師によ

(25) 文部科学省、前掲報告書、pp. 35-36。
(26) 中央教育審議会初等中等教育分科会教育課程部会「児童生徒の学習評価の在り方について（報告）」2010年3月24日。
(27) 石井英真「パフォーマンス評価をどう実践するか」田中耕治編著『パフォーマンス評価―思考力・判断力・表現力を育む授業づくり―』ぎょうせい、2011年、p. 21。

補章　日本への示唆

る主観的な評価にならないよう，ルーブリックと呼ばれる，パフォーマンスの質を見取る評価指針が用いられる。ルーブリックとは，成功の度合いを示す数レベル程度の尺度と，それぞれの尺度に見られる認識や行為の質的特徴を示した記述語からなる評価基準表のことをいう[(28)]。

　以上のように，昨今の日本では，社会の変化や世界の潮流を受けて，「資質・能力」が学力評価のキーワードとなっている。資質・能力は，教科横断的で情意面も含む汎用的な能力として用いられているものの，脱文脈的という意味の汎用的な能力でもあるのかどうかは必ずしも明らかではない。そして，この資質・能力の育成に向けて，各教科などの具体的な教育目標・内容を設定し，その達成度をパフォーマンス評価などの方法で評価することがめざされている。

3　フランスを鏡とした学力評価の三つの論点

　前々節や前節でまとめた日本の学力評価の特徴や現状をふまえると，本書で述べてきたフランスの中等教育における学力評価の知見は，次の三つの論点を考える上で，日本にとっても意義深い。

（1）知識と汎用的な能力（資質・能力）は二項対立か

　一つ目の論点は，知識（教科内容）と汎用的な能力（資質・能力）は二項対立で論じられるのか，という点である。

　本章第1節で述べたように，日本の学力評価では，各教科の断片的な知識を暗記できたかどうかが評価対象とされる傾向があった。その反省から，近年では，第2節でふれたように，知識（教科内容）の習得だけではなく，知識を活用して実践する教科横断的で汎用的な能力（資質・能力）も育成・評価するべきであると謳われるようになった。

　議論が進行中の大学入試に関しても，高大接続システム改革会議の2015年の

---

(28)　同上論文，pp. 21-27。

「中間まとめ」(素案)では，同様の構図が見られる。まず背景として，知識の量だけではなく，混沌とした状況の中に自ら問題を発見し，他者と協力して解決していくための資質や能力を育む教育が，急速に重視されつつあると述べられている。しかしながら，大学入学者選抜については，依然として，知識の暗記・再生や暗記した解法パターンのたんなる適用の評価に偏りがちという課題が存在するという。そこで，①知識・技能，②それらを基盤にして答えのない問題に自ら答えを見出していく思考力・判断力・表現力，③主体性をもって多様な人々と協働して学ぶ態度，という「学力の3要素」を，多面的・総合的に評価する方法へと大学入学者選抜を転換しなければならないと勧告されている。そして，個別大学における入学者選抜では，自らの考えに基づき論を立てて記述する形式の学力評価や，高等学校の調査書，面接など，学力検査以外の方法が推奨されている。[29]学力検査を行うと，断片的な知識の習得を問う入学者選抜に陥りがちであるという判断が背景にあるのだろう。このように，暗記の対象である知識に偏重せず，思考力・判断力・表現力などの資質・能力の評価を重視すべきであるという主張の裏側には，知識と資質・能力とを別物として考える見方が透けて見える。

以上のように，知識と資質・能力とをいわば二項対立で捉える見方は，第5章第4節でまとめたフランスのコンピテンシーに基づいた教育と同様の課題を招きうる。それは，資質・能力を高めるために知識を総合する学習活動が重視されるあまり，知識の体系だてた習得が疎かになる，という課題である。

基礎的な知識を十分に獲得させていない状態で知識の活用を求める教育を行うと，家庭や塾など学校外で知識を身につけられる境遇の生徒しか授業についていけず，落ちこぼれる生徒が出てきうる。たとえば，本章第2節でふれたパフォーマンス評価についても，パフォーマンス課題の状況設定やルーブリックの作成で手一杯となり，パフォーマンス評価で活用する知識を確実に習得させ

---

(29) 文部科学省高大接続システム改革会議「高大接続システム改革会議『中間まとめ』(素案)」2015年8月27日，p. 1, p. 3, p. 12, p. 13。

補　章　日本への示唆

る指導が二の次となってしまうと，基礎的な知識が身についていない子どもは，考えたり表現したりする学習から取り残されてしまう。

　その上，第3章第2節で指摘したように，原理原則の習得抜きに，パッケージ化された活用問題の解き方だけ学んでも，臨機応変に活用する力は身につかない。認知心理学の研究によると，批判的思考といった一般的な技能を，それを学んだ特定の文脈とは異なる文脈でも利用するには，なぜその技能が役立ち，またいつそれを用いるべきかを，学習者に明確に伝えなければいけないという[30]。ゆえに，学習者がある状況の課題の解決法を身につけたとしても，それを異なる状況の課題解決にも自発的に転移させると考えるのは難しい。その解決法がどんなときにいかに役立つのかという原理を理解していなければ，新しい状況に直面したとき，その解決法をどのように活用したらいいかわからなくなる。

　国研の調査によると，資質・能力を育成するカリキュラムの先進的事例は，次の二つのモデルに大別され，多くは①の視点でカリキュラムが開発されていた[31]。

　①資質・能力を下位スキル（e.g.「理解する」，「応用する」，「創造する」）にカテゴリー分けし，下位スキルを活用する具体的な手立てを学習者に示すことで，資質・能力は計画的・段階的に指導できると考えるもの

　②資質・能力を厳選し，知識の習得と活用（深い理解）を達成するための学習活動に，それらを使わざるを得ない機会を埋め込むことで，資質・能力は初めて育成できると考えるもの

　前述の石井は，コンピテンシー・ベースのカリキュラムの危険性として，思考スキルの直接的指導が強調され，しかもそれが評価の観点とも連動するようになると，授業過程での思考が硬直化・パターン化し，思考する必然性や内容に即して学び深めることの意味が軽視されると指摘している[32]。

---

(30)　ブルーアー J. T.（松田文子・森敏昭監訳）『授業が変わる―認知心理学と教育実践が手を結ぶとき―』北大路書房，1997年，p. 67。
(31)　勝野，前掲報告書，pp. 76-77, p. 80。
(32)　石井，前掲書，2015年，p. 10。

上述の①のカリキュラムは，教師にとって設計しやすく，学習者にとってわかりやすいものの，この問題に陥る恐れがある。書き方や話し方といった知識の活用法の指導に力が入れられる分，どんな知識をなぜ活用するのかがあまり意識されず，教科の本質を深めることがなおざりになってしまいうる。
　フランスの伝統的な教養教育は，教科の体系に沿った知識のネットワークを頭の中に構築させることで，生徒がそれを座標軸としてあらゆる文脈の課題を克服していけるようになることをめざすものであった。この伝統に照らしてみると，知識から資質・能力へと単純な移行を志すのではなく，資質・能力の形成において知識の習得が重要であることに目を向けるべきであるといえる。
　したがって，カリキュラムの視点としては，上述の①ではなく，②の方が望ましいと思われる。①のカリキュラムでは，資質・能力を直接的に形成しようとする分，知識の習得が不十分となり，先述した落ちこぼれや，状況に応じて知識が活用できないという問題，教科の本質の理解が深まらないという問題が生じうる。②のカリキュラムのように，教科の中核となる知識を活用する学習機会を保障することで，深い理解と資質・能力の育成がともに進むといえよう。
　また，学力評価についても，知識の評価は選択肢問題などの学力テストで，資質・能力の評価は記述式問題や面接などの方法で行うと二分してしまっては，断片的な知識と，知識抜きのテスト対策的な能力（論述のパターンや面接の答え方など）を評価することになってしまう。それでは，結局，知識の詰め込みとテスト対策が大事だというメッセージを学習者に伝えることになる。教科の知識と資質・能力をあいまって育む学習に動機づけるためには，パフォーマンス課題のように，教科の中核となる知識を用いて思考し，表現できるかどうかを全体として見取る評価の方法を開発することが必要だと考える。

（２）　汎用的なコンピテンシーは育成できるのか
　二つ目の論点は，汎用的なコンピテンシーは育成できるのか，という点である。
　フランスでコンピテンシーは，経営分野や職業教育で使われはじめたことも

あり，複数の領域の知識や「能力」，態度などを総合して，特定の状況の課題を解決する力として理解されている。この意味でのコンピテンシーは，知識や技能，態度といった要素に還元できるので，コンピテンシーを獲得させるための学習を明示的に構造化でき，すべての生徒に教育によって習得させることができる。したがって，フランスのコンピテンシー概念は，学習した状況とまったく異なる状況では活用できないという課題や，学習が断片化する危険性を抱えてはいるものの，教育の民主化につながる可能性を有しているといえよう。従来の教養教育では，知識の体系が伝達されるものの，その活用法は教授されなかったため，恵まれない境遇の生徒が成功するのはきわめて難しかった。コンピテンシーに基づく教育は，知識の活用法を学校で明示的に教えることで，どんな境遇の生徒にも成功するチャンスを与えるものであると評価できる。

　しかし，このように文脈依存的なコンピテンシーではなく，どんな文脈の課題でも解決できる汎用的なコンピテンシーというものが存在するとして，それを身につけさせる学習過程を構想できるのだろうか。

　序章第1節第2項で述べたように，中内敏夫は，学力を，モノやモノゴトに処する能力のうち，教育によって分から伝えられた部分として定義している。この「教育」は，計画性のないまま，労働といった他目的の行動の副産物として子どもが学ぶ「形成」とは異なる。「教育」は，教師が意図的にプログラムした働きかけで，子ども個人がよりよい個人として自立することを動機としたものである。中内は，教師の教育の結果として学力を概念化することで，授業が成就しなかったときの責任を，子どもが努力しなかったことに見るのではなく，教育のあり方の失敗に求めることができると論じている[33]。

　教育社会学者の本田由紀は，意欲や独創性，対人能力，問題解決能力などの，個人の人格や情動の深い部分に根ざした「ポスト近代型能力」は，家庭環境などの個々人の生育環境によって決まる部分が大きいと指摘している[34]。本田はコ

---

[33]　中内敏夫『中内敏夫著作集Ⅰ 「教室」をひらく―新・教育原論―』藤原書店，1998年，p. 15，pp. 104-106。

ンピテンシー概念について言及していないものの，情意面を含み，実社会における機能的な有用性によってその価値が判断されるという点において，コンピテンシーも「ポスト近代型能力」の一つであると考えられる。それゆえ，本田の指摘に従えば，汎用的なコンピテンシーの形成もまた，家庭のあり方に大きく左右される可能性があるといえる。

　また，先述の石井も，コミュニケーション能力など，全人的な能力であればあるほど，それは生まれ落ちた家庭の初期環境に規定される側面が強くなるため，学校教育が既存の社会的・経済的格差を拡大する傾向を助長することになりかねないと警鐘を鳴らしている[35]。

　どんな状況にも対応できる汎用的なコンピテンシーを教育目標として設定したとして，それをどんな境遇の子どもにも習得させるカリキュラムを構想することははたして可能なのだろうか。グループ学習をたくさん行えば汎用的な「コミュニケーション力」が身につくといったように，「形成」の作用を期待した，予定調和的で漠然とした教育計画では，その力が獲得されるかどうかは子ども任せとなる。その力をどの子どもにも「教育」によって習得させる道筋を教育者が立てることがかなわないあいまいな能力概念は，教育責任を放棄し，子どもの家庭環境などによる格差を拡大することに結びつくと危惧される。

（3）　汎用的なコンピテンシーを育成・評価すべきか

　そして三つ目の論点は，脱文脈的な意味の汎用的なコンピテンシーが存在するとして，それを学校教育の中で育成し，評価すべきなのか，という点である。

　本章第2節第1項で述べた国研の2013年の報告書は，汎用的なコンピテンシーの例として，OECDやEUのキー・コンピテンシーとともに，「21世紀型スキル」を挙げている[36]。21世紀型スキルにはいくつかの潮流があるものの，主

---

(34)　本田由紀『多元化する「能力」と日本社会—ハイパー・メリトクラシー化のなかで—』NTT出版，2005年，p. ii, pp. 23-24。
(35)　石井，前掲書，2015年，p. 9。
(36)　勝野，前掲報告書，pp. 47-49, p. 56。

な定義の一つは，シスコシステムズ，インテル，マイクロソフトの支援のもとに進められている「21世紀型スキルの学びと評価（Assessment and teaching of twenty-first century skills: ATC21S）」プロジェクトという国際研究プロジェクトが，変化の激しい知識基盤社会において業務上必要となるスキルとして定義したものである。

これは，四つのカテゴリーに分類される次の10個のスキルで構成されている。①思考の方法（1．創造性とイノベーション，2．批判的思考，問題解決，意思決定，3．学び方の学習，メタ認知），②働く方法（4．コミュニケーション，5．コラボレーション），③働くためのツール（6．情報リテラシー，7．ICTリテラシー），④世界の中で生きる（8．地域とグローバルのよい市民であること，9．人生とキャリア発達，10．個人の責任と社会的責任）[37]。

この21世紀型スキルについて驚かされるのは，その世界観である。ATC21Sプロジェクトのエグゼクティブディレクターであるメルボルン大学のグリフィン（P. Griffin）は，次のように述べている。「21世紀は，子どもたちは学校や大学を卒業してから，その職業人生の中で10～15の様々な仕事を経験することが予想されます。そうした形で職場にうまく入っていくには，広く深い理解に加え，学ぶ能力と学び直す能力をもたなければならなくなるでしょう。彼らは，ある1つの領域のマスターではなく，職業生活の中で様々な領域を横断的に学び，それを使えるようになる能力をもたなければならなくなるでしょう」[38]。

この言を解釈してみる。たとえば，22歳から65歳までの44年間で10～15の仕事をするとなると，生涯を通じて3年か4年で仕事を変わりつづけるという計算になる。これは，いわゆる派遣労働で一生を終えるという人生スタイルのよ

---

[37] グリフィン P.・マクゴー B.・ケア E. 編（三宅なほみ監訳，益川弘如・望月俊男編訳）『21世紀型スキル―学びと評価の新たなかたち―』北大路書房，2014年，pp. xii-xiii, p. 6, p. 46。21世紀型スキルについては次の文献も参照のこと。小柳和喜雄「国際調査に見るICTLiteracy―21世紀型スキルに関する基礎研究―」『奈良教育大学 教育実践開発研究センター研究紀要』第22号，2013年，pp. 321-325。

[38] グリフィン・マクゴー・ケア，前掲書，p. ii。

うにも見える。はじめの3年間は百貨店のレジ打ちとして働き，次の4年間はパソコンのデータ管理の仕事に就き，次の3年間はペットショップの販売スタッフとなる。

なお，3年か4年ごとに一生転職を続けるというのは，正社員がキャリアアップのために生涯で数回転職することとは意味が異なる。女性なら出産・育児でブランクができうるし，病気や介護などで仕事を中断せざるを得ない時期もある。だが，30代でも40代でも，さらには60代になっても，短期間で転職するので専門性は高まらず，仕事を一旦やめると次の職を見つけられない可能性があり，数年後の見通しは立たない。これでは，人生設計が成り立たない。

このように不安定な状況の中，様々な領域で職を転々とするためには，教科横断的という意味での「汎用的」な能力が必要となる。グリフィンがいうように，特定の領域に関する理解（知識）を身につけても，別の領域の仕事にはその理解が役立たないこともあるからである。そのため，高度な専門性ではなく，どんな職場の同僚ともコミュニケーションとコラボレーションを欠かさず，情報やICTを活用して問題解決する努力を続けるとともに，自らキャリア計画を立てて次の職を探す力が必要となるだろう。専門性には乏しいもののこうした汎用的な能力に富む労働者は，企業にとって便利な人材である。企業の財政状況に応じて自由自在に配置・解雇でき，経済効率が高くなるからである。与えられた仕事は何でもそれなりにできるので必要なときにはそういった人材を雇うが，当該の仕事をさせるのはその人でなくてもよく，同様に汎用的な能力を持つ他の誰でもよいので，不必要になったら解雇する。

フランスのコンピテンシー概念もまた，似たような世界観に基づいている。第3章第3節で述べたように，フランスにおけるコンピテンシーは，個人生活の享受者・社会の担い手である市民になるために獲得すべき力というよりは，人的資源として有用な労働者になるために身につけるべき力である。フランスは従来，社会階層を前提とし，学校教育を通じて社会階層を再生産してきた。学校では知識のネットワークとしての教養を体系的に伝達するが，その教養を活用して思考し表現する能力の育成は家庭に任されてきた。学校における評価

では，論述試験のように知識の活用が求められるため，活用力を家庭で学べない階層の子どもは学業に失敗してきた。コンピテンシーに基づいた教育は，どんな子どもにも活用力を身につけさせることで，この階層社会を乗り越えることを念頭に置いていた。だが，結局のところ，その活用力（コンピテンシー）は，労働者としての問題解決力に転化してしまった。

汎用的なコンピテンシーは，以上のような企業が「使いやすい」労働力としての能力なのか。もしそうだとしたら，学校教育，とくに公教育が，企業に搾取される人的資本の形成に全面的に加担すべきなのだろうか。

一方，OECD や EU の世界観は，第3章第3節で見たように，経済成長一色ではない。キー・コンピテンシーは，個人が職業生活だけでなく，市民生活や家庭生活をもよりよく生きるとともに，経済的・社会的に豊かな国家を推進するために，市民として習得すべき力として構想されている。

日本の学校教育が汎用的なコンピテンシーの育成・評価をめざすのであれば，どんな世界観に依って立つのかが問われるであろう。

以上のように，フランスの学力評価の展開を鏡とすると，日本の学力評価への示唆として，次の3点が指摘できる。第1に，知識と汎用的な能力（コンピテンシーなどの資質・能力）を二項対立で捉えると，知識の体系だてた習得が疎かになり，落ちこぼれる子が出たり，状況に応じた知識の活用ができなかったり，教科の本質の理解が深まらなかったりしうる。第2に，汎用的なコンピテンシーという捉え方は，教育責任を放棄し，子どもの家庭環境などによる格差を拡大することに結びつきうる。第3に，汎用的なコンピテンシーの育成・評価を進める際に，世界観の検討を怠ると，企業に搾取される人的資本の形成に学校教育が加担することにつながりうる。汎用的なコンピテンシーなどの資質・能力の育成・評価がクローズアップされる今，このような危険性を意識することで，日本の学力評価は，民主的でより豊かなものになるといえよう。

引用・参考文献

1．フランス語・英語による論文・書籍・報告書

Ardoino J., «Préface. Au filigrance d'un discours: la question du contrôle et de l'évaluation», *in* M. Morin（dir.）, *L'imaginaire dans l'éducation permanente. Analyse du discours des formateurs*, Paris: Gauthier-Villars, 1976.

Assemblée Nationale, *Rapport de M. Frédéric Reiss, au nom de la commission des affaires culturelles, familiales et sociales sur le projet de loi d'orientation pour l'avenir de l'école*, no.2085, le 9 février 2005.

Assemblée Nationale, *Compte rendu de la commission des affaires culturelles, familiales et sociales*, no.28, le 9 février 2005.

Assemblée Nationale, *Compte rendu intégral. 2ème séance du 15 février 2005.*

Assemblée Nationale, *Compte rendu intégral. 3ème séance du 15 février 2005.*

Assemblée Nationale, *Compte rendu intégral. 1ère séance du 16 février 2005.*

Assemblée Nationale, *Compte rendu intégral. 2ème séance du 17 février 2005.*

Assemblée Nationale, *Compte rendu intégral. 1ère séance du 15 mars 2013. XIV législature. Session ordinaire de 2012-2013.*

Assemblée Nationale, *Rapport de M. Yves Durand, au nom de la commission des affaires culturelles et de l'éducation sur le projet de loi d'orientation et de programmation pour la refondation de l'école de la République*, no.767, le 28 février 2013.

Bacher F., «La docimologie», *in* M. Reuchlin（éd.）, *Traité de psychologie appliquée*, Paris: PUF, 1973.（バシェ F.（湯川良三訳）「ドシモロジー」M. ルクラン編（滝沢武久他訳）『現代応用心理学6』白水社，1975年）

Bartoli J., Cottet O. et Polton J. C., *Pédagogie par objectifs en histoire-géographie classe de 6e*, s. l.: CRDP de Créteil, 1998.

Baudelot C. et Establet R., «Pour l'instauration d'un smic culturel à l'école. Quelques éclaircissements», *Sociologie et Sociétés*, vol.23, no.1, 1991.

Baudelot C. et Establet R., «Pour un Smic scolaire et culturel», *Cahiers Pédagogiques*, 439, 2006.

Beaulavon G., «La dissertation philosophique», *in* Commission française pour l'enquête Carnegie sur les examens et concours en France, *La correction des épreuves écrites dans les examens*, Paris: La Maison du Livre, 1936.

Block J. H. and Anderson L. W., *Mastery learning in classroom instruction*, N. Y.: Macmillan, 1975.

Bloom B. S., «Learning for mastery», in *Evaluation Comment*, 2, 1968.

Bloom B. S. (Lavallée M. tradu.), *Taxonomie des objectifs pédagogiques tome 1: domaine cognitif*, Montréal: Éducation Nouvelle, 1969.

Bloom B. S., *All our children learning*, N. Y.: MacGraw-Hill, 1981.（ブルーム B. S.（稲葉宏雄・大西匡哉監訳）『すべての子どもに確かな学力を』明治図書，1986年）

Bonboir A., *La docimologie*, Paris: PUF, 1972.

Bouchet H., *L'individualisation de l'enseignement. L'individualité des enfants et son rôle dans l'éducation*, 2e éd. corrigée, Paris: PUF, 1948（1933）.

Bouchez A., *Livre blanc des collèges* remis le 17 janvier 1994 à F. Bayrou.

Bourdieu P. et Passeron J.-C., *Les héritiers. Les étudiants et la culture*, Paris: Minuit, 1964.（ブルデュー P.・パスロン J.-C.（石井洋二郎監訳）『遺産相続者たち―学生と文化―』藤原書店，1997年）

Bru M., *Les méthodes en pédagogie*, Paris: PUF, 2006.

Capparos-Mencacci N. et Vial M., «Titre de la communication: l'autoévaluation des pratiques professionnelles à travers l'usage du portfolio au second degré du scolaire», *21e Colloque de l'ADEMEE-Europe*, 21-23 janvier 2009.

Chervel A., *La culture scolaire. Une approche historique*, Paris: Belin, 1998.

Clément P, *Genèse du socle commun de connaissances et de compétences. Une sociologie du champ de production des politiques scolaires*, Mémoire de master présentée à l'École des Hautes Études en Sciences Sociales École Normale Supérieure, 2007.

Clément P., *Réformer les programmes pour changer l'école? Une sociologie historique du champ du pouvoir scolaire*, Thèse présentée à l'Université de Picardie Jules Verne, 2013.

CNP, «Parcellisation des enseignements et aménagement du temps scolaire», le 11 octobre 1990, Archives du SNI-PEGC, boîte no.1619.

Conseil National des Programmes, *Idées directrices pour les programmes de collèges*, rapport au Ministre de l'Éducation nationale, décembre 1994.

Conseil Supérieur des Programmes, *Charte relative à l'élaboration, à la mise en œuvre et au suivi des programmes d'enseignement ainsi qu'aux modalités d'évaluation des élèves dans l'enseignement scolaire*, le 3 avril 2014.

Conseil Supérieur des Programmes, *Projet de socle commun de connaissances, de compétences et de culture*, le 8 juin 2014.

Dauvisis M.-C., *Objectifs de l'enseignement des mathématiques et docimologie*, Thèse présentée à l'Université de Toulouse-le-mirail, 1982.

Dauvisis M.-C., «Des titres et des nombres en quête de valeurs: de la docimologie à l'évaluation», *in* Colloque international de l'AFIRSE (éd.), *Les évaluations*, Paris: AFIRSE, 1992.

Dauvisis M.-C., «L'évaluation des compétences au risque des barèmes et des notes scolaires», *in* D. Lemaître et M. Hatano (éd.), *Usages de la notion de compétence en éducation et formation*, Paris: L'Harmattan, 2007.

De Ketele J. M., «L'évaluation conjuguée en paradigmes», *Revue Française de Pédagogie*, 103, 1993.

De Landsheere G., *Évaluation continue et examens. Précis de docimologie*, 3e éd. revue et augmentée, Bruxelles: Labor-Paris: Nathan, 1974.

De Landsheere V. et De Landsheere G., *Définir les objectifs de l'éducation*, Paris: PUF, 1975.

Derycke M., «Le suivi pédagogique: des usages aux définitions», *Revue Française de Pédagogie*, no.132, 2000.

Desclos A., «Introduction», *in* Commission française pour l'enquête Carnegie sur les examens et concours en France, *La correction des épreuves écrites dans les examens*, Paris: La Maison du Livre, 1936.

DeSeCo, «La définition et la sélection des compétences clés. Résumé», 2005.

DeSeCo, «The definition and selection of key competencies. Executive Summary», 2005.

D'hainaut L., *Des fins aux objectifs de l'éducation*, Paris: Fernand Natan ― Bruxelles: Éditions Labor, 1977.

Dominicé P., *La formation. Enjeu de l'évaluation*, Berne: Perter Lang, 1979.

Durkheim É., *L'évolution pédagogique en France*, Paris: PUF, 1938.（デュルケーム É.（小関藤一郎訳）『フランス教育思想史』行路社，1981年）

European Communities, *Key competences for lifelong learning. European reference framework*, Luxemburg: Office for Official Publications of the European Communities, 2007.

Fauquet M., *Pédagogie par objectifs, évaluation-rénovation document de réflexion et de propositions à l'usage principalement des collèges*, Amiens: CRDP d'Amiens, 1989.

Fotso F., *De la pédagogie par objectifs à la pédagogie des compétences*, Paris: L'Harmattan, 2011.

François L., «L'enseignement secondaire», *in* M. Debesse et G. Mialaret (éd.), *Traité des*

sciences pédagogiques 3 (pédagogie comparée), Paris: PUF, 1972.（フランソワ L.
（田﨑徳友訳）「中等教育」M. ドベス・G. ミアラレ編（波多野完治・手塚武彦・滝
沢武久監訳）『現代教育科学 4（世界の教育）』白水社, 1977年）

Gage N. L., *Handbook of research on teaching*, Chicago: McNally, 1965.

Garcia E. and al., «Portfolios: an assessment tool in support of instruction», in *International Journal of Education Research*, 14(5), 1990.

Guimard P., *L'évaluation des compétences scolaires*, Rennes: Presses Universitaires de Rennes, 2010.

Hadji C., *L'évaluation des actions éducatives*, Paris: PUF, 1992.

Hameline D., *Les objectifs pédagogiques. En formation initiale et en formation continue*, Paris: ESF, 1979.

Hameline D., «L'entrée dans la pédagogie par les objectifs: une littérature hétérogène et lacunaire», *Revue Française de Pédagogie*, 46, 1979.

Haut Conseil de l'Éducation, *Recommandations pour le socle commun*, le 23 mars 2006.

Haut Conseil de l'Éducation, *Le collège. Bilan des résultats de l'École*, 2010.

Haut Conseil de l'Éducation, *Mise en œuvre du socle commun. Bilan des résultats de l'École*, 2011.

Haut Conseil de l'Éducation, *Rapport 2012*, 2012.

Hutin R., «L'élaboration d'une batterie d'épreuves générales de niveau en arithmétique élémentaire», *Pour l'Ère Nouvelle; Docimologie et éducation actes du Colloque de Lyon-1968*, numéro spécial 2-3, 1969.

Inspection Générale de l'Éducation Nationale, *Les livrets de compétences: nouveaux outils pour l'évaluation des acquis*, Rapport no. 2007-048, juin 2007.

Inspection Générale de l'Éducation Nationale, *La mise en œuvre du livret personnel de compétences au collège*, Rapport no. 2012-094, août 2012.

Inspection Générale de l'Éducation Nationale, *La notation et l'évaluation des élèves éclairées par des comparaisons internationales*, Rapport no. 2013-072, juillet 2013.

La Commission du Débat National sur l'Avenir de l'École présidée par Claude Thélot, *Pour la réussite de tous les élèves. Rapport de la commission du débat national sur l'avenir de l'école*, Paris: La Documentation Française, 2004.

Langevin J., «L'épreuve de physique», *in* Commission française pour l'enquête Carnegie sur les examens et concours en France, *La correction des épreuves écrites dans les examens*, Paris: La Maison du Livre, 1936.

Laugier H., Piéron H. et Piéron M. H., «Étude critique de la valeur sélective du certificat d'études et comparaison de cet examen avec une épreuve par tests. Contribution à une docimastique rationelle», *in* H. Laugier, H. Piéron, Mme H. Piéron, E. Toulouse et D. Weinberg, *Études docimologiques sur le perfectionnement des examens et concours*, Paris: CNAM, 1934.

Laugier H. et Weinberg D., «Élaboration statistique des données numériques de l'enquête sur la correction des épreuves du baccalauréat», *in* Commission française pour l'enquête Carnegie sur les examens et concours en France, *La correction des épreuves écrites dans les examens*, Paris: La Maison du Livre, 1936.

Laval C., *L'école n'est pas une entreprise. Le néo-libéralisme à l'assaut de l'enseignement public*, Paris: La Découverte, 2004.

Laval C., Vergne F., Clément P. et Dreux G., *La nouvelle école capitaliste*, Paris: La Découverte, 2011.

Le Boterf G., *De la compétence. Essai sur un attracteur étrange*, Paris: Les Éditions d'Organisation, 1994.

Le Boterf G., *De la compétence à la navigation professionnelle*, Paris: Les Éditions d'Organisation, 1997.

Legrand L., *Pour un collège démocratique*, Paris: La Documentation Française, 1982.

Legrand P., *Le bac chez nous et ailleurs*, Paris: Hachette Éducation, 1995.

Lelièvre C., *Les politiques scolaires mises en examen. Onze questions en débat*, Paris: ESF, 2008.

Le Parlement Européen et le Conseil de l'Union Européenne, «Recommandation du parlement européen et du conseil du 18 décembre 2006 sur les compétences clés pour l'éducation et la formation tout au long de la vie», *Journal Officiel de l'Union Européenne*, L394, du 30 décembre 2006.

Linn R. L., Baker E. L. and Dunbar S. B., «Complex, performance-based assessment: expectations and validation criteria» in *Educational Researcher*, novembre, 1991.

Mager R. F. (Décote G. tradu.), *Comment définir des objectifs pédagogiques*, Paris: Bordas, 1969. (メイジャー R. F. (小野浩三訳) 『教育目標と最終行動』産業行動研究所、1974年)

Mallaval C., «École: un livret de compétences qui perd des cases», *Libération*, du 30 octobre 2012.

Martin J., «Aux origines de la «science des examens» (1920-1940)», *Histoire de l'Éducation*, no.94, 2002.

Meirieu P., *Apprendre...oui mais comment*, 2e éd., Paris: ESF, 1988 (1987).

Mencacci N., «Pour une pratique humaniste de l'évaluation en ASH», *La Nouvelle Revue de l'Adaptation et de la Scolarisation*, no.46, 2009.

Mergnac M.-O. et Renaudin C., *Histoire du baccalauréat*, Paris: Archives & Culture, 2009.

Merle P., *Les notes. Secrets de fabrication*, Paris: PUF, 2007.

Meyer G., *Évaluer, pourquoi? Comment?*, Paris: Hachette Éducation, 2007.

Mialaret G., *Les sciences de l'éducation*, Paris: PUF, «Que sais-je?»no.1645, 3e éd., 1984 (1976). (ミヤラレ G. (石堂常世訳)「評価学」『教育科学』白水社, 1987年)

Mialaret G., *Sciences de l'éducation. Aspects historiques. Problèmes épistémologiques*, Paris: PUF, 2006.

Ministère de l'Éducation nationale, *Repères et références statistiques*, 2008.

Ministère de l'Éducation nationale, *Repères pour sa mise en œuvre au collège. Le livret personnel de compétences*, 2010.

Ministère de l'Éducation nationale, *Le nouveau lycée. Voies générales et technologiques : les informations utiles pour la rentrée 2011*.

Ministère de l'Éducation nationale, *Repères et références statistiques*, 2012.

Ministère de l'Éducation nationale, *Repères et références statistiques*, 2013.

Ministère de l'Éducation nationale, *Repères et références statistiques*, 2014.

Ministére de l'Education nationale, de la jeunesse et de la vie associative. *Aide au suivi de l'acquisition des connaissances et des capacités du socle commum*, 2011.

Ministère de l'Éducation nationale, de la jeunesse et de la vie associative, *Grilles de références pour l'évaluation et la validation des compétences du socle commun*, 2011.

Ministère de l'Éducation nationale, de la jeunesse et de la vie associative, *Vade-mecum. Compétence 3. Les principaux éléments de mathématiques et la culture scientifique et technologique*, 2011.

Ministère de l'Éducation nationale, de la jeunesse et des sports, *Utiliser des objectifs de référence en classe de Seconde: Histoire & Géographie*, Paris: CRDP de Poitier, 1989.

Moss P. A. and al., «Portfolios, accountability, and an interpretative approach to validity», in *Educational Measurement: issues and practice*, 11(3), 1992.

Natanson D. et Berthou M., *Des ceintures pour évaluer les compétences des élèves*, Paris: Fabert, 2013.

Noizet G. et Caverni J.-P., *Psychologie de l'évaluation scolaire*, Paris: PUF, 1978.

Normand R., «L'école efficace ou l'horizon du monde comme laboratoire», *Revue Française de Pédagogie*, 154, 2006.

Parisot J.-C., «Le paradigme docimologique: un frein aux recherches sur l'évaluation pédagogique?», *in* C. Délorme（éd.）, *L'évaluation en question*, Paris: ESF, 1987.

Perrenoud P., *Construire des compétences dès l'école*, Paris: ESF, 1997.

Perrenoud P., «Construire des compétences, tout un programme! Entrevue avec Philippe Perrenoud», *Vie Pédagogique*, 112, 1999.

Perrenoud P., «The key to social fields: competencies of an autonomous actor», in D. S. Rychen and L. H. Salganik（eds.）, *Defining and selecting key competencies*, Göttingen（Germany）: Hogrefe & Huber, 2001.

Piéron H., «La notion d'aptitude en éducation», *Pour l'Ère Nouvelle*, no.49, 1929.

Piéron H., «La technique des examens et la nécessité d'une «docimologie»», *L'Enseignement Scientifique*, II, no.17, 1929.

Piéron H., «Les origines, en France, de la méthode des Tests et la signification pédagogique de l'œuvre de Binet», *Pour l'Ère Nouvelle*, juillet, 1932.

Piéron H., «Sur les examens», *Pour l'Ère Nouvelle*, no.101, 1934.

Piéron H., «Le problème de l'action de l'hérédité et du milieu dans la formation intellectuelle», *Pour l'Ère Nouvelle*, no.117, 1936.

Piéron H., *Examens et docimologie*, Paris: PUF, 1963.

Piéron Mme H., «Étude psychotechnique de quelques tests d'aptitude（Analyse, étalonnage, corrélations réciproques, etc）», *L'Année Psychologique*, vol.23, 1922.

Piobetta J.-B., *Le baccalauréat*, Paris: J.-B. Baillière et Fils, 1937.

Piobetta J.-B., *Examens et concours*, Paris: PUF, 1943.

Porcher B., Thiery J.- P. et Vacquier P., *Pour enseigner dans la voie professionnelle. Du référentiel à l'évaluation*, Paris: Delagrave, 2013.

Prost A., *Les lycées et leurs études au seuil du XXIe siècle*, Pairs: Ministère de l'Éducation nationale, 1983.

Reboul O., *La philosophie de l'éducation*, Paris: PUF, 1976（1971）.（ルブール O.（石堂常世訳）『教育は何のために──教育哲学入門──』勁草書房, 1981年）

Reboul O., *Qu'est-ce qu'apprendre? Pour une philosophie de l'enseignement*, Paris: PUF, 1980.（ルブール O.（石堂常世・梅本洋訳）『学ぶとは何か──学校教育の哲学──』勁草書房, 1984年）

Remmers H. H., *Introduction to opinion and attitude measurement*, N. Y.: Harper, 1954.

Reuchlin M., «Henri Piéron», *Bulletin de psychologie*, no.18, 1964.

Ringer F., *Fields of knowledge. French academic culture in comparative perspective. 1820-1920*, New York: Cambridge University Press, 1992.（F. K. リンガー（筒井清忠・中島道男・田中紀行・小川伸彦・永谷健・北垣徹訳）『知の歴史社会学──フラ

ンスとドイツにおける教養1890～1920―』名古屋大学出版会，1996年）

Ropé F. et Tanguy L.（éd.）, *Savoirs et compétences de l'usage. De ces notions dans l'école et l'entreprise*, Paris: L'Harmattan, 1994.

Rychen D. S. and Salganik L. H., *Key competencies for a successful life and a well-functioning society*, Cambridge: Hogrefe & Huber, 2003.（ライチェン D. S.・サルガニク L. H. 編著（立田慶裕監訳）『キー・コンピテンシー』明石書店，2006年）

Sénat, *Compte rendu intégral des débats. Séance du 23 mai 2013.*

Sénat, *Rapport du 14 mai 2013. Projet de loi d'orientation et de programmation pour la refondation de l'école de la République.*

Torres J.-C., *L'évaluation dans les établissements scolaires. Théories, objets et enjeux*, Paris: L'Harmattan, 2010.

Toussaint R. M. J. et Xypas C., *La notion de compétence en éducation et en formation. Fonctions et enjeux*, Paris: L'Harmattan, 2004.

Tyler R.-W., «What testing does to teachers and students», in A. Anastasi（ed.）, *Testing problems in perspective*, American Council on Education, 1966.

Vial M., *Organiser la formation. Le pari sur l'auto-évaluation*, Paris: L'Harmattan, 2000.

Vial M. et Capparos-Mencacci N., *L'accompagnement professionnel? Méthode à l'usage des praticiens exerçant une fonction éducative*, Bruxelles: De Boeck, 2007.

Vogler J., *L'évaluation*, Paris: Hachette Éducation, 1996.

Weiss J., «Le portfolio: instrument de légitimation et de formation», *Revue Française de Pédagogie*, no.132, 2000.

Zakhartchouk J.-M., *Travail par compétences et socle commun*, Amiens: CRDP de l'académie d'Amiens, 2009.

※著者名不明の文献

Annales corrigées du baccalauréat. Histoire et géographie, Paris: Vuibert, 1961.

«Le baccalauréat C, à quoi joue-t-on?», *Bulletin de l'Association des Professeurs de Mathématiques de l'Enseignement Public*, 316, 1978.

2．日本語による論文・書籍

赤星まゆみ「第4章　フランスの教育改革と学力モデル」原田信之編著『確かな学力と豊かな学力―各国教育改革の実態と学力モデル―』ミネルヴァ書房，2007年。

安彦忠彦『「コンピテンシー・ベース」を超える授業づくり―人格形成を見すえた能力育成をめざして―』図書文化社，2014年。

天野郁夫『教育と選抜の社会史』ちくま学芸文庫，2006年。

引用・参考文献

天野正輝『教育評価史研究』東信堂，1993年。
綾井桜子「第7章 教養―ヨーロッパ的人間形成と知的文化―」森田尚人・森田伸子『教育思想史で読む現代教育』勁草書房，2013年。
飯田伸二「教育成功のための個人プログラム（PPRE）―その理念とコレージュにおける実践―」『フランス教育学会紀要』第22号，2010年。
飯田伸二「現代フランス義務教育課程におけるユマニテ―古代語学習なき時代の人文主義的教養とは―」『国際文化学部論集』第13巻，第2号，2012年。
石井英真『現代アメリカにおける学力形成論の展開―スタンダードに基づくカリキュラムの設計―』東信堂，2011年。
石井英真「パフォーマンス評価をどう実践するか」田中耕治編著『パフォーマンス評価―思考力・判断力・表現力を育む授業づくり―』ぎょうせい，2011年。
石井英真『今求められる学力と学びとは―コンピテンシー・ベースのカリキュラムの光と影―』日本標準，2015年。
石堂常世「1986年・フランスの教育と教育学」『教育哲学研究』第54号，1986年。
ヴィアル J.（吉田正晴訳）「2 現代 第一部 教師中心主義」波多野完治・手塚武彦・滝沢武久監修『教育の歴史2（現代教育科学3）』白水社，1977年。
上垣豊「古典人文学による知的訓練―19世紀フランスにおける教養論争の一側面―」『龍谷紀要』第33巻，第2号，2012年。
上原秀一「新しい教育基本法と哲学者＝国民教育大臣リュック・フェリー」『フランス教育学会紀要』第16号，2004年。
上原秀一「フランス教育法における『共和国の価値の共有化』の原理―2005年学校基本計画法による教育法典第L.111-1条の改正―」『フランス教育学会紀要』第20号，2008年。
上原秀一「前期中等教育の修了認定試験制度の成立と展開」研究代表者：古沢常雄『フランスにおける社会的排除のメカニズムと学校教育の再構築（平成19～21年度科学研究費補助金基盤研究（B）研究成果報告書）』2010年。
上原秀一「フランスにおける『共通基礎』学力政策とPISA調査」『フランス教育学会紀要』第24号，2012年。
宇都宮守「コンピテンシー概念とモデルの整理」『経営研究』No.6，2003年。
梅根悟監修『フランス教育史Ⅰ（世界教育史体系9）』講談社，1975年。
梅根悟監修『フランス教育史Ⅱ（世界教育史体系10）』講談社，1975年。
梅根悟監修『中等教育史Ⅰ（世界教育史体系24）』講談社，1975年。
梅根悟監修『中等教育史Ⅱ（世界教育史体系25）』講談社，1976年。
大津尚志「フランスにおける高校『総合学習』の実地調査報告」『中央学院大学社会シ

ステム研究所紀要』第 8 巻，第 2 号，2008年．
大津尚志「第 2 部第 7 章　道徳・公民教育」フランス教育学会編『フランス教育の伝統と革新』大学教育出版，2009年．
大前敦巳「フランスの学力向上策と個人化された学習支援の多様性」志水宏吉・鈴木勇編著『学力政策の比較社会学　国際編―PISA は各国に何をもたらしたか―』明石書店，2012年．
荻路貫司「フランス教育と学力問題―中等教育と学力問題―」『フランス教育学会紀要』第10号，1998年．
小澤浩明「P. ブルデューの合理的教育学の展開と再評価―ネオ・リベラリズム批判の視点から―」『日仏教育学会年報』第10巻，第32号，2003年．
小野田正利「フランスにおける教育評価①　20点満点の到達度評価と簡単な所見―生徒の学習評価―」『週刊教育資料』第694号，2000年．
小野田正利・園山大祐「フランスにおける『知識・技能の共通基礎』の策定の動向」研究代表者：山根徹夫『諸外国における学校教育と児童生徒の資質・能力』国立教育政策研究所，2007年．
小柳和喜雄「国際調査に見る ICTLiteracy―21世紀型スキルに関する基礎研究―」『奈良教育大学　教育実践開発研究センター研究紀要』第22号，2013年．
勝野頼彦（研究代表者）『社会の変化に対応する資質や能力を育成する教育課程編成の基本原理（教育課程の編成に関する基礎的研究報告書 5 ）』国立教育政策研究所，2013年．
川口俊明「『効果のある学校（Effective School）』論の検討―欧米の学校効果研究を中心に―」大阪大学教育文化学研究室『教育文化学年報』第 1 号，2006年．
河盛好蔵『エスプリとユーモア』岩波書店，1969年．
木下繁彌「学力」安彦忠彦・新井邦男・飯長喜一郎・井口磯夫・木原孝博・児島邦宏・堀口秀嗣編『新版　現代学校教育大事典』ぎょうせい，2002年．
グールド S. J.（鈴木善次・森脇靖子訳）『人間の測りまちがい　上　差別の科学史』河出文庫，2008年．
グリフィン P.・マクゴー B.・ケア E. 編（三宅なほみ監訳，益川弘如・望月俊男編訳）『21世紀型スキル―学びと評価の新たなかたち―』北大路書房，2014年．
桑原敏明「第 1 章　フランス教育の社会的基盤」原田種雄・手塚武彦・吉田正晴・桑原敏明編『現代フランスの教育―現状と改革動向―』早稲田大学出版部，1988年．
桑原敏明「序章　1989年教育基本法の基本原理―20世紀フランス教育改革の総決算―」小林順子編『21世紀を展望するフランス教育改革―1989年教育基本法の論理と展開―』東信堂，1997年．

小林順子「第3章　道徳・公民教育」原田種雄・手塚武彦・吉田正晴・桑原敏明編『現代フランスの教育―現状と改革動向―』早稲田大学出版部，1988年。

駒形千夏「フランス言語ポートフォリオにおける言語バイオグラフィーの意義」『フランス文化研究』新潟大学大学院現代社会文化研究科，第2号，2009年。

佐藤三郎『アメリカ教育改革の動向―1983年「危機に立つ国家」から21世紀へ―』教育開発研究所，1997年。

白水始「『21世紀型能力』の整理を通した学習論と学力論の関係再考」『カリキュラム研究』第25号，2016年。

園山大祐「フランス」研究代表者：吉岡真佐樹『教師教育の質的向上策とその評価に関する国際比較研究』（平成16年度～平成18年度科学研究費補助金（基盤研究（B））研究成果報告書）2007年。

高津芳則「現代フランスの教科書問題―総視学官『報告書』を中心に―」研究代表者：小林順子『フランス教育課程改革最終報告書』（文科省補助金基盤研究（B）（1）最終報告書），2001年。

滝沢武久『知能指数―発達心理学からみたIQ―』中公新書，1971年。

田﨑徳友「フランスの進路指導における生徒の『指導要録』」『福岡教育大学紀要』第35号第4分冊，1986年。

田﨑徳友・金井裕美子「『コンピテンシー』とフランスの教育課程」『中国四国教育学会教育学研究紀要（CD ROM版）』第58巻，2012年。

田﨑徳友・金井裕美子「比較表1　フランス」「フランスの教育課程」勝野頼彦（研究代表者）『諸外国の教育課程と資質・能力―重視する資質・能力に焦点を当てて―（教育課程の編成に関する基礎的研究　報告書6）』国立教育政策研究所，2013年。

田﨑徳友・金井裕美子「フランスにおける『共通の基礎』学習成果の測定と評価」『中国四国教育学会教育学研究紀要（CD-ROM版）』第59巻，2013年。

立田慶裕『キー・コンピテンシーの実践―学び続ける教師のために―』明石書店，2014年。

田中耕治「測定・評価論―アメリカの教育測定運動の特徴～ターマンの足跡を中心にして～―」長尾十三二編『新教育運動の歴史的考察』明治図書，1988年。

田中耕治『教育評価』岩波書店，2008年。

田中耕治「『目標に準拠した評価』をめぐる現状と課題―内申書問題が提起するもの―」『教育目標・評価学会紀要』第18号，2008年。

田中耕治「戦後児童指導要録の特徴」田中耕治編著『小学校新指導要録改訂のポイント』日本標準，2010年。

中央教育審議会「幼稚園，小学校，中学校，高等学校及び特別支援学校の学習指導要領

等の改善について（答申）」2008年1月17日。

中央教育審議会初等中等教育分科会教育課程部会「児童生徒の学習評価の在り方について（報告）」2010年3月24日。

中央教育審議会「初等中等教育における教育課程の基準等の在り方について（諮問）」2014年11月20日。

チョムスキー M.・ハレ M.（橋本萬太郎・原田信一訳／解説）『現代言語学の基礎』大修館書店，1974年。

チャップマン P. D.（菅田洋一郎・玉村公二彦監訳）『知能検査の開発と選別システムの功罪―応用心理学と学校教育―』晃洋書房，1995年。

手塚武彦「フランスの教員養成」仲新監修，篠田弘・手塚武彦編著『学校の歴史　第5巻　教員養成の歴史』第一法規，1979年。

手塚武彦「第Ⅰ部第4章　教育の制度化の歴史的発展」原田種雄・手塚武彦・吉田正晴・桑原敏明編『現代フランスの教育―現状と改革動向―』早稲田大学出版部，1988年。

中内敏夫『中内敏夫著作集Ⅰ「教室」をひらく―新・教育原論―』藤原書店，1998年。

長尾十三二「2章　中等教育の2つの型」吉田昇・長尾十三二・柴田義松編『中等教育原理〔新版〕』有斐閣双書，1986年（初版は1980年）。

中野知律『プルーストと創造の時間』名古屋大学出版会，2013年。

奈須正裕「知識基盤社会とコンピテンシー・ベイスの教育」奈須正裕編著『知識基盤社会を生き抜く子どもを育てる―コンピテンシー・ベイスの授業づくり―』ぎょうせい，2014年。

西岡加名恵『教科と総合に活かすポートフォリオ評価法―新たな評価基準の創出に向けて―』図書文化社，2003年。

仁科とし子「フランス公民教育の特性と課題―共通基礎知識技能　第6の柱に着目して―」『早稲田大学教育学会紀要』第13号，2012年。

日本システム開発研究所「学習指導と学習評価に対する意識調査報告書（平成21年度文部科学省委託調査報告書）」2010年。

橋本美保「西洋における教育思想と教育方法の歴史」田中耕治・鶴田清司・橋本美保・藤村宣之『新しい時代の教育方法』有斐閣，2012年。

服部憲児「フランスにおける教員の現職教育―クレテイユ大学区の中等教育教員研修を中心に―」『大阪教育大学紀要』第Ⅳ部門，第56巻，第2号，2008年。

原田信之「欧州における新たなキー・コンピテンシーの構築」『岐阜大学教育学部研究報告　人文科学』第59巻，第2号，2011年。

平尾節子「ＥＵ（ヨーロッパ連合）の言語教育におけるポートフォリオの研究―フラン

スの外国語教育の現状—」『言語と文化』愛知大学語学教育研究室，第9巻，第36号，2003年。

平田嘉三「Disciplines d'éveil としての"l'Histoire"の性格と任務—フランスの中等教育における学習方法の革新—」『広島大学教育学部紀要　第一部』第22号，1973年。

平塚眞樹「能力観の転換と自立像をめぐる変容—キー・コンピテンシーをめぐって—」唯物論研究協会編『自立と管理／自立と連帯（唯物論研究年誌第12号）』青木書店，2007年。

藤井佐知子「フランスの資格制度—特質と課題—」日本生涯教育学会年報編集委員会編『生涯学習と資格』日本生涯教育学会，1994年。

藤井佐知子「フランスの選抜システム」『諸外国における高等学校入学者選抜方法に関する調査研究（平成10年度文部省教育方法の改善に関する調査研究委託研究報告書）』1999年。

藤井佐知子「中等教育における選別構造—フランスの場合—」研究代表者：藤井佐知子『中等教育における選別のメカニズムに関する日仏比較研究（科研費補助金研究成果報告書）』2002年。

藤井佐知子「一九八九年から，児童・生徒の一人一人のつまずきを正確に把握する『全国調査』を実施」『週刊教育資料』第998号，2007年。

藤井佐知子「『学校間競争を生じさせないこと』を基本理念とする各種の評価」『週刊教育資料』第999号，2007年。

藤井穂高「フランスにおける義務教育の『共通基礎』の制定—その政策意図の検討—」『フランス教育学会紀要』第21号，2009年。

藤井穂高「フランスの教育高等審議会報告書『共通基礎（socle commun）の実施』(2011年)：翻訳と解題」『教育制度研究紀要』第9号，2014年。

ブルーアー J. T.（松田文子・森敏昭監訳）『授業が変わる—認知心理学と教育実践が手を結ぶとき—』北大路書房，1997年。

細尾萌子「フランスの全国学力テストにおける分析・活用方法—中学校1年の数学に注目して—」研究代表者：田中耕治『平成19年度～平成21年度　科学研究費補助金基盤研究（C）「リテラシーの育成をめざす評価規準と評価方法の開発」研究成果最終報告書』，2010年。

細尾萌子「諸外国の評価4　フランス」田中耕治編著『小学校新指導要録改訂のポイント』日本標準，2010年。

細尾萌子「フランスのバカロレア試験で問われる学力と高校の教育目標との連続性—地理の試験問題と教科書の分析を通して—」『教育目標・評価学会紀要』第20号，2010年。

細尾萌子「フランスのバカロレア試験における評価観―問題作成と採点に関する議論の歴史的検討を通じて―」『京都大学大学院教育学研究科紀要』第56号，2010年。
細尾萌子「フランスの職業バカロレア試験に向けた学力の育成―歴史・地理の授業を例として―」『京都大学大学院教育学研究科紀要』第57号，2011年。
細尾萌子・大津尚志・宮橋小百合・堀内達夫「フレネ教育実験コレージュ・リセにおけるカリキュラム開発の独自性」『フランス教育学会紀要』第24号，2012年。
細川英雄「内省する教師のためのポートフォリオ―フランス・自分誌活動クラス見学記より―」『英語教育』大修館書店，第57巻，第13号，2010年。
細谷俊夫「技能」細谷俊夫・奥田真丈・河野重男・今野喜清編『新教育学大事典』第一法規出版，1990年。
堀内達夫「変化する中等教育カリキュラム――一般教養，職業資格，適性，能力―」『フランス教育学会紀要』第20号，2008年。
堀内達夫・伊藤一雄「フランスにおける職業高校の改革と現状」『技術教育研究』第68号，2009年。
本田由紀『多元化する「能力」と日本社会―ハイパー・メリトクラシー化のなかで―』ＮＴＴ出版，2005年。
松尾知明『21世紀型スキルとは何か―コンピテンシーに基づく教育改革の国際比較―』明石書店，2015年。
松下佳代「〈新しい能力〉概念と教育―その背景と系譜―」松下佳代編著『〈新しい能力〉は教育を変えるか―学力・リテラシー・コンピテンシー――』ミネルヴァ書房，2010年。
真野宮雄「第三章　近代公教育制度の成立」梅根悟監修『アメリカ教育史Ⅰ（世界教育史体系17）』講談社，1975年。
宮本健市郎『アメリカ進歩主義教授理論の形成過程』東信堂，2005年。
宮脇陽三『フランス大学入学資格試験制度史』風間書房，1981年。
三好美織『現代フランスの前期中等物理・化学教育改革に関する研究』渓水社，2014年。
森下一期「技能」安彦忠彦・新井邦男・飯長喜一郎・井口磯夫・木原孝博・児島邦宏・堀口秀嗣編『新版　現代学校教育大事典』ぎょうせい，2002年。
文部科学省『諸外国の教育の動き　2004』国立印刷局，2005年。
文部科学省『諸外国の教育の動き　2005』国立印刷局，2006年。
文部科学省『フランスの教育基本法―「2005年学校基本計画法」と「教育法典」―』国立印刷局，2007年。
文部科学省「育成すべき資質・能力を踏まえた教育目標・内容と評価の在り方に関する検討会―論点整理―」2014年3月31日。

文部科学省高大接続システム改革会議「高大接続システム改革会議『中間まとめ』(素案)」2015年8月27日。
柳久雄「第五章　恐慌期のアメリカ教育」梅根悟監修『アメリカ教育史Ⅱ(世界教育史体系18)』講談社，1976年。
渡辺和行「近代フランス中等教育におけるエリートの養成―リセについて―」橋本伸也他『エリート教育』ミネルヴァ書房，2001年。

3．フランス語の事典

Arenilla L. (dir.), *Dictionnaire de pédagogie*, Paris: Bordas, 2000.

Bloch H. et al (éd.), *Grand dictionnaire de la psychologie*, Paris: Larousse, 1991.

Champy P., Étévé C., Forquin J.-C. et Robert A. D., *Dictionnaire encyclopédique de l'éducation et de la formation*, 3e éd., Paris: Retz, 2005 (1994).

Danvers F., *700 mots-cléfs pour l'éducation 500 ouvrages recensés (1981-1991)*, 2e éd : revue et corrigée, Lille: Presses Universitaires de Lille, 1994 (1992).

Guilbert L., Lagane R. et Niobey G. (dir.), *Grand Larousse de la langue française*, Paris: Larousse, 1971-1978, 7 vol.

Imbs P. (dir.), *Trésor de la langue française: dictionnaire de la langue du XIXe et du XXe siècle (1789-1960)*, Paris: Éditions du Centre National de la Recherche Scientifique, 1971-1994, 16 vol.

Zanten A. V., *Dictionnaire de l'éducation*, Paris: PUF, 2008.

4．フランス国民教育省の官報 (*B.O. / J.O.*) (発行年順)

B. O. は *Bulletin officiel de l'éducation nationale* の略である。*J. O.* は *Journal officiel* の略である。

Bulletin Officiel du Ministère de l'Éducation Nationale, *Horaires, programmes, méthodes de l'enseignement du second degré*, Paris: Centre National de Documentation Pédagogique, 1956.

Note de service du 4 octobre 1985, *B. O.*, no.35, du 10 octobre 1985.

Arrêté du 14 novembre 1985, *B. O. spécial*, no.4, du 30 juillet 1987.

Charte du 13 novembre 1991, *B. O.*, no.8, du 20 février 1992.

Circulaire du 29 mars 1995, *B. O.*, no.15, du 13 avril 1995.

Note de service du 19 mars 1996, *B. O.*, no.13, du 28 mars 1996.

Arrêté du 15 septembre 1998, *B. O.*, hors-série, du 15 octobre 1998.

Article L122-1-1, loi, no.2005-380 du 23 avril 2005, *J. O.*, du 24 avril 2005.

Décret du 11 Juillet 2006. *B. O.*, no.29, du 20 Juillet 2006.
Annexe, décret du 11 juillet 2006, *B. O.*, no.29, du 20 juillet 2006.
Circulaire du 23 août 2007, *B. O.*, no.30, du 30 août 2007.
Arrêté du 15 juillet 2008, *B. O. spécial*, no.6, du 28 août 2008.
Arrêté du 9 juillet 2009, *B. O.*, no.31, du 27 août 2009.
Circulaire du 29 janvier 2010, *B. O. spécial*, no.1, du 4 février 2010.
Circulaire du 18 juin 2010, *B. O.*, no.27, du 18 juin 2010.
Arrêté du 14 juin 2010, *J. O.*, du 1 juillet 2010.
Annexe, arrêté du 14 juin 2010, *B. O.*, no.27, du 8 juillet 2010.
Note de service du 24 février 2012, *B. O.*, no.13, du 29 mars 2012.
Note de service du 24 septembre 2012, *B. O.*, no.35, du 27 septembre 2012.
Loi no.2013-595 du 8 juillet 2013 d'orientation et de programmation pour la refondation de l'école de la République, *J. O.*, du 9 juillet 2013.

あとがき

　本書は，筆者が京都大学大学院教育学研究科に提出した博士学位請求論文「フランスの中等教育における学力評価論の展開―教養・エスプリの揺らぎとコンピテンシー概念の台頭―」(2015年1月提出，2015年3月学位（博士）取得）を再構成の上，加筆・修正したものである。

　刊行に際しては，平成28年度日本学術振興会科学研究費補助金（研究成果公開促進費（学術図書））16HP5211の交付を受けた。また，本書を完成させるまでに，平成22～23年度日本学術振興会科学研究費補助金（特別研究員奨励費），平成24～25年度日本学術振興会科学研究費補助金（研究活動スタート支援），平成25～27年度日本学術振興会科学研究費補助金（基盤研究（B），研究分担）を受けることで，国内外の研究活動を充実したものにすることができた。

　本書は，筆者がこれまでに発表してきた以下の九つの論稿をもとにしている。ただし，本書をまとめる過程で，いずれも大幅な加筆・修正を行った。

「フランスの大学における学業失敗の一因―高大間の学力の連続性に着目して―」『フランス教育学会紀要』第22号，2010年，pp. 73-86。

「フランスのバカロレア試験で問われる学力と高校の教育目標との連続性―地理の試験問題と教科書の分析を通して―」『教育目標・評価学会紀要』第20号，2010年，pp. 29-38。

「フランスのバカロレア試験における評価観―問題作成と採点に関する議論の歴史的検討を通じて―」『京都大学大学院教育学研究科紀要』第56号，2010年，pp. 387-399。

「フランスの職業バカロレア試験に向けた学力の育成―歴史・地理の授業を例として―」『京都大学大学院教育学研究科紀要』第57号，2011年，pp. 421-433。

「フランスの教育評価論の歴史的展開―ドシモロジーをめぐる論点に焦点をあてて―」『教育方法学研究』第36巻，2011年，pp. 85-95。

「フランスの中等教育におけるアメリカの教育目標・評価論の受容―中学校歴史・地理の『目標に基づいた教育方法（PPO）』の実践分析を通して―」『日仏教育学会年報』第18号，2012年，pp. 50-61。

「フランスの新しい学力観―compétence は技能や能力とどのように異なるか―」『フランス教育学会紀要』第24号，2012年，pp. 29-38。

「フランスの高校における『ポートフォリオ法』の独自性―『誘導』の支援から『伴走』の支援へ―」『近畿大学教育論叢』第24巻第2号，2013年，pp. 77-102。

「フランスの中等教育における基礎学力論争―知識かコンピテンシーか―」『近畿大学教育論叢』第26巻，第1号，2014年，pp. 17-46。

　フランスの学力評価の象徴であるバカロレア試験に筆者が出会ったのは，大学2年生のときであった。大学の前にある関西日仏会館で，日本とフランスとドイツの教育を比較するというシンポジウムが開催されていた。そこで，フランスの高校生の話を聞いて驚いた。フランスの大学入試であるバカロレア試験は，資格試験で，一定の点数をクリアして合格すれば，どの大学にも入学できる。さらに，高校の授業はバカロレア試験と対応しているので，学校の授業をしっかり受ければ，塾に行かなくても大学に入れる。筆者の目には，バカロレア試験が魅力的に映った。日本の大学入試は選抜試験であるため，自分の点数が高くても，自分よりも高い点数の人がたくさんいれば落ちる。その上，学校の授業だけでは難関校には受からないとされている。そのため，筆者は不安で一杯であった。バカロレア試験に学べば，日本の大学入試も，安心して受験できるものになるのではないか。バカロレア試験のことを知りたいと思い，司会をされていた先生に話を伺いに行った。その先生が，恩師の田中耕治先生である。

　指導教員であった京都大学の田中耕治先生には，このシンポジウム以来，10

あとがき

年以上ご指導いただいている。研究で行き詰ったとき，人生に困ったとき，いつも大きな問いと励ましを投げかけてくださり，そこから前に進むことができた。

同じく指導教員であった京都大学の西岡加名恵先生は，原稿を見ていただくたびに，細かくびっしりと赤を入れてくださったのをよく覚えている。子育てしながらも研究に妥協しない，女性研究者としてのあり方も尊敬している。

京都大学の服部憲児先生には，博士論文の副査をつとめていただいた。貴重なご指摘をいただくとともに，フランス教育研究の姿勢を学ばせていただいた。

京都大学の教育方法研究室でともに学んだメンバーたちにも，感謝の気持ちを伝えたい。とくに，研究室の先輩である石井英真先生と木村裕先生には，博士論文執筆に際して原稿をご検討いただき，大変勉強になった。

学会活動を通してお世話になった先生方にも感謝したい。とくにフランス教育学会では，幹事をつとめさせていただいたり，科学研究費助成事業のメンバーに入れていただいたりすることで，多くの先生方と交流でき，研究の幅を広げることができた。

フランスでの研究に際しても，多くの方々のお世話になった。レンヌ大学のメルル（P. Merle）先生と，ピカルディー大学行政学・政治学研究センターのクレマン（P. Clément）先生，パリ西ナンテール大学のラヴァル（C. Laval）先生，プロヴァンス大学のカパロ・マンカシ（N. Capparos-Mencacci）先生には，フランスの学力評価の理論や議論について，くわしく教えていただいた。カパロ・マンカシ先生にご紹介いただいた，イレー・ド・シャルドネ・リセのルサージュ（I. Lesage）先生とジョアンヌ（C. Johannes）先生には，授業参観やインタビューをさせていただき，実践の具体像を知ることができた。クレテイユ大学区のリセの哲学教員であるマリアン（R. Marianne）先生には，カバーに使用した，バカロレア試験の模擬試験答案をご提供いただいた。

その他，筆者の報告や論文にご意見をくださった方々，バカロレア研究会の先生方，授業研究に参加させてくださった日本の先生方にも深く感謝している。

本書の出版にあたっては，出版をお引き受けくださり，多くの貴重なご指摘

257

をくださった，ミネルヴァ書房の代表取締役の杉田啓三氏と編集者の吉岡昌俊氏に，心より御礼申し上げたい。

　最後に，私事で恐縮ながら，両親と夫の潤に感謝したい。出産・育児という状況で本書を刊行できたのは，いつも支えてくれたおかげである。ありがとう。

　　2016年11月

細尾萌子

人名索引

あ 行

赤星まゆみ　28
天野郁夫　24
アムリン（Hameline, D.）　72, 82
綾井桜子　13
石井英真　80, 224, 231, 234
石堂常世　26
ヴィアル（Vial, M.）　185, 188
上垣豊　11
上原秀一　25, 28, 108
梅本洋　27
大津尚志　12, 183
大前敦巳　98
小野田正利　24, 109

か 行

金井裕美子　28
カパロ・マンカシ（Capparos-Mencacci, N.）　185, 188
ギマール（Guimard, P.）　23, 31, 67
グリフィン（Griffin, P.）　235
クレマン（Clément, P.）　116, 141, 150
ゴールトン（Golton, F.）　43

さ 行

シェルヴェル（Chervel, A.）　4
ジョアンヌ（Johannes, C.）　185
園山大祐　109, 166

た 行

タイラー（Tyler, R. W.）　56, 65, 73
田﨑徳友　24, 28
立田慶裕　226

田中耕治　10, 218-220
タンギー（Tanguy, L.）　153
デュルケーム（Durkheim, É.）　4, 15, 117
トゥールーズ（Toulouse, E.）　42
トー（Torres, J.-C.）　110
ド・ランドシール（De Landsheere, G.）　54, 79

な 行

中内敏夫　233
長尾十三二　6
奈須正裕　224
ナンブリニ（Nembrini, J.-L.）　161
西岡加名恵　181

は 行

パスロン（Passeron, J.-C.）　117
服部憲児　142
原田信之　102
パリゾ（Prisot, J.-C.）　58
ピエロン（Piéron, H.）　41
ピオベッタ（Piobetta, J.-B.）　50
ビネー（Binet, A.）　42, 66
フィヨン（Fillon, F.）　158
フォルー（Fauroux, R.）　155
藤井佐知子　25
藤井穂高　27, 108
ブラック（Black, L.）　185
フランソワ（François, L.）　13
ブルーム（Bloom, B. S.）　55, 73, 80
ブルデュー（Bourdieu, P.）　117
プロスト（Prost, A.）　20
ペルヌー（Perrenoud, P.）　105, 110, 111, 120, 146

259

ボグレー（Vogler, J.） 10
堀内達夫 108, 182
本田由紀 233
ボンボワール（Bonboir, A.） 56

ま 行

マクレランド（McClelland, D. C.） 99
松尾知明 226
松下佳代 25, 124, 144, 224
宮本健市郎 63
宮脇陽三 24
三好美織 28, 108
メイジャー（Mager, R. F.） 73, 80

メイヤー（Meyer, G.） 31
メイリュー（Meirieu, P.） 103
メルル（Merle, P.） 142

や・ら行

湯川良三 26
ラヴァル（Laval, C.） 106, 118, 145
リンガー（Ringer, F. K.） 14
ルサージュ（Lesage, I.） 185
ルブール（Reboul, O.） 14, 110
ル・ボテフ（Le Boterf, G.） 105
ロペ（Ropé, F.） 153

事項索引

あ 行

エスプリ（esprit） 12, 15, 93
エバリュアシオン（評価：évaluation／フランス） 10, 59
エバリュエーション（評価：evaluation／アメリカ） 10, 54

か 行

カーネギー調査 48
学習記録簿（livret scolaire） 61, 127, 143
学習指導要領（programmes） 19, 75, 89
『学習指導要領憲章（Charte des programmes）』 152
学力（acquis）観 7
学力の3要素 230
学力評価（évaluation des acquis） 1
課程主義 3, 220
カリキュラム 232
カリキュラム編成 74
関心・意欲・態度 219
キー・コンピテンシー 101, 123, 175, 225
技能（savoir-faire） 109
客観テスト 52, 91
教育高等審議会（HCE） 162, 165
教育方法の自由 22, 143
教育目標 74, 93, 151
教科書 90
共通教養（culture commune） 115, 160, 175
教養（culture） ii, 11, 13
形成的評価（évaluation formative） 55, 79, 87, 93, 131
形成的評価論 59
「効果のある学校」論（école efficace） 167

口述試験 16
公正性 43
高大接続システム改革会議 229
行動目標 83
国民討論 156
古典人文教養（humanités） 11, 172, 176
『コレージュ白書（Livre blanc des collèges）』 154
コンピテンシー（英語：competence／competency，フランス語：compétence） i, 25, 103, 152, 224

さ 行

資格試験 220
資格社会 16
思考力・判断力・表現力 228
資質・能力 i, 221
修了 3
受験準備教育 20
主体性（個性重視・自由主義） 22
情意面 204, 218
情意領域 93
ジョスパン法 155, 185
自律性・自発性（l'autonomie et l'initiative） 181
新教育運動系団体 167
診断的評価（évaluation diagnostique） 79, 86
信頼性（fidélité） 50
正規分布原理 44
世界観 236
全国学力テスト 98, 166
総括的評価（évaluation sommative） 23, 79, 88

261

相対評価　219

た行

大学入学者選抜　230
態度（atitude）　56
タキソノミー　73, 80
妥当性（validité）　51
知識　218, 229
知識・コンピテンシー・教養の共通基礎（socle commun de connaissances, de compétences et de culture）　160, 172
知識とコンピテンシーの共通基礎（socle commun de connaissances et de compétences）　27, 97, 112, 149, 154
知能テスト（mental test）　46, 63
適性（aptitude）　42
デジタル・ポートフォリオ（Portfolio numérique）　197
テロー委員会　157
転移　231
統一学校運動　45
統一コレージュ　65, 77
統一コレージュに関する国民討論に向けて（Pour un débat national sur le collège unique）　156
ドシモロジー（docimologie）　41

な行

21世紀型スキル　234
21世紀型能力　222
能力（capacité）　8, 110
能力別教育（pédagogie différenciée）　65, 76
能力別編成　63

は行

バカロレア試験　16, 41, 49, 60, 93
パフォーマンス課題　228
パフォーマンス評価　228, 230
汎用的なコンピテンシー　232
汎用的な能力　224, 229
評価（évaluation）観　9
評価規準　9, 132
標準テスト（test standardisé）　42, 45, 49
フィヨン法　161
普通教育　6
プログラム学習（enseignement programmé）　73
文化的最低賃金（SMIC culturel）　157, 160, 173
文脈依存　227
文脈依存性（contextualisation）　107, 111, 120, 133, 139
ペイヨン法　176
ポートフォリオ検討会　191, 195
ポートフォリオ法（portfolio）　181
保守主義者　168

ま行

マスタリー・ラーニング　55, 79, 88
「メジャメント」運動（measurement movement）　47, 62
目標つぶし　92, 145
目標に準拠した評価　220
モデレーション（modération）　53

ら行

領域横断性　107, 112, 134, 139
ルーブリック　228
論述形式　91
論述試験　16, 41

欧文

AP（accompagnement personnalisé）：個別学習支援　130, 182, 192
CNP（conseil national des programmes）：全国教育課程審議会　150
CSP（conseil supérieur des programmes）：学習指導要領高等審議会　177

DNB（diplôme national du brevet）：前期中等教育修了国家資格　131
EU　122, 123, 163, 175, 237
LPC（livret personnel de compétences）：コンピテンシー個人簿　98, 127, 145, 165, 167, 192
NPM（new public management）：ニュー・パブリック・マネジメント　167
OECD　122, 123, 144, 163, 225, 237
PPO（pédagogie par objectifs）：目標に基づいた教育学　59, 71, 146, 151, 192
PPRE（programmes personnalisés de réussite éducative）：教育成功個別プログラム　99, 130, 166, 187
SNALC（syndicat national des lycées et collèges）：全国リセ・コレージュ組合（中等教員組合）　149, 165
SNES（syndicat national des enseignants de second degré）：全国中等教員組合（フランス最大の中等教員組合）　115, 153, 165

《著者紹介》
細尾　萌子（ほそお・もえこ）

1985年生まれ
2015年　京都大学大学院教育学研究科博士後期課程修了　博士（教育学）
現　在　近畿大学教職教育部　講師
専　門　教育方法学
主　著　『フランス教育の伝統と革新』（共著）大学教育出版，2009年
　　　　『パフォーマンス評価──思考力・判断力・表現力を育む授業づくり』（共著）ぎょうせい，2011年
　　　　『パフォーマンス評価入門──「真正の評価」論からの提案』（共訳）ミネルヴァ書房，2012年
　　　　『グローバル化時代の教育評価改革──日本・アジア・欧米を結ぶ』（共著）日本標準，2016年
　　　　『教育方法45　アクティブ・ラーニングの教育方法学的検討』（共著）図書文化社，2016年

フランスでは学力をどう評価してきたか
──教養とコンピテンシーのあいだ──

2017年2月18日　初版第1刷発行　　〈検印省略〉

定価はカバーに
表示しています

著　者　　細　尾　萌　子
発行者　　杉　田　啓　三
印刷者　　藤　森　英　夫

発行所　株式会社　ミネルヴァ書房

607-8494　京都市山科区日ノ岡堤谷町1
電話代表（075）581-5191
振替口座　01020-0-8076

© 細尾萌子，2017　　　　　　　　　　亜細亜印刷

ISBN978-4-623-07879-0
Printed in Japan

〈新しい能力〉は教育を変えるか
　――学力・リテラシー・コンピテンシー
　松下佳代 編著
A5判 336頁
本体 4500円

パフォーマンス評価入門
　――「真正の評価」論からの提案
　ダイアン・ハート 著　田中耕治 監訳
A5判 204頁
本体 3000円

教育評価の未来を拓く
　――目標に準拠した評価の現状・課題・展望
　田中耕治 編著
A5判 260頁
本体 2800円

学　力――いま，そしてこれから
　山森光陽・荘島宏二郎 編著
A5判 226頁
本体 2200円

日本 学力回復の方程式――日米欧共通の試み
　釣島平三郎 著
四六判 224頁
本体 1800円

「使い捨てられる若者たち」は格差社会の象徴か
　――低賃金で働き続ける若者たちの学力と構造
　原　清治・山内乾史 著
四六判 256頁
本体 1800円

思考し表現する学生を育てる
ライティング指導のヒント
　関西地区FD連絡協議会・京都大学高等教育研究開発推進センター 編
A5判 272頁
本体 2800円

よくわかる教育評価　第2版
　田中耕治 編
B5判 232頁
本体 2600円

よくわかる授業論
　田中耕治 編
B5判 232頁
本体 2600円

よくわかる教育課程
　田中耕治 編
B5判 224頁
本体 2600円

――――――― ミネルヴァ書房 ―――――――
http://www.minervashobo.co.jp/